KB027994

돈이 돈을
벌게 하는
23가지 방법

어떤 상황에서도
재산이 불어나는 맞춤형 투자법

돈이 돈을 벌게 하는 23가지 방법

우용표 지음

스몰빅인사이트

 **프롤로그**

단돈 1원도 놀리지 마라

매년 스위스의 다보스에서는 세계경제포럼이 열린다. 이 모임에서는 세계 각국의 정계, 관계, 재계의 수뇌들이 모여 각종 정보를 교환하는데 얼마 전 갈수록 불평등이 심화되고 있다는 자료가 발표되었다. 2017년의 경우 한 해 동안 전 세계에서 만들어진 총자산의 82%를 상위 1%가 차지했다고 한다. 더 충격적인 것은 세계 8대 부자가 하위 50%(36억 명)의 재산을 합친 금액만큼의 재산을 가지고 있었다는 사실이다. 어떻게 이런 일이 벌어진 것일까?

자본주의에서 부의 양극화는 자본소득과 노동소득의 불평등에 기인한다. 《21세기 자본》이라는 책으로 유명해진 세계적 경제학자 토마 피케티에 따르면 자본주의에서 노동을 통해 벌어들인 소득은 자본을 통해 벌어들인 소득을 결코 따라잡을 수 없다. 토마 피케티는 그러한 자본주의의 현실을 타파하자는 의도로 《21세기 자본》이라는 책을 썼지만, 아이러니하게도 그 책은 자본주의 체제에서 재테크를 하고자 하는 보통 사람들에겐 '돈으로 돈을 버는 방법'을 배워야 함을 일깨운다.

2020년은 코로나 사태로 우리는 이제껏 신봉해 왔던 사고방식과 생활방식이 일순간에 무너지는 경험을 했다. 하지만 그 위험한 상황에서도 자본주의라는 체제는 여전히 공고하게 우리 삶의 영역을 지배하고 있다. 주식시장은 일순간 무너지는 듯했으나 위기감을 느낀 세계 각국 정부가 금리를 낮추고 상상을 초월한 돈 보따리를 시장에 공급하여 오히려 주가는 급반등했다. 일시적으로 흔들리는 듯했던 부동산 가격 또한 예상보다 흔들리지 않고 버티고 있는 형국이다. 코로나로 인해 경제에 위기가 왔다는데 부자들은 오히려 더 큰 부자가 되고 있고, 재테크에 관심이 없었던 보통 사람들만 위기에 몰리고 있는 듯하다.

투자에는 부동산과 주식만 있는 것이 아니다

자본주의에서 부자가 되려면 한 가지 방법밖에는 없다. 자본소득을 늘려나가는 것, 즉 돈으로 돈을 버는 방법을 배워 실천하는 것이다. 그런데 우리나라에서는 돈으로 돈을 버는 방법이라고 하면 대부분 부동산이나 주식을 생각한다. 특히 부동산에 대한 믿음은 거의 종교와 같아서 부동산 가격이 떨어지리라고 생각하는 사람은 거의 없다. 그래서 부동산에 대한 투자는 돈이 없어서 못 할 수는 있어도 조금이라도 돈이 모였다 싶으면 바로 해 보고 싶은 투자가 되었다.

주식은 어떠한가? 코로나 이후 주식에 투자하는 사람들이 급격하게 늘었다. 주식은 부동산과 비교해 자본이 적어도 가능하고, 일순간 대박을 낼 수도 있기 때문에 부동산 시장이 주춤하는 것 같이 보이자 주식에 직접투자하는 인구가 급격히 늘어났다.

하지만 돈으로 돈을 버는 방법에는 부동산과 주식만 있는 것이 아니다. 또 부동산과 주식에 투자한다고 무조건 돈을 버는 것도 아니다. 서울에 있는 아파트에 투자해온 사람들은 대부분 돈을 벌었을지 모르나 오피스텔이나 상가, 지방의 땅이나 호텔에 투자한 사람들의 경우 돈을 잃는 경우도 많았다. 게다가 일부 지역주택조합이나 사기성 짙은 기획부동산에 속아 수익은커녕 빚까지 떠안는 일도 흔하다.

주식은 어떠한가? 뉴스를 보면 '동학개미운동'과 같은 말로 주식에 대한 투자가 미화돼 있지만, 실제로 주식에 대한 직접투자로 돈을 벌었다는 사람을 만나기는 쉽지 않다. 최근 빅히트엔터테인먼트의 주가 흐름은 주식투자에 대해 많은 걸 생각하게 만든다. SK바이오팜과 카카오게임즈라는 공모주에 대한 투자 열풍이 빅히트엔터테인먼트로 이어졌는데 사람들의 예상과는 달리 빅히트엔터테인먼트의 주가는 상장일 직후 계속 추락하여 투자자들을 공포에 떨게 만들었다. 그런데 뉴스에 잘 나오지 않아서 그렇지 SK바이오팜과 카카오게임즈 또한 상장일 이후 계속해서 주가가 추락하고 있다. 이 책에 니온 공모주에 내한 지식만 있었어도 그런 투자 실수는 하지 않았을 터인데 매우 안타까운 일이다.

경제도 순환하고, 재테크도 순환한다

재테크를 하는 데 있어 가장 명심해야 할 것은 영원히 오르는 것도 영원히 내려가는 것도 없다는 사실이다. 또 어디에 투자하느냐도 중요하지만, 언제 투자할지도 중요하다는 것이다. 따라서 재테크를 잘하려면 기본적인 경제 흐름에 대한 이해가 있어야 한다. 이 책 부록에서 재테크 공부에 필요한 참고도서로 《경제 상식 사전》이나 《수축사회》,

《경제학 원론》과 같은 경제학 관련 도서를 소개한 것은 그런 이유 때문이다.

하지만 재테크를 잘하기 위해서는 지식만큼 경험도 중요하다. 경제 지식만으로 재테크를 능숙하게 할 수 있다면 아마 경제학 교수들은 다 갑부가 되었을 것이다. 하지만 재테크는 지식만으로 잘할 수 없다. 직접 부딪쳐보고 실패도 하면서 잘할 수 있는 방법을 스스로 터득해야 한다.

그런데 모든 재테크를 한꺼번에 섭렵하기에는 우리가 가진 자본이 한정적이다. 처음 직장생활을 시작하면 1년에 천만 원을 모으기도 힘들다. 이 때문에 적은 돈으로도 재테크의 세계를 충분히 경험할 수 있는 방식이 필요하다. 이 책에서 경험해야 할 첫 번째 재테크로 펀드 투자를 제시한 것은 그런 이유다. 펀드 투자는 몇십만 원의 소액으로도 충분히 가능하며 그를 통해 경제의 전반적인 흐름에 대한 이해도 깊어진다. 또 간접투자 방식이기 때문에 위험성이 그다지 크지 않고 약간의 경험이 쌓인다면 연 10% 정도의 수익도 가능하다. 은행에 예적금을 들어봐야 연 1% 정도의 이자를 받는 시대에 10%의 수익을 올리는 것은 결코 가볍게 볼 일이 아니다.

펀드 투자를 통해 일정 정도의 목돈이 쌓인 후에는 부동산에 관심을 가질 필요가 있다. 최근 몇 년 사이 아파트 가격이 폭등하여 '영끌'이라는 말이 등장할 정도로 부동산 투자 열기가 과열돼 있지만, 부동산 가격이 쉬지 않고 오를 수는 없는 일이다. 수입도 충분하지 않은데 무리하게 대출을 받아 부동산에 투자하기보다는 차근차근 목돈을 쌓아두었다가 부동산 시장이 약세에서 강세로 전환되는 때를 노려 들어가면 된다. 여기서 명심해야 할 것은 부동산(특히 집)을 단지 투자 가치로만 생각해서는 안 된다는 것이다. 집이라는 것은 삶의 보금자리다. 집을 구입할 때는 투자 가치와 함께 생활의 안정성을 고려해야 한다.

주식에 대한 직접투자는 반드시 펀드 투자를 먼저 경험해 본 후에 해 보길 권한다. 한 통계에 의하면 개미 투자자(개인 투자자)가 주식 투자를 통해 돈을 벌 수 있는 확률은 1~5%에 불과하다고 한다. 그만큼 개미가 주식에 대한 직접투자로 돈을 벌기가 어렵다는 의미다. 한 회사의 주가는 장기적으로 보면 그 회사의 수익성에 수렴하지만, 단기적으로는 수익성과 상관없이 등락을 거듭한다. 이 때문에 자금도 부족하고 심리적으로도 안정감이 없는 개인 투자자가 수시로 등락을 거듭하는 주식시장에서 수익을 거둔다는 것은 매우 힘든 일이다. 주식에 대한 직접투자는 반드시 소액으로 시작하고, 소문에 휘둘리지 말 것이며, 깊이 있는 공부를 통해 접근하길 바란다.

이 책의 마지막 장에서는 금이나, 달러, 원유, P2P 등 대체 투자를 다루었다. 여기서 대체 투자란 주식이나 펀드, 부동산 등 전통적으로 사람들이 많이 관심을 가지고 뛰어들었던 투자가 아닌 다른 형식의 투자 방식이다. 그런 까닭에 좀 생소할 수도 있고 선뜻 시도해보기가 껄끄러울 수도 있다. 하지만 금이나 달러 투자에 대해 관심을 갖게 되면 꼭 투자를 하지 않더라도 경제의 흐름을 읽는 데 큰 도움을 얻을 수 있으며, P2P 투자나 스니커테크는 욕심을 부리지 않으면 꾸준하게 수익을 창출할 수 있는 틈새 재테크로 기능할 수 있다.

이 책은 재테크에 처음 뛰어드는 사람, 혹은 재테크를 해봤으나 별다른 소득이 없었던 사람들을 위한 책이다. 하지만 한정된 분량에서 다양한 재테크 방식을 다루고 있기 때문에 상급 지식까지 다룰 수는 없었다. 이 책에서 미처 다 얘기하지 못한 부분들에 대해서는 부록에 나와 있는 책들을 참고하여 더 심화된 학습을 하길 바란다.

다시 한번 당부하건대, 부디 단돈 1원이라도 놀리지 말길 바란다. 싫든 좋든 자본주의에서는 돈으로 돈을 벌게 하는 것이 자산을 늘리는 가장 빠른 길이다. 이 책을 읽는 독자들이 재테크에도 다양한 방식이 있다는 것을 깨닫고, 그 다양한 방식 중에 나에게 어울리는 방식을 찾아 빠르게 자산을 늘려나가길 진심으로 바란다.

우용표

차례

[난이도별 투자 지표]

난이도	상품명	투자 적정 금액	특징	관련 내용
상	ELS	100만 원 ~ 500만 원	• 최악의 경우 100% 원금 손실 위험 • 투자가 성공적일 때 금액 상향 가능 • 기초자산의 움직임을 스스로 판단해야 함	2장/6절
상	가치주	500만 원 ~ 1,000만 원	• 각종 경제 지표에 대한 공부가 필요함 • 투자금 회수가 길어질 수 있음 • 저금리 시대에 적합한 투자 수단임	3장/3절
상	성장주	500만 원 ~ 1,000만 원	• 차트 분석 능력이 필요함 • 정부 정책 변화에 민감함 • 수익규모에 비해 주가가 높음	3장/4절
상	테마주	100만 원 ~ 200만 원	• 정치, 경제, 사회 등 다양한 이슈에 의해 움직임 • 이슈에 발 빠르게 대처해야 높은 수익률 기대 가능 • 주가의 상승과 하락이 매우 극단적임	3장/6절
상	갭투자	서울 : 2억 원 이내 수도권/지방 : 1억 원이내	• 부동산 상품 중 비교적 소액투자가 가능함 • 부동산 가격 상승기에 유리함 • 투기 근절 정책으로 인해 투자 환경이 어려워짐	4장/3절
상	수익형 부동산	5,000만 원 이내	• 수익률에 따라 대출을 활용하는 것이 바람직함 • 세입자의 업종 및 향후 유망업종 파악이 필요함 • 상가는 공실의 위험을 고려해야 함	4장/4절
상	재개발	1억 원 이내	• 장기적 관점에서 접근해야 함 • 사업단계, 분양 자격 등을 면밀히 확인해야 함 • 사업 시행이 늦어지면 추가 비용이 발생할 수 있음	4장/5절
상	달러	100만 원 ~ 500만 원	• 상품의 수익률과 환율 변동을 동시에 고려해야 함 • 분산 투자 차원에서 접근하는 것이 좋음 • 정보가 제한적이므로 개인은 소액투자가 바람직함	5장/3절
중	적립식펀드	매월 200만 원 이내	• 매수 시점 분산으로 투자 타이밍 리스크가 적음 • 높은 수익률을 위해 꾸준한 실천이 중요함 • 원금 손실의 위험을 피하고 싶을 때 활용	2장/2절
중	주식형펀드	매월 200만 원 이내	• 금액을 몇 개의 계좌로 분산하는 것이 유리 • 하락장에 유지하기가 매우 어려움 • 장기적 투자로 높은 수익을 원할 때 활용	2장/3절
중	공모주	일시 1,000만 원 이내	• 보호예수 물량과 기간을 꼼꼼히 확인해야 함 • 상장 당일 매도 시 승률이 가장 좋음 • 신규 상장 기업의 재무제표를 너무 신뢰하지 말 것	3장/2절
중	해외주식	적립식 : 50만 원 일시 : 500만 원	• 글로벌기업에 대한 투자로 위험성을 줄일 수 있음 • 시장 규모가 크고 성숙하여 작전세력의 위험이 적음 • 거기경제지표를 분석할 수 있는 능력이 필요함	3장/7절

난이도	상품명	투자 적정 금액	특징	관련 내용
중	리츠	적립식 : 30만 원 일시 : 300만 원	• 적은 금액으로 투자가 가능하며 현금화가 용이함 • 주식의 변동성을 부동산의 안정성이 보완해 줌 • 주식과 부동산에 대한 지식이 동시에 필요함	4장/2절
중	재건축	2억 원 이내	• 많은 비용이 필요하지만 비교적 안전한 투자임 • 가격방어가 잘 되고, 환금성도 좋음 • 입주권을 받기 위해 체크해야 할 사항이 많음	4장/6절
중	원유	50만 원 ~ 100만 원	• 환율 변동을 면밀히 파악해야 함 • 가격의 급등락을 견딜 수 있어야 함 • 이익에 대해 배당소득세가 부과됨	5장/4절
중	금	100만 원 ~ 1,000만 원	• 가격 변동성이 크고 원금보장이 안 됨 • 실물거래 시 부가가치세 및 기타수수료가 발생함 • 투자 수익률 방어 상품으로 유용함	5장/2절
하	공모주펀드	적립식 투자 : 매월 20만 원 거치식 투자 : 300만 원 이내	• 채권 위주의 펀드로 위험이 적음 • 은행금리에서 +2% 내외의 수익을 희망할 때 활용 • 채권혼합형 상품으로 채권 가격에도 영향을 받음	2장/4절
하	ETF	적립식 투자 : 매월 10만 원 거치식 투자 : 100만 원	• 소액으로 시작하여 차츰 금액을 늘리는 게 바람직함 • 리버스와 레버리지 ETF는 투자 위험도가 높음 • 어느 정도 손실을 감수할 수 있는 용기가 필요함	2장/5절
하	인덱스펀드	적립식 투자 : 매월 50만 원 거치식 투자 : 500만 원 이내	• 펀드매니저 개인의 투자성향에 의한 위험이 없음 • 복리수익률을 얻을 수 있음 • 프로그램 매매로 수수료가 낮음	2장/7절
하	연금저축펀드	매월 35만 원 또는 연중 1회 일시납 400만 원	• 장기투자에 적합함 • 세액공제 혜택이 높음 • 수익률이 하향 평준화되어 있음	2장8절
하	배당주	300만 원 ~ 5,000만 원	• 급락과 급등의 위험을 제거한 투자임 • 연 수익률 예측이 비교적 용이함 • 고배당률은 기업의 재무건정성을 떨어뜨릴 수 있음	3장/5절
하	P2P	10만 원 ~ 20만 원	• 투자 과정이 간단하고 소액투자도 가능 • 투자 상품이 다양화되어 가고 있음 • 검증이 안 된 곳에 투자하는 위험성이 있음	5장/5절
하	스니커테크	샤넬 가방 : 1,000만 원 스니커즈 : 30만 원	• 희소가치가 있는 상품을 선택하는 선구안이 필요함 • 매입 후 상품 가치가 하락하는 일은 거의 없음 • 위조품 또는 판매 사기에 주의해야 함	5장/6절

1장

재테크 불변의 법칙 4가지

01
복리의 법칙
: 일찍 시작할수록 유리하다

재테크에 있어 가장 기본적인 원칙은 바로 '복리의 법칙'이다. 복리라는 것은 원금에 이자가 더해진 것이 다시 원금이 되고 여기에 다시 이자가 붙는 것을 가리킨다. 예를 들어 연 5%의 수익을 내는 재테크 상품이 있는데, 하나는 단리로 이자를 지급하고 다른 하나는 복리로 이자를 지급한다고 가정해 보자. 만약 여기에 1,000만 원을 투자한다면 어떻게 될까?

우선 단리의 경우 처음 납입한 원금에 대해서만 이자가 붙는 방식이다. 매년 50만 원의 이자만 붙게 되는 것이다. 따라서 1년 차에는 1,050만 원이 되고, 2년 차에는 1,100만 원이 되고, 10년 차에는 1,500만 원이 된다. 만약 30년까지 길게 가지고 간다면 30년 후에는 2,500만 원이 된다. 이렇게 매년 50만 원의 이자가 일정하게 붙는 것이다.

그렇다면 만약 같은 1,000만 원을 연 5%의 복리로 계산하면 어떻게 될까? 1년 차에는 1,050만 원으로 결과는 단리와 같다. 하지만 2년 차부터는 전년도의 원금과 이자가 합쳐진 금액이 원금이 되어 여기에 5%의 이자를 더하게 된다. 그러므로 2년 차의 총금액은 1,103만 원이 된다. 여기까지 설명하면 복리라 해서 그다지 강력하지는 않다고 생각할 수 있다. 2년이 지났는데도 단리와 비교하여 차이 나는 금액은 겨우 3만 원에 불과하니 말이다. 비율로 따지면 원금의 0.3% 차이일 뿐이다.

그럼 이제 시간을 좀 더 길게 가져가 보자. 복리는 시간이 길어질수록 마법을 부리게 된다. 1,000만 원을 연 5% 복리로 계산하면 10년 차에는 1,629만 원이 되고, 만약 30년까지 가져가게 되면 4,322만 원이 된다. 단리로 30년이면 2,500만 원이었는데 복리로는 4,322만 원이니 무려 1,800만 원이나 차이가 난다. 이러한 복리의 마법은 단순히 '이왕이면 복리가 재테크에 유리하다'는 원칙을 넘어 우리에게 다음과 같이 몇 가지 시사점을 준다.

작은 차이가 큰 차이로 연결된다

모든 재테크는 처음 시작할 땐 그렇게 큰 차이가 없다. 특히 1년 차를 보면 단리/복리의 구분이 무의미하다. 두 방식의 결과가 같기 때문이다. 하지만 시간이 지날수록 차이는 점점 커지게 된다. 학교 다닐 때 사용했던 각도기를 생각해 보자. 각도기에는 깨알처럼 붙어있는 각도가 있다. 각각의 각도에 따라 선을 그으면 처음에는 그 차이가 작지만 선의 길이가 길어질수록 점점 벌어진다.

단리와 복리도 마찬가지다. 처음엔 차이를 발견하기 어렵지만 각도

기의 선이 길어지면서 벌어지듯 점점 그 차이가 커지게 된다. 어떤 재테크를 하더라도 처음에는 그 결과가 미미하게 느껴져서 '재테크를 하나 안 하나 결과는 별로 다르지 않다'라고 생각하기 쉽다. 결과가 신통치 않으면 겨우 몇만 원 더 벌자고 신경 써서 투자하는 것이 그다지 즐겁지 않을 수도 있다. 하지만 달이 지나고 해가 지날수록 재테크의 힘은 점점 세지고 불어나는 돈의 규모도 커진다. 모든 재테크에는 복리의 힘이 작용한다는 사실을 명심하고 끈기 있게 투자해 보도록 하자.

긴 호흡의 시간 투자가 필요하다

복리는 긴 시간을 요구한다. 10년이 될 때까지는 특별히 '대박'이라고 느껴지지 않고 지루할 정도로 성장 속도가 더뎌 보인다. 그 지루함과 더딤이 바로 복리와 돈의 속성이기도 하다. 대부분의 재테크는 시간을 필요로 한다. 그것도 긴 시간을. 어떤 재테크든 10년 차부터는 유의미한 차이를 발견할 수 있으며 시간이 길어지면 길어질수록 증가 속도가 빨라진다. 앞서 보았듯이 1,000만 원을 연 5%로 수익이 나는 상품에 그냥 묻어두기만 해도 30년만 지나면 4배가 넘는 금액이 된다.

복리는 시간이 지날수록 가속도의 법칙이 적용된다. 돈의 속성도 복리의 속성을 그대로 따라간다. 직장생활을 하면서 소득이 발생하는 동안 꾸준히 재테크를 이어가면 어느 순간 자산의 증가에 가속도가 붙고 만족감도 커지게 된다. 짧은 시간 동안 투자하여 큰돈을 벌 수 있는 가능성은 매우 적다. 게다가 그런 식으로 유혹하는 사람들은 사기꾼일 가능성이 크다. 모든 재테크는 긴 호흡을 가지고 멀리 내다보아야 한다.

일찍 시작할수록 효율적이다

복리 효과의 특징 중 하나는 같은 금액을 모으고자 할 때 일찍 시작할수록 유리하다는 것이다. 예를 들어 만약 나이가 50세인 사람이 연 8%의 복리 수익을 올릴 수 있는 상품에 연간 600만 원(월 50만 원)을 투자하여 1억 원을 모으려면 몇 살이 되어야 가능할까? 대략 11년 후인 61살이 된다. 하지만 나이가 50세일 때는 돈이 가장 많이 지출되는 시기이기도 하다. 게다가 보통 50세부터는 직장도 위태로워지고 일할 시간이 많이 남아 있지 않게 된다. 하지만 만약 30세의 나이에 똑같은 금액을 투자했다면 41세에 1억 원을 모을 수 있게 된다. 41세라면 한창 일할 나이이고 수입도 많이 늘어난 시기이기 때문에 1억 원이라는 돈을 다시 다른 곳에 투자하여 돈을 더 크게 불릴 수도 있다.

여기서 한 걸음만 더 나아가 보자. 만약 30세의 나이에 연 8%의 복리 수익을 얻을 수 있는 상품에 연간 600만 원(월 50만 원)씩 계속 투자해서 나이가 51세가 되면 얼마의 돈이 모일까? 무려 3억 원이 넘는 돈이 모인다. 51세에 시자하면 환갑이 넘어 모을 수 있는 돈이 1억 원인데, 30세에 시작을 하면 41살에 1억 원을 모을 수 있고, 이 투자를 51세까지 이어간다면 무려 3억 원이 넘는 돈을 만질 수 있는 것이다. 복리의 효과는 더 일찍 투자할수록 더 높은 효율을 얻을 수 있게 해준다. 더 일찍 시작할수록 더 효율적인 투자가 가능한 것이다.

이익은 항상 재투자가 필요하다

재테크를 통해 어느 정도 수익이 발생했을 때 그 수익금을 바로 소비해 버린다면 단리로 이익을 얻는 것과 다를 바 없다. 복리 효과를 얻기 위해서는 투자를 통해 발생한 수익을 다시 투자해야 한다. 복리 효과를 본다는 것은 마치 기업을 경영하는 것과 비슷하다. 기업의 경우 1년간 영업활동의 결과가 좋아 수익이 났다고 해서 모든 수익금을 다 써버리지 않는다. 이익의 일부는 직원에게 성과급으로 주고, 일부는 주주에게 배당을 하기도 하지만, 이익의 상당 부분은 R&D에 투자하여 미래의 경쟁력을 확보하거나 임직원 교육에 투자하여 생산성을 향상시킨다. 재테크에서 얻은 이익을 다시 재투자하는 것은 이렇듯 기업이 R&D와 교육에 투자하는 것과 같아서 더 큰 수익으로 돌아온다.

02
택시 기사의 법칙
: 사고가 날 위험을 줄여라

'상하이 택시기사의 법칙'이 있다. 당일 회사에 내야 할 사납금을 다 채운 택시기사는 여유로운 마음에 안전 운전을 해서 사고가 날 위험이 줄어드는 것에 비해, 사납금을 다 채우지 못한 기사는 마음이 급해 서둘러 운전하다가 사고가 날 확률이 올라간다는 의미다. 여기서 사납금을 재테크 수익률로 바꿔 생각해 보자. 미리 염두에 두었던 수익률로 꾸준한 수익을 얻는다면 무리한 투자를 하지 않게 된다. 문제는 투자해서 손실이 나는 경우다. 주식에 1,000만 원을 투자했는데 어느 시점에 100만 원만 남게 된다면 어떻게 될까? 자신의 잘못을 되돌아보고 손해 보지 않을 방법에 대해 생각을 하게 될까?

그렇지 않다. 대부분의 사람은 손해를 본 900만 원을 회복하기 위해 더 위험한 방법을 선택할 가능성이 크다. 그래서 단번에 수익을 올릴 수 있는 선물이나 옵션 같은 것에 손을 대는 경우가 많다(선물/옵션이란 총 거래금액의 3%~15%를 증거금을 걸고 투자하는 대표적인 고위험 고수익 투자 상품이다). 하지만 이 경우 더 큰 손해를 볼 가능성이 크다. 마음이 조급해진 택시기사가 사고를 낼 확률이 더 커지는 것과 마찬가지다. 우리는 상하이 택시기사의 법칙을 통해 다음과 같은 두 가지 교훈을 얻을 수 있다.

포트폴리오 구성의 중요성

투자 상품은 필연적으로 손실의 가능성을 가지고 있다는 사실을 명심해야 한다. 어떤 투자 상품은 최악의 경우 전액 손실까지도 볼 수 있다. 투자에 있어 포트폴리오를 구성해야 하는 이유가 여기 있다. 만일 당신이 주식 투자를 하는데 내일 당장 연속으로 상한가를 기록할 만한 주식을 알고 있다면 포트폴리오를 구성하거나 분산투자를 할 필요성은 없다. 내가 가진 전 재산은 물론이고 다른 사람의 돈까지 빌려서 투자를 하면 그만이다. 하지만 세상에 그런 능력을 갖춘 사람은 없다. 아무리 언론에서 어떤 주식이 좋다고 떠들어도 그 주식이 내일 어떻게 될지는 아무도 모른다. 그래서 최선의 경우를 기대하는 만큼 최악의 경우도 대비해야 한다. 포트폴리오를 구성하는 이유는 바로 최선과 최악의 경우를 대비하기 위함이다.

포트폴리오를 구성한다는 것은 투자 대상을 여러 가지로 나누거나, 투자 방법을 여러 방식으로 한다는 의미다. 예를 들어 1,000만 원을 주식에 투자한다면 하나의 회사에 1,000만 원을 몰빵하는 것이 아니라 100만 원씩 10개의 회사에 투자하거나, 200만 원씩 5개의 회사에 투자하는 것이다. 이렇게 포트폴리오를 구성하면 어느 한 종목에서 손실을 보더라도 다른 종목에서 만회를 할 수 있고, 전체적으로 안정적인 투자를 할 수 있게 된다.

　또 투자 방법을 달리하는 것도 포트폴리오를 구성하는 것이다. 예를 들어 300만 원의 투자금이 있다고 할 때, 주식에만 300만 원을 모두를 투자하기보다는 펀드나 적금도 함께 각 100만 원씩 들어놓는 것이다. 이렇게 하면 만약 최악의 경우 주식이 폭락하여 100만 원을 다 날린다 해도 아직 200만 원이 남아 있게 된다. 여기서 다시 펀드가 폭락하여 100만 원을 다 날린다 해도 적금 100만 원은 여전히 남아 있다. 금액을 300만 원으로 잡아서 그렇지, 그 금액이 3억 원이라고 생각해 보자. 3억 원 전체를 주식에 투자하여 모두 날린다면 정말 끔찍한 상황이 될 것이다. 하지만 그 가운데 1억 원을 적금으로 보호해 두었다면 다시 재기할 수 있는 발판이 마련될 수 있다.

　현실에서는 투자금 전체를 날리는 경우가 흔하지는 않다. 하지만 욕심을 부려 하나의 투자 상품에만 투자한다면 그런 일이 생기지 말라는 법도 없다. 따라서 현명한 투자자는 항상 투자금을 여러 가지 상품에 분배한다. 앞에서는 금융상품만을 언급했으나 금융상품과 부동산 상품에 분산 투자하는 것도 좋은 포트폴리오를 구성하는 방법이다. 한국은 특히 부동산상품에 투자금이 몰려 있는 경우가 많은데 아무리 부동산 시장이 좋아도 언젠가는 하락할 수 있고, 부동산의 경우 투자 단위가 크기 때문에 손실 금액 또한 커질 수 있다. 그 때문에 부동산이든 금융상품이든 어느 하나에 투자금을 몰아넣기보다는 자신이 감당할 수 있는 선에서 적절하게 배분하는 것이 필요하다. 포트폴리오는 수익률을 좋게 하기 위한 장치가 아니라 위험을 관리하기 위한 방법이라는 점을 염두에 두고 투자에 임하도록 하자.

적립식 투자의 중요성

위험을 관리하는 중요한 방법 중의 하나가 적립식 투자다. 적립식 투자란 정해진 금액을 투자자산에 일정하게 투자하는 방식으로 보통 주식이나 펀드에 투자할 때 사용하는 방법이다. 적립식 투자의 반대편에는 거치식 투자가 있다. 거치식 투자란 큰돈을 한꺼번에 특정 시점에 투자하는 방식으로 투자 시점을 잘 잡으면 큰 수익을 올릴 수 있다는 장점이 있지만, 투자 시점을 잘못 잡을 경우 대부분의 목돈을 날릴 수도 있다는 위험이 있다.

적립식 투자는 거치식 투자에 비해 더 많은 장점을 가지고 있다.

첫 번째, 소액으로도 투자가 가능하다는 것이다. 수입이 많지 않은 사람이라도 자신의 수입 가운데 소액이라도 떼서 꾸준하게 적립식으로 투자를 할 경우 나중에 큰 목돈을 만질 수 있다.

두 번째, 시류에 흔들리지 않을 수 있다는 점이다. 모든 투자 상품은 상승과 하락을 반복한다. 그것은 금융상품이든 부동산이든 마찬가지다. 어떤 투자 상품에 대해 적립식으로 투자를 한다는 것은 이러한 상승과 하락에 크게 연연하지 않을 수 있다는 것이다. 물론 적립식 투자도 최종적으로는 상승으로 마감을 해야 수익을 얻을 수 있다. 그런데 긴 시간을 두고 보면 모든 투자 상품은 상승하는 방향으로 나아간다.

세 번째, 투자 시류에 유연하게 대처할 수 있다는 것이다. 적립식 투자는 한 번에 투자하는 금액이 크지 않아서 투자 환경이 변할 때 유연하게 대처할 수 있다. 판단을 잘못해서 자신이 투자한 상품이 손해를 보게 되더라도 빠져나오기가 쉽고, 새롭게 유망한 투자 상품에 다시 투자할 수 있다.

03
파킨슨의 법칙
: 소득은 소비를 이길 수 없다

영국 해군 소속이던 파킨슨은 1차 세계대전 기간 영국 해군의 함정과 장병의 수가 각각 67%, 32% 감소했으나, 행정인력은 오히려 78% 증가했음을 발견했다. 파킨슨은 이에 대해 공무원의 수는 업무량과는 직접적인 관계없이 심리적 요인에 의하여 꾸준히 증가한다는 법칙을 발표했다. 이것이 바로 '파킨슨의 법칙'이다. 이 법칙은 우리나라에서도 크게 예외가 아닌 듯하다. 실업률을 줄이기 위해 비정규직을 없애고 공무원을 꾸준히 뽑고, 또 그 공무원을 관리하기 위한 공무원도 뽑고 있는 것이 대한민국의 현실이니 말이다.

재테크에도 파킨슨의 법칙이 적용된다. 월급이 불어나거나 목돈이 조금씩 쌓이게 되면 그 돈을 쓰고 싶은 심리적 욕구가 생긴다. 그러면 나라의 공무원이 늘어나 국가재정을 낭비하듯, 소비가 늘어나 내 재정을 악화시킨다. 또 공무원의 수가 시간이 지날수록 늘어나듯이, 나의 소비에도 항목이 추가된다. 특히 취미 활동을 하는 경우 조금이라도 수입이 늘어나면 더 좋고 비싼 장비에 욕심이 나기 마련이다.

필자가 상담했던 S전자 연구원인 A 씨가 그랬다. A 씨는 남들이 부러워하는 좋은 직장에 8년 정도 근무하며 결혼을 준비하는 상황이었는데 통장을 열어보니 그간 모아두었던 돈은 1,000만 원 남짓에 불과했다. 겨우 1년에 120만 원(한 달에 10만 원)씩 저축한 셈이다. 이유를 들어보니 과시욕으로 중고 외제차를 샀고, 매주 꼭 필요하지도 않은 물건들을 쇼핑했으며, 해외여행을 자주 다녔다고 한다. 취미도 한 가지가 아니어서 주말마다 테니스 개인교습을 받았고, 조정팀에서도 활동했다고 한다. 월급이야 매달 꼬박꼬박 나오는 것이니 소비에서 크게 부족할 일은 없었다. 문제는 월급이 늘어난 만큼 소비 또한 계속 비례해서 늘어났다는 것이다. 예를 들어 월급이 300만 원에서 400만 원으로 늘어나면, 늘어난 100만 원 가운데 일부를 저축하는 것이 아니라 그대로 소비를 해버린 것이다.

경제학에서는 '자산 효과'라는 용어로 이러한 현상을 설명하기도 한다. 자산 효과란 자산의 가격이 상승하면 소비에 영향을 줘서 소비 또한 늘어난다는 것이다. 예를 들어 부동산 시장이 좋아져서 3억 원에 사놓았던 집이 4억 원이 됐다고 하자. 그러면 대부분의 사람들은 1억 원을 벌었다고 생각한다. 하지만 실제로 내가 사는 집을 팔기 전까지는 1억 원을 번 것이 아니다. 그런데도 사람들은 자산(부동산) 가격이 상승한 만큼 자신이 실제로 돈을 벌었다고 착각하게 된다. 그래서 소비 수준을 올린다. 집값이 올랐으니 그동안 사 먹지 못했던 소고기도 먹고, 자동차도 바꾸고, 새로운 취미 활동도 해 보고, 가 보지 못했던 여행도 가고, 명품도 사는 것이다. 실제로 내 손에 추가로 돈이 쥐어진 것도 아닌데 그렇게 한다.

여기에 더해 '래칫 효과ratchet effect'라는 것도 작용한다. 래칫 효과란 소득이 높을 때 형성된 소비 행태가 소득이 떨어져도 변하지 않고 계속 유지되는 것을 가리킨다. 래칫이란 톱니바퀴가 역회전하는 것을 방지하기 위한 장치 또는 역회전이 안 되도록 고안된 톱니바퀴를 말하는데, 소득 수준이 높을 때 돌아가던 바퀴가 멈추거나 뒤로 되돌아가지 못하도록 하는 효과가 있다는 의미로 붙은 명칭이다. 소득이 높을 때 명품이나 고급 수입차 등 비싼 브랜드만을 소비한 사람들은 소득이 줄어든다 해도 일반 브랜드에 흥미를 느끼지 못하고 계속해서 비싼 걸 찾게 된다.

'파킨슨의 법칙', '자산 효과', '래칫 효과'가 시사하는 바는 명확하다. 소비를 경계하라는 의미다. 아무리 많은 돈을 벌어도 소비하는 속도가 빠르다면 결코 돈을 모을 수 없다. 이 말을 반대로 표현하자면, 돈을 많이 벌지 못한다 해도 소비 습관을 잡을 수만 있다면 돈을 모을 수 있다는 뜻이기도 하다. 어떤 물건을 사고 싶을 때는 다시 한번 스스로에게 물어보도록 하자. 내가 정말 그것이 필요해서 사고 싶은 것인지, 아니면 그저 그것을 욕망하기 때문에 사고 싶은 것인지.

04
사륜구동의 법칙
: 돈 버는 방법은 한 가지가 아니다

자동차는 크게 이륜구동과 사륜구동으로 나뉜다. 이륜구동은 자동차의 앞바퀴나 뒷바퀴 중 두 개에만 엔진의 힘이 전달되어 움직이는 것이고, 사륜구동은 네 개의 바퀴 모두에 동력이 전달되어 움직인다. 일반 도로에서는 이륜구동이나 사륜구동이나 큰 차이 없다.

하지만 이륜구동의 경우 눈이 와서 길이 미끄러울 경우 바퀴가 헛도는 경우가 많고, 경사가 심한 언덕길에서는 잘 올라가지 못하는 경우도 있다. 이륜구동은 결국 열악한 도로 환경이나 날씨에 취약하다.

이에 비해 사륜구동은 열악한 환경에서 값어치를 발휘한다. 사륜구동은 네 바퀴가 함께 움직여 앞에서 끌고 뒤에서 밀기 때문에 이륜구동보다 추진력이 월등히 뛰어나다. 비포장도로처럼 험한 길이나 경사가 매우 급한 도로, 그리고 비가 많이 내리거나 눈이 많이 쌓여 미끄러운 도로에서 사륜구동은 그 힘을 발휘한다.

여기서 자동차의 이륜구동과 사륜구동을 비교한 이유는 재테크를 하는 데 도움이 되는 이야기가 들어 있기 때문이다. 결론부터 말하자면 재테크는 사륜구동의 원리를 따라야 한다. 그 이유는 무엇일까? 그것을 설명하기 전에 먼저 우리가 얻을 수 있는 소득에는 어떤 것들이 있는지 알아보도록 하자.

직장을 다니는 사람이라면 우선 근로소득을 떠올릴 것이고, 사업을 하는 사람이라면 사업소득을 떠올릴 것이다. 하지만 소득에는 근로소득이나 사업소득 외에 여러 가지 소득이 있다. 그것을 나열해 보면 아래와 같다.

① **이자소득** : 자본의 사용대가로 원본금액과 사용기간에 비례하여 지급되는 금전 또는 기타 대체물. 흔히 은행의 예적금을 통해 이자소득을 얻는다

② **배당소득** : 주식이나 출자금에 대한 이익의 분배로 발생하는 소득. 주식에서 주로 발생하나 펀드에서 이런 소득이 발생할 수도 있다

③ **근로소득** : 육체적, 정신적 노동력을 제공한 대가로 얻은 소득

④ **사업소득** : 제조업, 도매업, 소매업, 서비스업, 농업, 어업 등 사업을 통해 발생한 소득

⑤ **연금소득** : 일정 기간 기여금을 납입하여 퇴직, 노령, 장애, 사망 등 특정한 사유가 발생했을 때 받는 소득. 국민연금, 퇴직연금과 같은 소득

⑥ **양도소득** : 부동산이나 주식을 처분하여 발생하는 소득

⑦ **기타소득** : 상금, 현상금, 복권, 경품권 등의 금품, 경마 등 사행성 행위로 얻은 소득과 영화나 음반 등의 저작권이나 상표권 등으로

얻은 소득, 그 외 배상금, 원고료, 알선 수수료, 사례금, 골동품, 종교인 소득 등. 즉 ①부터 ⑥번을 제외한 소득

열심히 일을 해서 얻을 수 있는 소득은 3번과 4번인 근로소득과 사업소득뿐이다. 하지만 자본주의 사회에서 열심히 일만 해서는 만족할 만한 돈을 모으기가 힘들다. 자본주의 사회란 말 그대로 '돈이 돈을 버는 사회'다. 그래서 한 푼이라도 놀려서는 안 된다. 돈을 벌어서 쓰고 남는 돈이 있다면 다시 투자를 해서 이자소득, 배당소득, 연금소득, 양도소득이 발생할 수 있도록 해야 한다.

근로소득과 사업소득만으로 삶을 꾸려가는 것은 마치 이륜구동으로 굴러가는 차를 타는 것과 같다. 하지만 세상살이에는 언제나 매끄러운 도로만이 펼쳐져 있지 않다. 살다 보면 폭풍우가 몰아치기도 하고, 우박이 떨어지기도 하며, 눈보라 속을 헤쳐나가야 할 수도 있다. 하지만 우리가 가진 육체적, 정신적 노동력만으로 그런 것들을 헤쳐나가는 데는 한계가 있다. 게다가 나이가 들면 더 이상 노동은 힘들어진다. 나아가 아직 노동을 할 수 있는 힘이 있는데도 불구하고 뜻하지 않은 상황에 의해 일자리를 잃을 수도 있다. 2020년 코로나 사태가 바로 그런 상황이다. 만약 그런 상황에서 미리 대비해 둔 돈이 없다면 어떻게 될까?

재테크가 사륜구동으로 굴러가야 하는 이유가 바로 여기에 있다. 재테크란 단순히 돈을 불려 부자가 되는 것만을 의미하지 않는다. 재테크를 통해 남들이 부러워할 만한 부를 쌓는 것이 가장 좋은 일이 되겠지만, 위기가 닥쳤을 때 그 위기를 돌파할 수 있는 여력을 만드는 것도 재테크의 중요한 역할이다.

아무런 문제가 없는 평화로운 상태에서는 사람들이 위기감을 느끼지 못하기 때문에 벌어들인 돈을 그대로 써버리는 경우가 많다. 하지만 재테크를 제대로 배운 사람이라면 바로 그 상황에서 위기에 대비하여 돈을 축적해 놓는다. 은행에 예적금을 들어 이자소득을 벌어들이고, 블루칩으로 불리는 주식을 사서 주가 상승에 따른 금융소득도 놓치지 않는다. 그렇게 모인 돈이 커지면 부동산을 매입하여 월세소득이나 양도소득을 얻는다.

　이런 것들은 단지 부자가 되기 위한 방법일 뿐 아니라 위기에 대처하기 위한 방편이기도 하다. 게다가 미리 돈을 모아놓은 사람은 위기가 닥쳤을 때 오히려 더 큰 기회를 얻게 된다. 경제 위기는 돈이 없는 사람들에게는 말 그대로 위기이지만, 돈이 있는 사람들에게는 자산을 싸게 살 수 있는 기회가 되기 때문이다.

　재테크를 제대로 하고 싶다면 사륜구동의 법칙을 잊지 말아야 한다. 환경이 변하는 것처럼 세상은 항상 변하기 때문에 돈을 벌 수 있는 방법도 항상 변한다. 주식으로 돈을 벌기에 좋은 시절도 있고, 부동산으로 돈을 벌기에 좋은 시절도 있다. 하지만 어떤 하나의 방법이 영원한 것은 아니다. 때로는 주식이나 부동산도 하지 않고 안전한 은행에 돈을 묶어두는 것이 좋을 때도 있다. 세상의 흐름을 놓치지 않으면서 어떤 곳에 돈이 몰리고, 어떤 곳에서 소득이 발생하는지 항상 주시하는 노력이 필요하다.

2장

펀드 투자로
돈 버는 법 7가지

01
펀드 투자란 무엇인가

펀드 투자에 앞서 우선 펀드가 무엇인가를 알아보자. 펀드의 사전적 정의를 살펴보면 '여러 사람이 모은 돈을 전문가가 주식, 채권 등에 대신 투자하고 운용하는 금융상품'이다. 한국은행에서는 펀드에 대해 다음과 같이 정의한다.

펀드fund란 다수의 투자자로부터 자금을 모아 전문적인 운용기관인 자산운용사가 주식, 채권, 부동산 등 자산에 투자하여 운용한 후 그 실적에 따라 투자자에게 되돌려주는 금융상품이다. '자본시장과 금융투자업에 관한 법률'상의 명칭은 '집합투자기구'이다.

설명이 좀 길어 보이지만, 여기서 핵심이 두 가지다. 첫 번째 핵심은 '자금을 모아서 투자한다'는 것이고, 두 번째 핵심은 '대신 투자한다'는 것이다.

'자금을 모아서 투자한다'는 것은, 한 사람의 능력으로는 접근하기 힘든 투자 상품에 대해 여럿이 돈을 모아 목돈을 만들어 투자할 수 있게 해준다는 것이다. '집합투자'라는 명칭이 이를 잘 설명한다. '대신 투자한다'는 것은 내가 직접 주식이나 채권에 투자할 수도 있지만 그렇게 하지 않고 누군가 다른 사람이 나의 이익을 위해 투자 활동을 해준다는 것이다.

만일 내가 내일 상한가를 기록할 주식 종목을 알고 있다면 굳이 다른 사람이 나 대신 투자하게 할 필요가 없다. 내가 직접 하면 된다. 하지만 내가 전문가가 아니라면 내일의 시장 상황, 주식 가격에 대해 나보다 더 예측을 잘 할 수 있는 전문가의 도움을 받는 것이 좋다. 이것이 바로 펀드의 핵심이다. 펀드를 '간접투자 상품'이라고 하는 이유가 여기 있다. 내가 직접 주식, 채권, 부동산에 투자하는 것이 아니라 '자산운용사'라는 전문가 집단이 내 돈과 다른 사람의 돈을 모아서 투자한다는 것이 펀드의 핵심 개념이다.

펀드 투자의 구조

〈그림 2-1〉을 통해 펀드 투자의 구조를 살펴보자. 우선 자금의 흐름을 보자. 먼저 투자자, 펀드에 투자하고 싶은 사람은 판매회사(증권사, 은행, 보험회사 등)에 돈을 보낸다. 그러면 판매회사는 다시 금고 역할을 하는 수탁회사(은행, 증권사)에 돈을 보낸다. 그리고 수탁회사는 돈을 보관하고 있다가 펀드를 운용하는 자산운용회사의 운용지시에 따라 필요한 투자처(주식, 채권 등)에 투자한다. 투자 결과가 좋으면 수익이 발생하는데, 이 발생한 수익은 금고인 수탁회사에서 판매회사로 넘어가고 최종적으로 투자자에게 오게 된다.

굳이 자금과 수익의 흐름을 설명하는 이유가 따로 있다. 사람들이

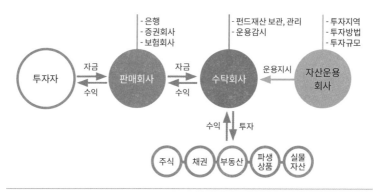

〈그림 2-1〉 펀드 투자의 구조

출처 : DB자산운용

흔히 같은 펀드에 투자를 해도 이왕이면 은행을 통하면 조금 더 안전하게 수익을 낼 수 있지 않을까 오해하는 것을 막기 위함이다. '믿고 거래하는 은행인데 설마 손해 보는 펀드를 권할까?' 이런 생각은 완전히 잘못된 생각이다. 은행이 안전한 것만 골라주겠지 하는 생각은 위험하다. 은행은 판매회사일 뿐이기 때문이다. 증권사도 마찬가지로 판매하는 회사일 뿐이다. 규모가 큰 증권회사라고 해서 더 안전한 펀드를 골라주는 것이 아니다. 은행이나 증권사는 비유하자면 단지 마트의 계산대 역할만 하는 것이다. 펀드 상품을 고르고 선택하는 것은 온전히 고객의 몫이다.

펀드의 종류

우리나라에는 대략 2만 개의 펀드가 있다. 이 수많은 펀드들은 각기 다른 투자 방향과 철학을 가지고 있고, 투자하는 대상도 주식이나 채권은 물론이고 부동산에서 심지어 원유까지 다양하다. 내가 골라야 할 상품의 가짓수가 20개만 되어도 헷갈릴 텐데, 2만 개라면 너무 많은 숫자다. 그래서 펀드를 고르는 안목이 필요하다. 그렇다면 과연 어떤 펀드가 좋은 펀드일까? 그 질문에 답하기 전에 먼저 알아야 할 것이 있다. 펀드는 투자하는 대상, 방식에 따라 크게 몇 가지로 구분되는데, 그 구분법을 먼저 알아두어야 한다. 그래야 내가 투자하기에 적당한 펀드의 선택지를 줄일 수 있다. 펀드는 다음과 같이 투자 대상, 추가 납입 가능 여부, 모집 방식, 투자 방식에 따라 구분이 된다.

① 투자하는 대상에 따른 구분

모아진 자금을 어디에 투자하는가에 따른 구분법이다. 명칭이 직관적이기에 이해하기에 큰 어려움은 없다.

- ⓐ **주식형** : 펀드 자산의 60% 이상을 주식에 투자
- ⓑ **채권형** : 펀드 자산의 60% 이상을 채권에 투자하며 주식에는 투자하지 않음
- ⓒ **주식혼합형** : 주식형 및 채권형 상품 이외의 상품으로, 주식에 대한 최저투자 비율이 50% 이상
- ⓓ **채권혼합형** : 주식형 및 채권형 상품 이외의 상품으로, 주식에 대한 최고투자비율이 50% 미만

여기서 추가적인 해설을 덧붙여보자면, 대부분의 자금을 주식에 투자하는 주식형의 장점은 경제 상황이 좋을 때 수익을 많이 얻을 수 있다는 것이다. 펀드에서 투자한 각각의 주식이 상승을 하게 되면 그만큼 펀드의 수익은 커지게 된다. 반대로 단점은 경제 상황이 좋지 않을

경우 손실이 커지게 된다는 것이다.

채권형은 주식형과는 달리 채권 자체가 안정성을 가지고 있기에 꾸준하게 수익을 얻을 수 있다는 장점이 있지만, 동시에 그 안정성 때문에 큰 폭의 상승은 기대하기 힘들다는 단점이 있다. 주식형과 채권형의 장점을 살리고 단점을 보완하기 위해 혼합한 상품이 바로 혼합형이다. 주식 위주의 혼합이면 주식혼합형이 되고, 채권 위주의 혼합이면 채권혼합형이 된다.

② 추가 납입 가능 여부에 따른 구분

펀드는 원칙적으로 자유롭게 납입과 환매가 가능하다. 다만 일부 펀드 상품의 경우 투자 대상, 기간, 금액이 정해진 경우가 있는데, 이 경우 납입과 환매가 제한될 수 있다.

- ⓐ **추가형** : 수시로 펀드의 추가 설정이 가능한 펀드. 자유롭게 추가 납입을 할 수 있고 적금처럼 적립식으로 투자하는 것도 가능하다. 대부분의 펀드는 추가형이다.
- ⓑ **단위형** : 만기를 미리 정해놓는 펀드로 투자 기간과 만기가 처음부터 정해져 있기 때문에 펀드 모집 기간 이후 펀드의 추가 판매 및 설정이 불가능한 펀드다. 적립식으로 투자할 수 없으며, 만기까지 안정적으로 유지해야 수익을 얻을 수 있는 금융상품에 투자해야 할 때 단위형 펀드인 경우가 많다.

③ 모집 방식에 따른 구분

펀드투자자를 모집할 때 투자자를 제한 없이 받는 펀드를 '공모펀드'라 부르고, 이와 달리 49인까지만 모집할 수 있는 펀드를 '사모펀드'라 부른다. 공모펀드의 경우 명칭이 알려주듯, 공공 모집이기 때문에 투자자를 보호하기 위한 각종 규제와 장치가 적용된다. 반면 사모펀드는 공모가 아닌 비공개 방식이기 때문에 투자자 보호를 위한 규제가 완화되어 있다.

ⓐ **공모형** : 투자자 모집에 제한 없음. 투자자를 위한 보호 장치가 철저.
ⓑ **사모형** : 49인 이하의 참여. 투자자 보호 장치가 완화되어 있음.

사모펀드는 투자자 보호 장치가 철저하지 못해 분쟁을 겪게 되는 일이 빈번하게 일어나기 때문에 주의가 필요하다. 〈표 2-1〉은 2020년

〈표 2-1〉 금융권 주요 부실발생 사모펀드 현황

펀드명	부실내용	판매액(원)	분쟁(건)
라임펀드	환매연기	1조 6,679억	431
독일헤리티지 DLS신탁	상환지연	4,276억	85
닛케이지수 옵션펀드	전액손실	229억	19
이탈리아건강 보험채권펀드	환매연기	1,528억	2
알펜루트펀드	환매연기	2,296억	-
교보로얄 클래스펀드	환매연기	105억	-
디스커버리 DLG펀드	환매연기	1,593억	-
KTB펀드	환매연기	140억	-
합계		2조 6,846억	537

출처 : 아시아경제신문

3월 말 기준 사모펀드들의 분쟁 현황이다.

④ 투자 방식에 따른 구분

투자 금액을 일시에 넣는 방법을 거치식, 나누어 넣는 방법을 적립식이라고 한다. 목돈을 은행에 넣을 때 정기예금으로 다 넣어두느냐 적금으로 나누어 넣느냐와 비슷한 구분이다. 적립식펀드의 가장 큰 장점은 '코스트 에버리징Cost Averaging 효과'를 볼 수 있다는 점이다(코스트 에버리징 효과란 정액으로 분할 투자를 하게 되면, 주가가 높을 때는 적은 수의 주식을 매수하고, 주가가 낮을 때는 많은 수의 주식을 매수하게 되어 평균 매입 단가가 낮아짐으로써 수익에 도움이 되는 효과를 뜻한다. 이에 대한 자세한 설명은 '적립식펀드' 부분에서 할 것이다). 대부분의 공모펀드는 적립식과 거치식 둘 다 선택 가능하다. 일반적으로는 무조건 적립식으로 투자해야 한다고 생각

〈그림 2-2〉 적립식펀드와 거치식펀드가 유리한 경우

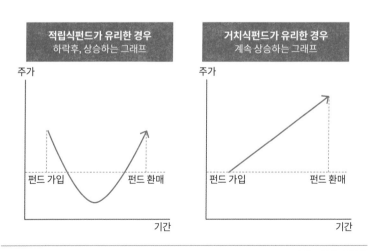

출처 : 쿼터백자산운용

할 수 있는데 반드시 그런 것만은 아니다.

Ⓐ 적립식 : 경제 상황이 횡보하거나 주가가 하락한 후 상승할 때 유리
한 투자 방식이다. 매월 같은 금액을 꾸준히 적립하는 경우 코스트
에버리징 효과를 통해 평균 매입 단가를 낮출 수 있기 때문이다.

Ⓑ 거치식 : 주가가 하락 없이 꾸준히 상승하는 경우 더 유리한 투자방
식이다. 모든 투자원금이 상승의 효과를 보기 때문이다. 단, 주가가
하락하면 적립식과 비교해 더 크게 손실을 보게 된다.

펀드 수수료와 보수

펀드는 내가 직접 운용하는 것이 아니라 전문가가 운용하는 것이기
때문에 수수료와 보수를 지급해야 한다. 수수료는 내가 펀드를 살 때
(판매 시), 그리고 내가 펀드를 현금으로 바꿀 때(환매 시)에 일회성으로
지급하는 비용이고, 보수는 펀드에 투자하는 기간 동안 계속 지급해
야 하는 비용이다.

수수료는 펀드에 가입할 때 발생하는 선취 판매수수료, 돈을 찾을
때 내는 후취 판매수수료, 기간에 따라 발생하는 벌금 형식의 환매수
수료 등으로 나뉜다. 또 보수에는 운용보수, 판매보수, 수탁보수, 일반
사무관리보수, 펀드평가보수 등이 있다. 비슷한 형식의 펀드라도 수수
료 구성에 따라 이름이 다르게 붙기 때문에 펀드의 이름을 잘 살펴봐
야 한다. 금융투자협회(https://www.kofia.or.kr)는 펀드공시를 통해 펀
드의 설정 현황 및 비교 검색 등의 서비스를 무료로 제공하고 있는데,
〈표 2-2〉는 펀드별 보수 비용을 일부 비교해 놓은 것이다. 표에 보면
TER(A+B)이 나오는데, TER이란 Total Expense Ratio로서 '총보수

펀드명	보수율(%)					기타비용(B)	TER(A+B)	판매수수료(%)(C)	
	운용	판매	수탁	사무관리	합계(A)	기타비용(B)	TER(A+B)	선취	후취
미래에셋디스커버리증권자투자신탁G1(주식)종류A	0.61	0.50	0.03	0.02	1.16	0.04	1.20	1.000	0.000
미래에셋디스커버리증권투자신탁2(주식)종류A	0.80	0.85	0.03	0.02	1.70	0.01	1.71	0.800	0.000
미래에셋디스커버리증권투자신탁2(주식)종류A-e	0.80	0.42	0.03	0.02	1.27	0.00	1.27	0.000	0.000
미래에셋디스커버리증권투자신탁3(주식)종류A	0.80	0.75	0.03	0.02	1.60	0.01	1.61	1.000	0.000
미래에셋디스커버리증권투자신탁3(주식)종류A-e	0.80	0.37	0.03	0.02	1.22	0.00	1.22	0.000	0.000
미래에셋디스커버리증권투자신탁4(주식)종류A	0.80	0.75	0.03	0.02	1.60	0.01	1.61	1.000	0.000
미래에셋디스커버리증권투자신탁4(주식)종류A-e	0.80	0.37	0.03	0.02	1.22	0.00	1.22	0.000	0.000
미래에셋디스커버리증권투자신탁5(주식)종류A	0.80	0.75	0.03	0.02	1.60	0.01	1.61	1.000	0.000
미래에셋디스커버리증권투자신탁5(주식)종류C-e	0.80	1.00	0.03	0.02	1.85	0.01	1.86	0.000	0.000
미래에셋디스커버리증권투자신탁5(주식)종류S	0.80	0.35	0.03	0.02	1.20	0.00	1.20	0.000	0.150
미래에셋디스커버리증권투자회사(주식)	0.96	0.00	0.05	0.03	1.04	0.02	1.06	1.000	0.000

출처 : 금융투자협회

비용비율'을 가리킨다. 쉽게 풀어보자면 펀드에 들어가는 수수료의 합계라 보면 된다.

〈표 2-2〉에 제시된 펀드는 미래에셋자산운용에서 운용하는 펀드 중 가장 유명한 '디스커버리' 시리즈다. 자세히 보면 펀드의 이름은 다 같은데 가장 마지막에 붙은 알파벳이 다르다. 이 알파벳은 수수료와 보수체계에 따라 각기 다르게 붙게 된다. 각각의 알파벳이 붙는 순서와

의미는 〈표 2-3〉과 같다(금융당국은 2019년도 10월부터 펀드클래스의 알파
벳 표기와 한글 표기를 함께 하도록 개선했다).

앞서 보았던 미래에셋 펀드를 다시 보자. '미래에셋디스커버리증권
자투자신탁G1(주식)종류A'는 선취수수료가 붙는 펀드다. 보수율의 경
우 연보수율 1.16%에, 기타 비용 0.04%가 붙어 연간 총보수TER. Total
Expence Ratio를 계산해보면 총 1.2%가 된다. 즉 처음 펀드에 투자할 때
투자 금액의 1%가 선취수수료로 붙고, 연간 1.2%의 보수가 계속 발생
되는 펀드이다.

〈표 2-3〉 펀드 클래스의 표기법과 의미

구분		클래스	한글 표기
1차 분류	판매수수료 부과 여부	A	수수료 선취
		B	수수료 후취
		C	수수료 미징수
		D	수수료 선후취
2차 분류	판매경로	e	온라인
		-	오프라인
		S	온라인 슈퍼마켓
		J	직판
3차 분류	기타 (1, 2차 분류에 따른)	CDSC	보수체감
		G	무권유 저비용
		P	개인 연금
		P	퇴직 연금
		H	주택 마련
		F	기관
		I	고액
		W	랩

예를 들어 100만 원을 이 펀드에 투자한다고 하면 그 1%인 1만 원이 선취수수료로 납부되어 실제로는 99만 원으로 투자를 시작하는 셈이다. 만약 투자 수익이나 손실이 없다면 1년간 99만 원의 1.2%인 1만 1,880원이 보수로 지급된다. 여기서 우리가 알 수 있는 사실은, 내가 투자한 펀드가 수익을 내지 못할 경우, 수수료 때문에 결과적으로는 마이너스가 된다는 사실이다.

펀드의 수익률은 예측하기 어렵지만, 펀드 비용은 예측할 수 있다. 따라서 투자자 입장에서는 같은 펀드라면 비용이 가장 적게 들어가는 펀드를 고르는 것이 합리적이다. 앞서 설명했던 금융투자협회에서 모든 펀드의 보수와 수수료를 정리해 놓고 있으니 펀드를 선택할 때 참고하면 좋다.

선취수수료와 후취수수료 중에서 어떤 방식이 더 낫다고 할 수는 없다. 다만 전체적으로 보면 1년 이상 펀드에 투자할 계획이라면 대체로 선취수수료가 더 이익이 되고, 6개월 내외로 짧게 투자할 경우라면 후취수수료 방식이 대체로 더 유리하다고 생각하면 된다. 장기투자를 통해 수익이 많이 오르게 된다면 원금에 대해서만 수수료를 내는 선취수수료가 원금과 수익에 붙는 후취수수료를 내는 것보다 더 경제적이기 때문이다.

참고로 수수료와 보수 측면에서 가장 낮은 것은 온라인 전용 상품인 'e'와 'S'클래스다. 온라인으로 가입하기 때문에 오프라인 클래스보다 저렴하다. 'e'클래스는 보통 'Ae'나 'Ce'로 분류되는데, 각각 'A'와 'C'클래스의 온라인 버전이라 생각하면 된다.

'S'클래스는 한국포스증권(옛 펀드슈퍼마켓)에서 구입할 수 있는 펀드로 연평균 판매 보수가 가장 저렴한 것이 특징이지만, 가입 후 3년 미만의 시기에 환매하면 후취수수료가 별도로 붙기 때문에, 3년 이상 장기 투자할 펀드에 대해 선택하는 것이 좋다.

여기까지 간단하게 펀드의 기초적인 내용을 살펴봤다. 다음으로는 다양한 펀드상품에 대해 자세하게 알아보도록 하자.

02
적립식 펀드
: 투자 시점, 상품 모두 나눠라

핵심요약

직장인에게 가장 추천할 수 있는 펀드투자 방식이 적립식펀드 방식이다. 대부분의 펀드는 적립식으로 투자가 가능한데, 적립식펀드의 가장 큰 장점은 위험을 분산시켜 가장 효율적으로 수익을 얻을 수 있도록 해준다는 데 있다. 이것은 주가의 등락에 상관없이 주기적으로(보통 매월) 주식을 매수하여 평균매입단가를 낮추는 일명 '코스트 에버리징 효과' 때문에 가능하다. 단, 이러한 평균매입단가는 하락 후 상승하는 주식시장에서 가장 빛을 발하지만, 주식시장이 지속적으로 상승하거나, 상승했다가 하락하는 경우 거치식펀드에 비해 수익률이 더 안 좋을 수도 있다는 것은 염두에 두어야 한다. 적립식펀드는 투자 금액의 분산과 함께 펀드 자체의 분산, 투자기간의 분산을 통해 가장 좋은 효과를 볼 수 있도록 설계하는 것이 좋다.

투자 방법

적립식펀드 투자는 거치식펀드 투자와 달리 꾸준히 펀드에 자금을 투자하는 것이다. 예를 들어 500만 원이라는 투자금이 있을 때 500만 원을 한꺼번에 펀드에 투자하면 거치식펀드라 하고, 50만 원씩 10개월에 나누어 투자하면 적립식이라 부르는 것이다. 참고로 적립식펀드, 거치식펀드가 따로 있는 것은 아니다. A라는 펀드가 있을 때, 그 A라는 펀드에 500만 원을 한꺼번에 투자하면 거치식펀드가 되는 것이고, 10개월에 나눠 50만 원씩 투자하면 적립식펀드가 되는 것이다.

거치식펀드와 적립식펀드를 조금 더 비교해보자면 이렇다. 우선 적정한 가입 시기가 다르다. 적립식펀드는 어느 시기에 펀드투자를 시작해야 한다는 특별한 기준이 없다. 주가 수준이 높을 때이든 또는 낮을 때이든 꾸준히 펀드에 투자하는 방식이기 때문이다. 반면 거치식펀드는 주가 수준이 낮을 때 시작하는 것이 유리하다. 지금 주가 수준이 낮은데 향후 주가가 지속적으로 상승할 것으로 예상되면 거치식으로 투자하는 것이 유리하다. 그러면 적립식보다 높은 수익을 기대할 수 있다. 다만 현재의 주가 수준이 낮은지 높은지 쉽게 판단할 수 없기 때문에 거치식은 위험 요인을 그만큼 안고 간다는 점을 알아두어야 한다.

〈그림 2-3〉 투자 방법에 따른 펀드 구분

거치식펀드	**적립식펀드**	**자유적립식**	**정액적립식**
최초 목돈을 한꺼번에 투자하는 방식	장기간 펀드에 나누어 투자하는 방식	원하는 날에 원하는 금액을 투자	정해진 날에 정해진 금액을 투자

출처 : 한화자산운용

다음으로 투자 용도에서도 차이점이 있다. 목돈을 넣어 투자하는 거치식의 경우 현재의 목돈을 더 키워 더 큰 목돈으로 만드는 목적이 우선이다. 적립식은 이와 달리 조금씩 투자하여 목돈이나 종잣돈을 만드는 것에 목표를 두는 것이 일반적이다. 물론 어느 정도의 금액이 되어야 목돈이라고 할 수 있느냐는 개인의 상황에 따라 다르다. 돈이 많지 않은 사람에게는 1,000만 원이라는 금액도 큰 목돈이 될 수 있지만, 이미 10억 원을 넘는 자산을 가지고 있는 사람에게는 그리 큰돈이 아닐 수도 있다. 어떤 경우이든 거치식은 적립식보다 더 위험을 감수하면서 더 큰 수익을 노린다는 것으로 이해하면 된다.

여기서 주의해야 할 것이 적립식펀드는 무조건 좋고 거치식펀드는 나쁘다는 식으로 이해하면 곤란하다는 사실이다. 앞서 보았듯 적립식 펀드와 거치식펀드는 경제 상황 또는 개인 상황에 따라 쓰임새와 장단점이 다르기 때문이다. 대부분의 재테크 서적에서 적립식펀드를 추천하는 것은 위험을 관리하고 목돈을 모아가는 과정에서 거치식에 비해 일반적으로 좀 더 유리하기 때문이다. 하지만 그것이 곧 적립식으로 투자하는 것이 거치식으로 투자하는 것보다 무조건 더 좋다는 의미는 아니다.

적립식펀드 투자의 장점

적립식펀드 투자의 최대 장점은 '위험 분산'에 있다. 경제 상황은 좋을 수도 있고 나쁠 수도 있다. 그리고 경제 상황에 따라 펀드 역시 수익과 손실의 가능성을 동시에 가지고 있다. 그런데 만약 앞으로 주가가 어떨지 모르는 상황에서 목돈을 한꺼번에 거치식으로 넣는다고 생각해 보자. 예상대로 주식시장이 좋아진다면 모르겠지만 반대의 경우 손해가 예상외로 커질 수도 있다. 이러한 위험을 막아주는 것이 적립식펀드의 '코스트 에버리징 효과'인데 〈그림 2-4〉를 보면서 살펴보자.

그림을 보면 A라는 회사의 주가는 2020년 1월, 5만 원에서 출발하여 7월에는 2만 5,000원으로 반토막이 났다가, 다시 12월에 연초 수준인 5만 원으로 회복됐다. 만일 1,200만 원이라는 목돈을 A라는 회사에 2020년 1월 거치식으로 투자했다면 투자 이후 7월까지 지속적인 손실을 보다가 연말이 되어 겨우 원금을 회복한 것이 된다. 하지만 만일 매월 100만 원씩 나눠서 12개월 동안 A 회사의 주식을 샀다면 어떻게 될까?

만일 매월 100만 원씩 나누어 투자했다면 비쌀 땐 주식을 적게 사고, 쌀 땐 더 많이 사게 된다. 이럴 경우 주식 한 주에 대한 평균매입단가가 낮아져, 주가 수준이 연초 수준으로 회복했을 때 거치식처럼 원금만 회복하는 것이 아니라 일정한 수익도 얻게 된다. 이를 정리해 보

〈그림 2-4〉 A 회사의 주가 추이①

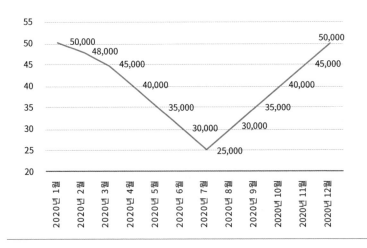

면 〈표 2-4〉와 같다.

거치식으로 투자한 경우 정산해 보면 (계산의 편의를 위해 수수료나 세금은 계산에 포함시키지 않고, 소수점 이하는 반올림하는 것으로 하자) 수익금 0원에 수익률은 0%지만, 적립식으로 투자했다면 수익금 395만 원에 수익률이 33%나 된다. 이러한 극적인 차이는 적립식 투자의 경우 A 회사의 주식 가격이 내려갔을 때 주식을 많이 사둘 수 있기 때문이다. 연말에 주식이 정상적인 가격을 되찾았을 때, 쌀 때 사둔 주식은 더 많이 가격이 오른 셈이 되니 수익을 많이 볼 수 있는 것이다. 적립식으로 투자한 경우 거치식보다 주식 수는 119주나 더 많게 되고, 평균매입단가

〈표 2-4〉 코스트 에버리징 효과

시기	주가(원)	거치식 투자		적립식 투자	
		투자 금액(원)	보유 주식 수	투자 금액(원)	보유 주식 수
2020년 1월	50,000	12,000,000	240	1,000,000	20
2020년 2월	48,000			1,000,000	21
2020년 3월	45,000			1,000,000	22
2020년 4월	40,000			1,000,000	25
2020년 5월	35,000			1,000,000	29
2020년 6월	30,000			1,000,000	33
2020년 7월	25,000			1,000,000	40
2020년 8월	30,000			1,000,000	33
2020년 9월	35,000			1,000,000	29
2020년 10월	40,000			1,000,000	25
2020년 11월	45,000			1,000,000	22
2020년 12월	50,000			1,000,000	20
합계		12,000,000	240	12,000,000	319
투자 결과		12,000,000	240	15,954,365	
수익금		0		3,954,365	
수익률		0%		33%	

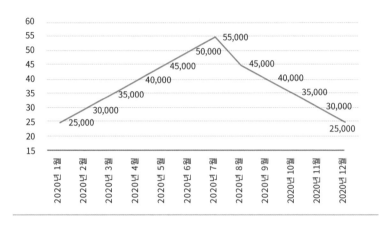

〈그림 2-5〉 A 회사의 주가 추이②

도 3만 7,617원으로 거치식의 5만 원보다 훨씬 낮아지게 된다. 이를 통해 적립식으로 투자를 하게 되면 주가 하락을 오히려 기회로 삼아 수익을 올릴 수 있게 된다는 점을 알 수 있다.

하지만 반대의 경우도 생각해야 한다, 적립식 투자는 주식시장이 하락했다 상승하는 경우에는 효과가 극대화되지만 반대로 주식시장이 상승하다가 하락을 하게 되면 손해를 보게 된다. 앞서 살펴보았던 A 회사의 주식이 내렸다 오르는 것이 아닌, 올랐다 내리는 경우를 살펴보자.

A 회사의 주식이 〈그림 2-5〉와 같이 연초에 2만 5,000원이었다가, 여름에 최고가인 5만 5,000원을 기록하고, 다시 연말에 2만 5,000원으로 내려왔다고 가정하고 앞서 해 보았던 계산법을 적용해 보자. 이 경우 거치식으로 투자한 경우 수익도 손실도 없는 0원이지만, 적립식으로 투자한 경우 손실 금액 359만 원에 마이너스 30%라는 손해를 안게 된다. 이렇게 손실이 큰 이유는 비싼 값에 산 주식들이 주가 하락

기에 손실을 더 키우기 때문이다. 그 때문에 적립식 투자가 모든 상황에서 수익을 낼 수는 없으며, 주가가 하락했다가 상승할 경우에 유효하다는 사실을 명심하는 것이 중요하다. 주식시장의 상황별로 적립식펀드와 거치식펀드 중에서 어떤 방식이 유리한지 정리해 보면 〈그림 2-6〉과 같다.

〈그림 2-6〉을 보면 주가가 꾸준히 상승하는 구간에서는 거치식이 유리하고, 반대로 꾸준히 하락하는 구간에서는 적립식이 유리하다. 또 '상승 후 하락' 구간에서는 거치식이 유리하고, '하락 후 상승' 구간에서는 적립식이 유리하다. 즉 주가의 등락 흐름에 따라 유불리가 정해지는 것이다. 결국 적립식 투자는 지속 하락 또는 하락 후 상승하는 경우에 유리하다. 적립식 투자는 코스트 에버리징 효과를 통해 지속

〈그림 2-6〉 코스피 등락 구간별 펀드 성과

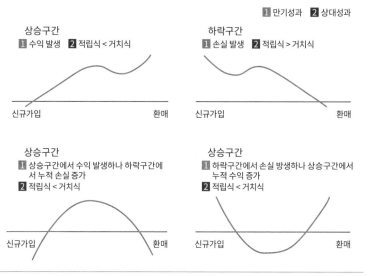

출처 : 하나대투증권

적으로 하락하는 상황에서는 조금 덜 손실을 보게 되고, 하락 후 상승할 때는 더 많은 수익을 얻게 된다.

적립식펀드 투자 시 유의할 점

적립식 펀드에 있어 가장 유의할 점은 '분산'이다. 투자 금액을 한 번에 넣지 않고 시점을 나누는 것만이 아니라 펀드 자체의 분산, 투자 기간의 분산이 필요하다. 그럼 구체적으로 어떻게 분산해야 하는지 살펴보자.

① 펀드 자체의 분산

월 60만 원으로 적립식펀드에 투자하고자 할 때 계좌를 하나만 만들어놓고 60만 원을 하나의 펀드에 넣는 방법이 있고, 계좌와 금액을 나누어 30만 원씩 2개의 계좌에, 또는 20만 원씩 3개의 계좌에 넣는 방법도 있다. 적립식펀드 계좌를 하나만 만드는 것보다는 몇 개 더 만드는 것이 유리할 수 있는데 이는 전략적 운용이 가능하기 때문이다.

예를 들어 펀드가 투자하는 대상 지역을 분산하는 방법이 있다. 대한민국에 있는 회사에만 투자하는 펀드뿐 아니라 미국이나 중국에 있는 회사에도 투자하는 펀드에 가입하는 것이다. 그럴 경우 어느 한 나라의 경제가 안 좋아서 펀드 수익률이 좋지 않더라도 경제 상황이 좋은 다른 나라의 펀드를 통해 수익을 만회할 수 있다. 또 투자 스타일이 다른 펀드에 투자하는 것도 방법이다. 예를 들어 어떤 펀드는 가치주에 주로 투자하고, 어떤 펀드는 성장주에 주로 투자한다면 어느 한쪽의 펀드에만 가입하는 것이 아니라 양쪽에 다 가입해 두는 것이다(성장주와 가치주에 대해서는 '주식형펀드' 부분에서 자세히 설명할 것이다).

② 기간의 분산

기간의 분산도 필요하다. 코스트 에버리징 효과를 제대로 얻으려면 각 펀드마다 투자 기간은 대략 3년 이내로 잡는 것이 좋다. 흔히들 '적립식펀드는 무조건 10년 이상 장기로 실행해야 하는 것 아니냐?'라고 생각하는데 반드시 길다고 좋은 것은 아니다. 물론 주식시장이 호황이라면 10년이 아니라 30년이라도 길게 가져가는 게 좋다. 하지만 내가 투자한 펀드가 10년 넘게 잘되는 경우는 드물다. 그 때문에 3년마다 펀드의 수익률을 점검하여, 수익률이 낮은 것은 비중을 낮추거나 환매하고, 새롭게 수익 가능성이 높은 펀드를 골라 추가하는 것이 필요하다.

분산 기간을 3년으로 잡으라는 이유는 이렇다. 한 달에 30만 원씩 3년이면 원금만 1,080만 원이 되어 더 이상 목돈을 만들기 위한 적립식 투자가 아니게 된다. 조금 더 많이 납입해서 한 달에 50만 원씩 납입할 경우 3년이 되면 투자 총액이 1,800만 원이나 된다. 이렇게 되면 투자 방식은 적립식이지만 금액은 거치식에 가깝다. 그래서 3년마다 펀드는 새롭게 추가하거나 변경하는 것이 좋다. 현재까지 적립식에 넣었던 펀드가 수익률이 괜찮다면 현재까지의 적립식펀드는 추가 투자 없이 거치식으로 운용하고, 신규로 수익을 낼 수 있는 적립식 펀드에 새로 가입하는 것이다.

③ 적금과 혼동 금지

적립식펀드는 안정성이 강조되는 상품이다 보니 뜻하지 않게 적금과 혼동되는 경우가 있다. 하지만 적립식펀드는 절대 원금보장이나 확정이자를 지급하는 상품이 아니다. 은행에서 펀드에 가입했다고 하더라도 은행이 원금을 보장해주거나 확정된 이자를 주는 것은 결코 아니다. 또 적립식펀드라고 해서 적금처럼 매월 일정액을 정해진 날에 넣어야 하는 것도 아니다. 상황이 좋지 않으면 어떤 달은 납입을 하지 않아도 되고, 수익률에 도움이 되는 상황이라면 원래 정해놓았던 금액보다 더 많은 돈을 납입해도 상관없다. 다만 너무 상황 변화에 민감하다 보면 오히려 수익률을 해칠 수도 있으니 주의해야 한다.

투자지표

- 투자 적정 금액 : 매월 200만 원 이내(계좌별 20만 원 또는 50만 원으로 분산)
- 투자 난이도 : 중(방법은 쉽지만 꾸준한 실천이 매우 어려움)
- 적합한 성향 : 보수적 투자 성향(원금손실의 위험을 피하고 싶을 때 활용)

03
주식형펀드
: 주식 투자를 전문가에게 맡긴다

핵심 요약

주식형펀드는 투자금의 대부분을 주식에 투자한다. 주식은 변동성이 심하기에 시장이 좋을 땐 높은 수익률을 얻을 수 있지만 시장이 침체하는 경우 손실이 클 수도 있다. 적립식으로 접근한다 해도 이 위험을 완전히 제거하지는 못한다. 그런데도 주식형펀드는 다른 투자 유형에 비해 더 높은 수익률을 기대할 수 있기 때문에 많은 사람들이 주식형펀드를 선택한다. 주식은 크게 가치주와 성장주로 구분되는데, 본인의 성향을 기준으로 어떤 유형을 선택할지 판단해야 한다. 또 투자 지역별로는 국내 주식형과 해외 주식형이 있는데 우선 국내 주식형펀드를 일정 정도 경험해 본 다음에 학습이 되면 해외 주식형펀드에 가입하는 것이 좋다. 기억할 것은 주식형펀드가 분명 혼합형펀드나 채권형펀드에 비해 손실 위험이 크긴 하지만, 적립식 투자 방식으로 접근을 하면

혼합형이나 채권형에 비해 높은 수익을 기대할 수 있다는 점이다.

투자 방법

주식형펀드란 그 명칭이 가리키는 바와 같이 '주식'에 투자하는 펀드다. 펀드라면 다 주식에 투자하는 것 아닌가 싶은 사람도 있을 텐데, 펀드는 그 투자처나 방식에 따라 〈표 2-5〉처럼 명칭이 달라진다.

주식형 펀드는 〈표 2-5〉의 맨 위에 설명되어 있듯 주식에 60% 이상 투자되는 상품이다. 최소 60% 이상을 주식에 투자한다는 것은 주식에 투자하는 비중이 70%일 수도 있고 최대 100%일 수도 있다는 의미다. 최소 기준인 60%를 주식에 투자하는 경우 나머지 40%는 채권 등에 투자하게 된다.

〈표 2-5〉 펀드의 종류

구분		주된 투자대상	펀드 특징
증권 펀드	주식형펀드	주식에 60% 이상 투자	고위형 · 고수익 추구
	혼합형펀드	주식에 60% 이하 투자	채권투자의 안정성과 주식 투자의 수익성을 동시에 추구
	채권형펀드	채권에 60% 이상 투자	안정적인 수익 추구
MMF		단기금융상품에 투자	수시입출금이 가능한 펀드
파생상품펀드		선물, 옵션 등 파생상품에 투자	파생상품을 통한 구조화된 수익 추구
부동산펀드		부동산에 투자	환금성에 제약이 따르지만 장기투자를 통한 안정적 수익 추구
실물펀드		선박, 석유, 금 등 실물자산에 투자	
특별자산펀드		수익권 및 출자지분 등에 투자	
재간접펀드		다른 펀드에 투자	다양한 성격과 특징을 가진 펀드에 분산투자

출처 : 금융감독위원회

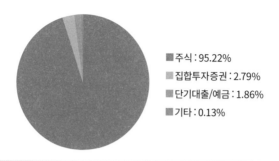

〈그림 2-7〉 미래에셋디스커버리증권투자신탁5호(주식)의 자산구성현황
(2019년 4분기말 기준)

- 주식 : 95.22%
- 집합투자증권 : 2.79%
- 단기대출/예금 : 1.86%
- 기타 : 0.13%

〈그림 2-7〉의 미래에셋디스커버리증권투자신탁5호(주식)의 사례를 보자. 2019년 4분기 말 기준 자산운용보고서에 따르면 전기 말 (2019년 3분기) 자산구성현황은 주식이 95.22%이고, 나머지 5% 안 되는 자산이 집합투자증권(펀드), 예금 및 기타에 투자된 것을 알 수 있다. 이 펀드는 투자 자산의 95% 정도를 주식에 투자하고 있다는 것으로 이해하면 된다. 참고로 대부분의 주식형펀드는 특별한 경우를 제외하면 주식 투자 비중이 대략 90% 내외라고 보면 크게 틀리지 않다.

나머지 펀드도 짧게 살펴보자. 혼합형펀드는 주식에 60% 이하를 투자한다. 간단하게 말하자면 주식과 채권에 반반 정도씩 투자하는 셈이다. 아무리 주식시장이 좋아도 혼합형펀드는 전체 자산의 60%를 넘겨 주식에 투자할 수 없다. 혼합형펀드의 의도는 주식시장이 좋을 때 주식의 수익으로 높은 수익률을 얻고, 주식시장이 좋지 않을 때 채권으로 수익률을 방어한다는 것이다. 문제는 이러한 의도대로 잘 흘러가지 않는다는 것이다. 주식시장이 좋을 때 채권에 투자한 비중이 수익률의 발목을 잡고, 주식 상황이 악화되면 채권이 힘들게 지켜낸 수

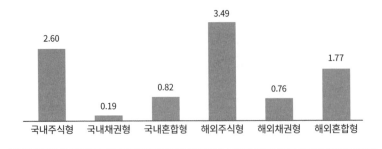

〈그림 2-8〉 2019년 4월 유형별 펀드 평균 수익률

출처 : 한국펀드평가

익률을 주식이 까먹게 되는 경우도 많다.

　〈그림 2-8〉을 보면 2019년 펀드 유형별 수익률을 파악할 수 있다. 즉 같은 기간 동안 각 투자 유형별로 수익률을 따져본 결과 국내 및 해외를 막론하고 주식형이 가장 높고, 채권형이 가장 낮았으며, 혼합형은 그 중간에 위치해 있다. 물론 이러한 수익률 순위는 시기마다 달라질 수 있다. 코로나19처럼 주식시장이 크게 흔들리는 사건이 발생하면 주식형펀드의 수익률이 급감해서 혼합형펀드나 채권형펀드의 수익률이 주식형 펀드의 수익률보다 좋을 수 있다. 따라서 전체적인 시장의 흐름을 잘 살펴보고 투자하는 것이 필요하다.

　2020년 3월은 모든 투자자에게 잔인한 달이었다. 코로나19로 대한민국뿐 아니라 전 세계가 끝도 없는 불황을 겪을 것이라는 공포감이 절정에 달했기 때문이다. 〈표 2-6〉을 보면 2020년 3월만 놓고 보았을 때 나름대로 선방한 국내 주식형펀드들이 연초 이후 모두 마이너스를 기록한 데에 비해 국내 채권형펀드는 연초 이후 마이너스를 내지 않고 선방했다.

　채권형펀드는 대부분의 자산(최소 60%)을 채권에 투자하는 펀드다.

<표 2-6> 2020년 3월 기준 유형별 1개월 수익률 상위 펀드

구분	펀드명	소유형	설정일	순자산	수익률		
					1주	1개월	연초 이후
국 내 주 식 형	한국투자코스닥두배로증권 투자신탁(주식-재간접파생형) A-e	인덱스 주식기타	'18.01.30	2.56	18.04	-15.65	-28.60
	NH-Amundi코스닥2배 레버리 지 증권투자신탁[주식-파생형] Class C	인덱스 주식기타	'18.02.07	3.92	17.67	-15.25	-28.27
	삼성코스닥150 1.5배 레버리지 증권투자신탁[주식-파생형]C3	인덱스 주식기타	'16.05.26	23.08	12.76	-9.34	-19.69
	현대인베스트벤처기업&IPO증권 투자신탁 1(주식혼합)A	액티브 주식중소형	'18.04.05	12.10	10.23	-16.83	-26.17
	미래에셋연금한국헬스케어증권 자투자신탁 1(주식)종류C-P2e	액티브 주식섹터	'17.09.13	8.87	10.06	1.89	-4.61
국 내 채 권 형	IBK그랑프리국공채증권자투자 신탁[채권]종류C	국공채권	'05.01.17	63.19	0.11	-0.09	0.97
	IBK그랑프리장기채증권자투자 신탁[채권]종류C-R	일반채권	'06.01.25	17.37	0.11	-0.20	1.10
	미래에셋변액보험어드밴티지증 권투자신탁 1(채권)종류C-i	일반채권	'13.11.28	241.94	0.10	0.14	0.86
	키움단기국공채증권자투자신탁 1[채권]C1	국공채권	'14.02.27	40.19	0.10	0.17	0.55
	KB스타막강국공채증권자투자신 탁(채권)A플러스	국공채권	'14.11.26	13.47	0.09	-0.19	1.00

출처 : 메트로신문

일반적인 경우 수익률은 대략 4~6% 정도를 기대할 수 있지만, 금리가 급격하게 오르거나 내리는 경우 수익률도 요동을 쳐서 연 10% 이상의 수익이 나거나 반대로 마이너스 수익률로 전환될 수 있다.

가치주, 성장주, 배당주

주식형펀드가 주식에 큰 비중을 두고 있다는 것은 앞서 설명한 바와 같다. 이제 살펴볼 것은 주식 중에서 어떤 주식에 투자하는가를 보는 일이다. 같은 주식이라 해도 어떤 종목은 앞으로의 성장성을 보고 투자할 수 있고, 어떤 종목은 현재 저평가되어 있다는 판단으로 투자할 수도 있다.

펀드가 투자하는 주식의 종류는 크게 세 가지로 나눠볼 수 있다. '가치주', '성장주', '배당주'가 그것이다. 가치주는 흙 속의 진주처럼 아직 제대로 평가를 받지 못한 회사의 주식을 가리킨다. 즉 가치주는 실적이나 자산에 비해 기업가치가 상대적으로 저평가됨으로써 낮은 가격에 거래되는 주식이라 할 수 있다. 성장주는 장래가 유망한 기업의 주식을 가리킨다. 기업의 향후 실적이 성장할 것으로 보이는 경우가 그러하다. 아마추어 시절에 두각을 나타내던 유망주들이 나중에 프로선수가 되어 훌륭한 기량을 나타내는 것과 같다. 성장주 투자는 앞으로 유망한 주식들에 미리 투자해 두는 것이다. 성장주는 가치주와 달리 현재 주가는 회사 실적에 비해 높은 편이다. 그런데도 앞으로 더 큰 성장을 통해 주가가 추가적으로 상승할 것이라는 예상이 가능하기 때문에 투자하는 것이다. 가치주와 성장주는 〈표 2-7〉처럼 비교할 수 있다.

그런데 성장주와 가치주는 그 개념이 서로 겹치기도 한다. 그래서 A라는 회사가 있을 때 그 회사에 대해 어떤 펀드매니저는 가치주라 판단하고 또 어떤 매니저는 성장주라 판단하기도 한다. 결국 판단하기 나름이다. A 회사가 앞으로 더 높은 성장이 기대되는 상황에서 주가 수준이 낮다면 A 회사의 주식은 성장주이자 가치주가 될 수도 있다. 절대적인 구분은 없고 시장 상황과 업계 흐름에 따라 가치주와 성장주가 유동적으로 판단된다는 점을 기억해 두자.

<표 2-7> 성장주와 가치주의 개념적 구분

구분	성장주	가치주
개념	• 시장보다 빠른 속도로 이익이 성장하는 주식 • 미래에 기업의 수익성이 크게 성장할 만한 신기술과 성장 기회를 가지고 있는 종목	• 내재가치에 비해 저평가된 주식 • 기업의 이익에 비해 주가가 저평가된 종목으로 장기적으로 높은 주가상승을 기대함
주요지표	• EPS 증가율, ROE, PEG(PER/ETS 증가율) • 영업이익증가율, 매출성장률 등 제반 수익 및 성장성 관련 지표 분석	• 저PER, 저PBR, 고배당 • 저PSR,저EV/EBITA 등 주가분석지표 분석 • 대체원가, 현금흐름, 주당순운전자본 등 재무제표 분석
특징	• 경기상승기에 큰 수익을 거둘 수 있음 • 미래 수익성장에 대한 기대로 주가수준 높음 • 배당보다는 연구개발에 재투자해 추가 성장 추구 • 내재가치 분석과 질적 분석의 결합으로 미래 성장성 예측 • 질적 분석에 따른 성장성 검토가 핵심	• 경기 조정, 침체시 저가 매수의 기회 확대 • 저가매수 후 장기보유로 우식을 높임 • 재투자보다는 배당을 높여 추가 수익 추구 • 현재와 과거의 재무상태 분석, 미래실적을 추정하여 기업가치 판단 • 내재가치 분석 통한 저평가 종목 발굴이 핵심
위험요인	• 종목 상승세 둔화 시 주가 하락 속도가 빠름	• 적정가격 도달 시 까지 보유기간이 장기화될 수 있음

출처 : 매일경제신문

주식형펀드 선택 방법

가장 먼저 확인할 것은 내 자신의 상황이다. 주식형펀드는 그 특성상 마이너스가 심하게 발생할 수도 있다. 그래서 투자원금 대비 절반이 손실이 나도 괜찮을지 미리 자문해 봐야 한다. 만약 그렇다 해도 시간을 가지고 감당할 수 있다면 주식형펀드에 투자해도 좋다. 손실을 감당할 준비가 되었다면 그다음 단계는 국내 주식형펀드와 해외 주식형펀드 중에서 고르는 것이다. 고양이의 색깔이 흰색이든 검은색이든 쥐만 잘 잡으면 그만이니 투자자 입장에서는 더 많이 오르는 주식을 선택하면 된다. 꼭 국내만 투자해야 한다거나 해외부터 투자해야 한다거나 하는 순서는 따로 없다.

그런데도 필자는 우선 국내 주식형펀드로 먼저 시작해보고 어느 정도 경험치가 쌓이면 해외 주식형펀드로 확장하길 권한다. 왜냐하면 국내 주식형펀드는 적어도 내가 선택한 펀드의 투자 대상(회사)이 어떤 회사인지 좀 더 명확하게 알 수 있기 때문이다. 국내 주식형펀드가 SK텔레콤에 투자한다면 그 투자가 괜찮은지 SK텔레콤을 방문해 볼 수도 있고, 여러 루트를 통해 정보를 취합할 수도 있다. 하지만 해외 주식형펀드가 AT&T에 투자한다면 SK텔레콤에 비해 판단하기 어려운 것이 현실이다. 따라서 스스로 생각하기에 아직 초보 단계다 싶다면 우선은 국내 주식형펀드로 시작하기를 권한다. 실력을 키우고 해외를 돌아봐도 늦지 않다. 어차피 살아 있는 동안은 계속 투자 활동을 지속하게 될 테니 1~2년 정도 내공을 쌓는다고 해서 문제가 생기는 것은 아니다.

다음으로 성장주와 가치주 중에서 어떤 것을 선택하느냐의 단계다. 느리더라도 착실한 모범생처럼 꾸준한 수익을 장기간 얻고자 한다면 가치주가 적절하다. 이미 실력보다 낮게 평가되어 있는 주식들이니 더 가격이 떨어질 가능성은 적기 때문이다. 반면 제 가치를 인정받기 위해선 시간이 필요하기 때문에 높은 수익률은 긴 호흡에서 접근할 때 얻을 수 있다. 한편 머리 좋은 수재처럼 화려한 수익을 얻고자 한다면 성장주를 권할 만하다. 화려하게 평가받아 이미 주식가격이 높지만 앞으로 더 가격이 오를 것으로 기대되는 유망주 같은 주식들이다. 단, 모든 스포츠 유망주가 다 훌륭한 선수가 되는 것이 아니듯, 성장주라 하더라도 가격이 급락할 수 있는 위험이 있다. 화려한 만큼 손실도 클 수 있다는 의미다.

어떤 펀드가 가치주나 성장주에 투자하는지 알아보려면 자산운용사와 펀드 이름에 힌트가 있다. 자산운용사를 기준으로 보면, 자타공인 가치주펀드 위주로 명성을 날리는 주요 자산운용사 네 곳이 있다. '에셋플러스자산운용', '한국투자밸류자산운용', '메리츠자산운용', '신영자산운용'이 그들이다. 혹시 자산운용사를 기준으로 판단하기 어렵다면 힌트는 또 있다. 펀드 명칭에 '밸류', '마라톤', '10년투자', '진주찾기' 등의 단어가 들어가면 언젠가는 제값을 받을 수 있는 주식들에 투자하는 가치주펀드라 보면 된다. 이외의 펀드들은 대부분 성장주펀드라 보면 되는데, 펀드 명칭에 '성장', '그로스Growth', '대표' 등의 단어가 들어가면 성장주펀드라 볼 수 있다.

이렇게 설명을 했지만 굳이 성장주와 가치주 중에서 하나만 선택할 필요는 없다. 투자 금액이 50만 원이라면 반씩 나누어 성장주와 가치주에 각 25만 원씩 적립식으로 투자하면 된다. 펀드뿐 아니라 대부분의 투자를 이렇게 분산투자 하는 것이 좋다.

주식형펀드 투자 시 유의할 점

코로나19가 준 교훈이 하나 있다. 펀드투자자들이 이겨내기 힘든 유혹 가운데 하나가 바로 주식을 직접 사는 것이다. 코로나19로 주가가 폭락했을 때 일명 '동학개미운동'이라 하여 개인투자자들이 삼성전자나 SK하이닉스 같은 주식을 빚을 내서까지 투자했다. 코로나19로 인해 삼성전자 주식이 30%가량 떨어졌는데, 삼성이 망하면 대한민국이 망하는 것이니 설마 그런 일이 있겠느냐는 판단이 바탕이 되었다. 잘못된 접근은 아니다. 문제는 개인들이 주식에 직접투자를 하게 되면 주식형 펀드의 자금이 줄어든다는 것이다.

〈그림 2-9〉를 보면 2017년부터 2020년까지 만 3년의 기간 동안 1,000억 원 이상 주식형펀드의 개수와 설정액 모두가 감소했음을 알 수 있다. 개인투자자들의 투자 실력이 좋아져서 펀드가 아닌 주식을 직접투자한 것이 아니라면, 주식시장이 안 좋아질 경우 투자자들은 주식형펀드에서 돈을 빼거나 추가 투자를 하지 않는다는 점을 유추할

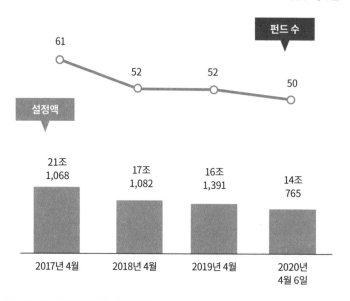

〈그림 2-9〉 2017년~2020년 액티브 주식형 펀드 추이

(단위 : 개, 억 원)

출처 : 한국경제신문

수 있다. 적립식펀드의 최대 장점이 바로 '코스트 에버리징 효과'라고
했다. 코로나19로 인해 주식시장이 큰 폭으로 하락한 시점이 오히려
적립식 투자에서는 싸게 많이 살 수 있는 좋은 기회가 된다. 그런데도
불안감 또는 직접투자의 유혹으로 인해 좋은 기회를 놓치게 되는 것이
현실이다.

펀드가 손해가 날 경우 개인투자자들은 '이렇게 손실이 날 바에는
내가 직접 좋은 종목을 찾는 것이 낫겠다' 싶어 펀드를 환매하고, 그 돈
으로 직접투자를 하곤 한다. 과연 그 개미투자자는 목표로 한 수익을
얻을 수 있을까? 그럴 수도 있다. 하지만 주식 투자의 역사를 보면 현실
은 냉혹하다. 주식에 직접투자를 한 개미는 피투성이가 되어 여기저기

상처만 입을 뿐 이익을 내는 경우는 극히 드물다.

주식시장이 폭락에 가깝게 하락해서 주식형펀드 수익률이 하염없이 마이너스를 기록할 때 환매의 유혹은 물리치기 쉽지 않다. 하지만 그 유혹을 이겨내는 것이 바로 주식형펀드의 묘미다. 앞서 설명했듯이 주식형펀드에 적립식으로 투자할 경우 주식시장이 하락해서 상승하면 매우 큰 이득을 볼 수 있다. 그래서 이 시기만 이겨내면 다시 광명을 찾을 수 있다. 눈앞에 보이는 장애물을 보지 말고 그 너머를 보자. 눈앞의 손실이 아닌 미래의 수익을 봐야 하는 것처럼.

또 다른 유의 사항이 있으니 바로 손실 가능성이다. 마음의 준비를 한다 해도 실제 손실이 발생하면 고민될 수밖에 없다. 주식형펀드에 투자하다 보면 손실이 날 수도 있는데 그 시점에서 손실이 나고 있는 펀드를 계속 가지고 있어야 하는가 하는 고민이 들 수 있다. 사람들은 고민 끝에 대부분의 경우 이렇게 결론을 내린다. '그래. 더 이상 납입하지는 말고 그대로 묶어두면서 추이를 좀 보자.' 그런데 이런 결론을 내리고 멈춘다면 그야말로 손실이 확정되는 순간이다. 주식형펀드에 투자하려면 어느 순간 손실을 보더라도 흔들리지 않고 투자를 지속하겠다는 결심이 필요하다. 특히 주식형펀드는 경제 상황 악화에 따른 손실에 매우 취약하다. 적립식으로 한다 해도 손실이 날 수밖에 없는 때가 있다. 하지만 완전히 펀드를 잘못 고르는 것이 아닌 한 그 손실은 지속적 투자를 통해 만회할 수 있는 순간이 온다. 조급한 마음에 손해가 조금 났다고 펀드를 해지하게 되면 그건 처음부터 하지 않느니만 못하게 된다.

투자 지표

- 투자 적정 금액 : 매월 200만 원 이내(계좌별 20만 원 또는 50만 원으로 분산)

- 투자 난이도 : 중(방법은 어렵지 않지만 하락장에서 유지가 매우 어려움)

- 적합한 성향 : 공격적 투자 성향(장기간 투자를 통해 높은 수익을 올리고 싶을 때 활용)

04
공모주펀드
: 안전하게 그러나 과감하게

핵심 요약

공모주펀드는 대부분의 투자 자산을 채권 형태로 보관하고 있다가 주식시장에서 신상품 주식에 일부 자금을 투자한다. 자산의 대부분이 채권이라는 점에서 안정성을 기대할 수 있다. 특히 코로나19 사태와 같은 큰 사건에 의해 주식시장이 추락하는 상황에서도 큰 손실 없이 수익률을 방어하기도 한다. 다만 코스닥벤처펀드는 일반적인 공모주펀드와 달리 투자자산의 대부분을 신규 코스닥 주식에 투자하기 때문에 높은 기대수익률만큼 위험도 증가한다. 공모주펀드는 공모주에 대한 직접투자가 가지는 번거로움을 해소하여 투자의 편의성을 높인 상품이기도 하다. 공모주펀드는 위험을 최소화하면서 안정적인 투자를 원할 때 좋은 대안이 되는 상품이다.

투자 방법

공모주펀드는 기업공개IPO, Initial Public Offering(비상장기업이 유가증권시장이나 코스닥시장에 상장하기 위해 그 주식을 법적인 절차와 방법에 따라 불특정 다수의 투자자들에게 팔고 재무 내용을 공시하는 것)를 하는 주식에 투자하는 펀드다. 아파트를 처음 분양받으면 나중에 프리미엄이 붙는 것과 마찬가지로 공모주 역시 처음 주식을 시장에 공개할 때에 비해 프리미엄이 붙는 만큼 수익을 볼 수 있다.

공모주펀드는 원금 손실의 위험을 최대한 피하면서 안정적 수익을 기대할 수 있기 때문에 중위험 중수익 상품으로 각광받고 있다. 특히 코로나19와 같은 사태로 주식시장의 급락을 경험한 투자자들이 포트폴리오를 구성할 때 선호하는 상품이라 할 수 있는데, 이제 어떤 상품인지 자세히 살펴보기로 하자.

기업이 코스피나 코스닥에 상장할 때 주식을 신규 발행해서 투자자에게 판매하는 과정을 '공모'라고 한다. 그리고 공모를 통해 기업이 투자자에게 판매하는 주식을 공모주라 하는데, 최초 공모가는 특별한 경우를 제외하면 대부분 상장된 후 상승하는 경우가 많아 유망한 투자처로 인기를 얻고 있다.

〈표 2-8〉 2019년 10월 상장된 공모주 주가

종목명	상장일	공모가(원)	2019년 11월 1일 종가
티라유텍	2019년 10월 31일	12,050	19,650
롯데리츠	2019년 10월 30일	5,000	6,360
지누스	2019년 10월 30일	70,000	86,700
캐리소프트	2019년 10월 29일	9,000	10,850
라온피플	2019년 10월 18일	14,000	16,750

공모주에 투자하는 방법은 직접투자하는 방법과 간접투자하는 방법이 있다. 우선 직접투자는 기업공개를 주관하는 증권사에 개인이 직접 청약해서 주식 물량을 배정받는 방법이다. 직접 기업공개가 되는 기업의 주식을 보유할 수 있는 좋은 방법이기는 하지만 경쟁률이 높으면 내가 원하는 만큼 투자할 수 없다는 단점이 있다. 앞서 살펴본 바와 같이 공모주는 공모가에 비해 향후 형성되는 주가가 더 높은 경우가 대부분인 관계로 안정적인 투자처로 인식되기 때문에 경쟁률이 높은 경우가 많다. 투자하려는 사람은 많고 주식 물량은 제한되어 있으니 아파트 청약처럼 경쟁률이 높아지게 된다.

주식의 배정은 경쟁률에 따라 결정된다. 즉, 내가 신규 상장하는 A기업에 투자하기 위해 1,000만 원을 증권사에 맡겨놓아도 경쟁률이 100:1이면 내가 투자할 수 있는 금액은 10만 원밖에 되지 않는다. 나머지 990만 원은 증권사에서 돌려받게 된다. 경쟁률이 높으면 높을수록 내가 받을 수 있는 물량이 줄어드는 셈이다. 직접투자하는 방법이 수익률 면에서 좋기는 하지만 원하는 물량을 다 받지 못한다는 단점이 있다.

2019년 하반기만 하더라도 공모주 청약 경쟁률이 300:1을 넘어선 기업이 16개에 달한다. 즉 1,000만 원을 투자 자금으로 생각했다면 실제 3만 원 남짓만 투자 가능했다는 뜻이다.

여기에 더해 번거로운 투자 과정도 단점이라 할 수 있다. 기업공개는 주관사가 따로 있어 주관사를 통해서만 주식을 배정받을 수 있다. 공모주에 투자하려면 해당 기업의 IPO 일정을 확인해야 하고 해당 주관사에 계좌가 있어야 한다.

직접투자의 아쉬움을 달래기 위한 방법이 바로 간접투자라 할 수

〈그림 2-10〉 공모주 직접투자 시 번거로운 점

| 공모주 일정을 확인해야 함 | 증권사마다 찾아가 직접 청약해야 함 | 투자할 만한 회사 인지 분석해야 함 | 경쟁률이 높아 물량 배정받기 어려움 |

출처 : 전국투자자교육협의회

있다. 펀드 형태를 통해 IPO 기업의 주식에 투자하는 것이다. 단, 공모주펀드는 모아진 투자 자금을 모두 IPO 기업에 투자하는 것은 아니라는 사실을 알아둘 필요가 있다. 전체 펀드 자금의 30% 이내에서 공모주에 투자하고 나머지 자금은 국채나 공채 등에 투자한다. 좀 더 쉽게 풀어보자면 모아진 자금을 국공채에 넣고 기다리고 있다가 유망한 기업이 IPO를 하게 되면 전체 자금 중 10%~30% 정도를 해당 기업의 주식에 투자하는 것이다. 자산 대부분을 국공채에 안전하게 넣어두고 때를 기다려 기업공개를 하는 주식에 자금을 투입한다는 말이다. 공모주펀드가 나름대로 안전하다는 것은 이런 이유 때문이다. 평상시에는 자산 대부분이 국공채에 들어가 있으니 주식시장이 예기치 않은 경제 상황의 변화로 침체하거나 급락할 때도 상대적으로 안정적인 수익을 기대할 수 있다. 그래서 공모주펀드의 위험성은 중위험으로 표현된다.

공모주펀드는 어떤 IPO 주식에 주로 투자하는가에 따라 '일반 공모주펀드', '코스닥벤처펀드', '공모주 하이일드펀드', 이렇게 세 가지로 나뉜다.

일반 공모주펀드는 기업의 종류를 구분하지 않고 유망하다고 판단되는 기업의 IPO 주식에 투자하는 방식으로 가장 일반적인 방식이다.

코스닥벤처펀드는 2018년 4월부터 시작된 펀드로 비교적 새로운 투자 방식이라 할 수 있다. 코스닥벤처펀드는 정부의 '코스닥시장 활성화를 통한 자본시장 혁신 방안'의 일환으로 해당 펀드에 투자하는 개인투자자에게 소득공제 혜택과 공모주 우선 배정을 부여하는 혜택을 준다. 일반 공모주펀드가 자산의 30%까지 공모주에 투자하는 것에 비해 코스닥벤처펀드는 투자자산의 50% 이상을 벤처기업 신주에 투자한다.

코스닥벤처펀드는 코스닥 벤처기업에 투자하는 비율이 최소 50%이므로 이론적으로는 100%까지 모조리 코스닥의 신주/구주에 투자할 수 있다. 수익성의 관점에서 보면 커다란 수익을 볼 수도 있지만 동시에 크게 손실을 볼 수도 있다는 점을 염두에 두어야 한다. 일반 공모주 펀드가 가진 중위험/중수익이라는 특성에서 약간 벗어나 있다는

〈그림 2-11〉 코스닥 벤처펀드 투자자산 운영 비율

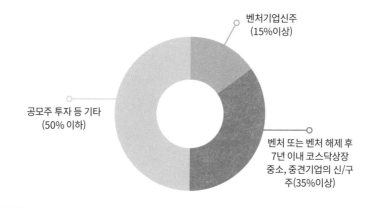

벤처기업신주
(15%이상)

공모주 투자 등 기타
(50% 이하)

벤처 또는 벤처 해제 후
7년 이내 코스닥상장
중소, 중견기업의 신/구
주(35%이상)

출처 : 유안타증권

뜻이기도 하다. 참고로 2020년 말까지 코스닥벤처펀드에 투자하면 최대 300만 원까지 소득공제를 받을 수 있다. 소득공제 혜택은 분명 매력이 있지만 손실의 위험성을 고려해야 한다. 〈표 2-9〉를 보면 2019년 10월에 발표된 코스닥벤처펀드의 수익률 현황을 알 수 있다.

공모주펀드에는 일반 공모주펀드 그리고 코스닥벤처펀드 외에 한종류가 더 있다. 바로 공모주 하이일드펀드(또는 분리과세 하이일드펀드)가 그것인데 아쉽게도 지금은 가입 시한이 경과한 상품이다. 하지만 향후 언제든 다시 판매가 재개될 수 있으니 미리 개념 정도는 알아두면 좋을 것이다. 해당 상품은 총자산의 30% 이상을 신용등급 BBB+ 이하

〈표 2-9〉 코스닥벤처펀드 수익률

(2019년 10월 16일 기준)

펀드명	설정일	운용설정액 (억 원)	설정후 (%)	연초후	3개월	6개월	1년
KTB코스닥벤처[주혼]종류A	20180409	2,052	-14.94	-3.15	-7.04	-16.01	-7.91
하나 UBS코스닥벤처기업&공모주(주혼-파생)ClassA	20180405	477	-8.83	-1.77	-5.17	-9.81	-4.35
에셋원 공모주코스닥벤처기업[주혼-파생]종류A	20180405	322	4.76	5.98	0.18	-2.77	2.69
현대인베스트벤처기업&IPO 1(주혼)A	20180405	407	-20.56	-0.58	-5.40	-16.44	-8.87
브레인코스닥벤처(주혼)종류A	20180405	295	-0.57	4.40	0.70	0.21	5.23
KTB코스닥벤처 2(주혼) 종류A	20180521	268	-10.19	-1.97	-5.42	-13.93	-5.84
미래에셋코스닥벤처기업 1(주식)종류A	20180430	294	-18.84	3.54	-2.21	-12.56	-1.22
삼성코스닥벤처플러스 1(주식)A	20180405	161	-22.46	-3.44	-3.43	-16.68	-8.74
KB코스닥벤처기업2(주혼)A	20180518	83	-24.94	-3.92	-4.35	-18.66	-12.93
하이코스닥벤처[주혼-파생]A	20180430	69	-12.28	-1.52	-5.80	-14.14	-6.16
현대코스닥벤처 1[주혼]종류A	20180405	68	-12.08	2.13	-5.47	-14.42	-3.47

출처 : 에프앤가이드

비우량 회사채나 코넥스시장에 투자하고, 공모주 물량의 10%를 우선 배정받을 수 있는 펀드를 가리킨다. 여기서 코넥스KONEX시장이라는 것은 'Korea New EXchange'의 약자로 코스피나 코스닥에 상장되기에는 아직 규모가 작지만 앞으로 유망한 회사들의 주식을 거래하는 시장이다. 즉 앞으로 얼마든지 코스피나 코스닥에 상장할 수 있는 가능성을 가진 회사들의 주식을 거래하는 시장을 가리킨다고 보면 된다.

공모주 펀드 투자의 장점

코스닥벤처펀드와 공모주 하이일드펀드를 제외한 일반 공모주펀드 장점은 무엇보다 안정성이라고 할 수 있다. 대부분의 투자금이 국공채에 투자되어 있기 때문에 주가 급락기에 손실을 피할 수 있다. 하지만 안정성이라는 장점 외에도 몇 가지 공모주 펀드의 장점을 찾아볼 수 있다.

첫 번째는 편리성이다. 앞서 살펴본 바와 같이 공모주에 직접투자하고자 한다면 IPO 주관 증권사를 통해 직접 거래를 해야 하는데 공모주펀드는 그와 같은 번거로움을 피할 수 있다. 공모주펀드는 다른 펀드와 마찬가지로 금액이나 기간을 정해 자유롭게 투자할 수 있다.

두 번째는 공모주에 대한 직접투자와는 달리 별도의 증거금이 필요하지 않다는 것이다. 공모주에 직접투자하고자 한다면 다음과 같은 절차를 거쳐야 한다. 우선 상장 주관 증권사에 계좌를 개설한다. 그 다음, 신청하고자 하는 물량 금액의 50%를 청약 증거금으로 내야 한다. 예를 들어 공모가가 3만 원인 주식 1,000주를 배정받기 위해선 3,000만 원이 필요한데, 증거금으로 1,500만 원을 미리 내야 하는 것이다. 이에 비해 공모주 펀드는 별도의 증거금을 요구하지 않는다.

〈표 2-10〉 공모주펀드 수익률 현황

단위: 억 원, %(2019년 3월 21일 기준)

펀드	1개월 자금유입액	1개월 수익률	3개월 수익률	6개월 수익률	연초 이후 수익률
DGB공모주플러스증권투자신탁 1 (채권혼합)	423.5	0.5	1.4	1.0	1.1
교보악사공모주하이일드플러스증권 투자신탁(채권혼합)	444.0	1.0	1.7	2.8	0.5
하이공모주플러스10증권투자신탁 1 (채권혼합)	358.6	0.3	1.9	1.8	1.2

출처 : 에프앤가이드

세 번째는 물량 확보가 비교적 자유롭다는 것이다. 보통 공모주 청약 물량의 60%는 기관투자자, 20%는 기업 우리사주조합, 나머지 20%는 개인투자자에게 각각 배분한다. 공모주펀드는 기관투자자에게 배정된 60%의 물량에 투자하는 것이기 때문에 개인투자자에 비해 3배 정도의 물량 소화가 가능하다.

〈표 2-10〉을 보면 공모주펀드 수익률이 크지 않다는 것을 알 수 있다. 그런데도 공모주펀드가 인기 있는 것은 적어도 손실은 보지 않으리라는 믿음이 있기 때문이다. 펀드 투자에 있어 안정성을 최대치로 올리고 싶다면 공모주펀드가 좋은 선택이다.

공모주펀드 투자 시 유의 사항

공모주펀드는 공모주라는 주식과 국공채라는 채권의 혼합 상품이다. 그래서 주식 가격이 하락하거나 채권 가격이 하락할 경우 위험이 커진다. 하지만 자산의 대부분이 국공채에 투자되고 일부분만 IPO 기업에 투자되기 때문에 특별히 크게 손실을 볼 가능성은 높지 않다.

하지만 공모주펀드가 투자하는 기업의 가치가 계속해서 떨어질 경

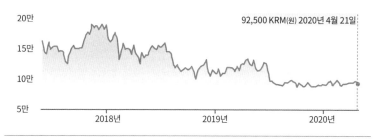

〈그림 2-12〉 넷마블 주가 추이

92,500 KRM(원) 2020년 4월 21일

출처 : 구글 금융

우 공모주펀드의 수익률도 하락할 수 있으니 주의를 요한다. 예를 들어 게임회사로 유명한 넷마블은 2017년 IPO 최대어라고 불리며 29대 1의 경쟁률을 기록하는 등 시장의 관심을 끌었다. 공모가는 15만 7,000원이었고, 상장 첫날 5% 상승한 16만 2,000원에 장을 마치기도 했으며, 연말에는 20만 원까지 오르기도 했다. 하지만 이후 넷마블은 지속적인 하락세를 겪고 있으며 2020년 4월 21일 종가 기준 9만 2,500원에 불과하다. 만약 내가 투자한 공모주펀드가 넷마블에 많이 투자되어 있었다면 수익률 또한 좋지 않았을 것이다.

공모주펀드는 위험을 낮춘 만큼 수익의 가능성도 떨어진다. 수익을 최대화시키고자 한다면 주식형펀드가 가장 적당하다. 하지만 세상에 공짜는 없는 법. 수익을 극대화시키고자 할 경우 그만큼 위험성도 커진다는 사실을 알아야 한다. 공모주펀드는 줄어드는 수익만큼 위험성도 제거한 상품이니 투자에 있어 위험 요소를 제거하고 싶은 투자자들에게 적당한 상품이다. 단, 코스닥벤처펀드는 수익과 위험의 가능성이 동시에 높기 때문에 일반 공모주펀드와는 달리 주의를 요한다.

【투자 지표】

- 투자 적정 금액 : 적립식 투자 시 매월 20만 원~30만 원. 거치식 투자 시 300만 원

- 투자 난이도 : 하(채권 위주의 펀드이기 때문에 위험이 최소화된 투자 상품)

- 적합한 성향 : 보수적 투자 성향(은행 금리에서 +2% 내외를 희망하는 경우에 적절)

05
ETF
: 코스피지수를 주식처럼 거래한다

핵심 요약

ETF는 개별 종목의 움직임이 아닌 투자 대상이 되는 시장 전체(기초 자산)의 움직임을 기준으로 수익을 얻도록 고안된 투자 상품이다. ETF의 기초 자산(투자 대상)은 주가지수뿐 아니라 원자재, 해외 주식, 채권, 환율 등 매우 다양하기 때문에 투자의 폭이 넓다. 일반 펀드의 경우 매매를 요청한 시점과 실제 매매가 이뤄지는 시점에 차이가 있는 반면, ETF는 주식처럼 거래되기 때문에 그런 시차가 없이 바로 매매가 이루어진다. 대상이 되는 시장 전체의 움직임을 추종한다는 점에서는 인덱스펀드와 같지만 ETF는 개별 주식처럼 거래되는 펀드라는 점에서 인덱스펀드와 차이점이 있다. ETF는 낮은 판매수수료와 운용보수라는 장점이 돋보이는 상품이지만, 잦은 거래를 할 경우 손해를 볼 가능성이 커지며, 리버스(인버스)형이나 레버리지형의 경우 손실의 가능성이 크므로 투자에 신중을 기해야 한다.

투자 방법

ETFExchange Traded Fund의 사전적 정의를 살펴보면 이렇다. '상장지수펀드로 특정 지수를 모방한 포트폴리오를 구성하여 산출된 가격을 상장시킴으로써 주식처럼 자유롭게 거래되도록 설계된 지수 상품.' 설명이 좀 어려워 보인다. 쉬운 이해를 위해 학창 시절 우리의 성적표를 떠올려보도록 하자. 성적표엔 국어, 영어, 수학, 과학 등등의 과목 점수가 따로 나와 있고, 그에 더해 전체 평균이 나온다. 국어 시험을 잘 못 봤다 해도 다른 과목을 잘 봤다면 평균 점수는 큰 충격 없이 원래의 수준을 유지한다. ETF란 바로 국어, 영어와 같은 개별 과목의 점수가 아니라 전체 평균 점수에 투자하는 상품이라고 생각하면 된다. 국어, 영어가 삼성, 현대 같은 개별 종목이라면 코스피는 전체 평균 점수라 할 수 있다.

<그림 2-13> ETF 개념도

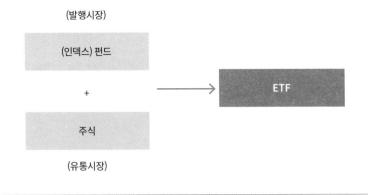

출처 : 미래에셋은퇴연구소 홈페이지

단순하게 생각해 보면 이렇다. 코스피가 2,000일 때 코스피 전체 평균 점수를 추종하는 ETF에 투자했을 경우 코스피가 2,200으로 10% 상승한다면 ETF 역시 코스피 상승분과 동일한 10%의 수익을 얻게 된다. 개별 종목이 상한가 또는 하한가를 기록했는지는 중요하지 않다. 오로지 평균만 보는 것이다. 즉 개별 종목이 아닌 전체 평균 점수의 움직임이 ETF의 수익률이 되는 것이다. ETF를 패시브(수동적) 펀드라고 하는데 이는 펀드매니저들이 인위적으로 개입하여 종목을 운용하는 액티브(능동적) 펀드와는 달리 시장 전체의 움직임에 수동적으로 따라가기 때문이다. 여기까지는 ETF와 인덱스펀드가 동일하다. 차이점은 인덱스펀드의 경우 펀드로 운용되기 때문에 일반적인 펀드의 성격을 그대로 다 가지고 있어서 환매수수료가 발생하는 것에 비해, ETF는 주식의 형태를 가지고 있어 직접 사고팔 수 있다는 점이다.

좀 더 쉽게 설명해 보자면 이렇다. 대한민국에 코스피라는 주식회사가 있다고 가정해보자. 이때 ㈜코스피의 주식이 오르면 ETF 투자

〈표 2-11〉 ETF, 일반 펀드, 주식의 주요 차이점

구분	ETF	펀드	주식
투명성	높음	낮음	높음
결제주기	T+2	T+3~8	T+2
거래비용	증권회사 위탁수수료 및 보수(0.04~0.99%)	보수(1~3%)및 중도환매 수수료	증권회사 위탁수수료
매매시 세금	국내주식형: 없음	배당소득세(15.4%)	증권거래세(0.3%)
투자위험	시장위험	시장위험	시장·개별위험
장중 거래	가능	불가	가능
거래처	모든 증권회사(직접투자), 일부 증권회사·은행(간접투자)	특정 증권회사·은행	모든 증권회사

출처 : 한국거래소

자도 그만큼 이익을 보는 것이다. ETF는 일반적인 회사, 즉 삼성, LG의 주식처럼 자유롭게 사고팔 수 있고 수익의 기준은 ㈜코스피의 주가라고 이해하면 된다. ETF의 약자를 보면 이러한 정의가 분명하게 설명된다. ETF는 '거래소Exchange'에 상장되어 '거래되는Traded', '펀드Fund' 즉, 상장지수펀드다. 상장된 인덱스펀드라 생각하면 된다.

ETF의 종류

ETF는 투자 방법은 간단하지만, 그 종류는 간단하지 않다. 투자 대상이 되는 것들의 평균 점수, 즉 지수를 따라가도록 상품을 설계하면 되기 때문에 코스피를 따르게 하거나 코스피 종목 중에서 우량 종목 200개 또는 300개를 따라가게 하는 식으로 얼마든지 변형해서 만들 수 있다. ETF는 어떤 지수를 따라가도록 설계하느냐에 따라 펀드의 성격이 달라지게 된다. 심지어 어떤 ETF는 인버스라 하여 추종하는 지수가 하락해야 수익을 얻기도 한다. 그럼 이제 대표적인 ETF 상품 몇 가지를 살펴보도록 하자.

① 시장지수 ETF

일반적인 지수를 따라가는 가장 기본적인 ETF라 할 수 있다. 각 자산운용회사에서 코스피나 코스닥 대표 종목을 200개 또는 300개 묶어서 ETF로 만드는데, 그 이름에 힌트가 숨어 있다. 미래에셋의 ETF 상품인 'TIGER200'을 보자. 해당 상품은 국내에 상장된 주식 종목 중 200개를 선별하여 상품으로 만든 ETF다. 주요 종목을 살펴보면 〈표 2-12〉와 같다.

또 ETF 중에서 인기가 많은 삼성자산운용의 'KODEX200'을 보

〈표 2-12〉 TIGER200의 주요 종목 현황

(2020년 4월 20일 기준)

No	종목코드	종목명	수량(주)	평가금액(원)	비중(%)
1	005930	삼성전자	8,205	411,070,500	31.63
2	000660	SK하이닉스	975	79,950,000	6.15
3	035420	NAVER	221	39,780,000	3.06
4	068270	셀트리온	180	38,160,000	2.94
5	051910	LG화학	80	28,120,000	2.16

출처 : 미래에셋자산운용

〈표 2-13〉 KODEX200 주요 종목 현황

(2020년 4월 20일 기준)

구성종목명	주식수(계약수)	구서입중(%)
삼성전자	8,209	32.02
SK하이닉스	977	6.24
NAVER	221	3.10
셀트리온	181	2.99
LG화학	80	2.19
삼성SDI	90	1.98
현대차	246	1.87

출처 : 네이버 증권

자. 'TIGER200'과 마찬가지로 코스피나 코스닥 주요 종목 중 200개를 선별하여 구성했다. 주요 종목은 〈표 2-13〉과 같다.

여기서 KODEX, TIGER란 각 자산운용회사에서 브랜드로 만든 것이다. 마치 아파트에 래미안, 자이, 푸르지오, 꿈에그린과 같은 이름이 붙는 것과 같다. 초보자는 이름에 무슨 특별한 뜻이 있고 심오한 의미가 있는 것으로 오해할 수 있는데 그렇지 않다. 참고로 〈표 2-14〉를 보면 각 자산운용사가 ETF에 사용하는 브랜드를 알 수 있다. ETF에

〈표 2-14〉 ETF 운용사 현황

(2014년 3월 기준)

ETF명	자산운용사	
KODEX	삼성자산운용	www.kodex.com
TIGER	미래에셋자산운용	www.tigeretf.com
KINDEX	한국투자신탁운용	www.kindexetf.com
파워	교보악사자산운용	www.kyoboaxa-im.co.kr
KOSEF	우리자산운용	www.kosef.co.kr
KSTAR	케이비자산운용	www.kstaretf.com
ARIRANG	한화자산운용	www.hanwhafund.co.kr
TREX	유리에셋	www.yuriasset.co.kr
iKon	키움자산운용	www.kiwoomasset.com
마이다스	마이다스에셋	www.midasasset.com
마이티	동부자산운용	www.dongbuam.co.kr
GIANT	대신자산운용	www.ditm.co.kr
KTOP	하나UBS자산운용	www.ubs-hana.com
GREAT	KTB자산운용	www.i-ktb.com
FIRST	동양자산운용(주)	www.tyam.co.kr
PIONEER	산은자산운용	www.kdbasset.co.kr

출처 : 한국거래소

서는 삼성자산운용과 미래에셋자산운용이 시장의 강자로 군림하고 있다. 그 때문에 KODEX와 TIGER 이렇게 두 개의 브랜드만 알아도 크게 불편하지는 않을 것이다.

② 스타일 인덱스형

일반적인 접근 방법인 전체 지수를 따라가는 것에서 조금 더 세부적으로 들어가 '가치주/배당주/대형주/중소형주' 등의 지수를 따로 만든 ETF가 스타일 인덱스형 ETF다. 주식 종목 중에서 대형가치주를 모아놓은 'TIGER대형가치', 'KODEX성장가치' 등이 있다. 각 운용사의 상품은 아래와 같다.

- TIGER : 코스피대형주/코스피중형주/대형가치주/대형성장주/중소형주/중소형가치주/중소형성장주 등
- KODEX : 배당성장/퀄리티PLUS/밸류PLUS/가치투자/성장투자 등

③ 테마 인덱스형

'녹색산업/IT산업' 등 테마별로 주식을 묶어 ETF로 만든 상품이다. 'KODEX삼성그룹ETF'는 삼성전자를 필두로 여러 삼성계열사로 구성되어 있다. 'KODEX자동차'는 자동차 및 부품회사들의 주식으로 구성되어 있다. 이런 식으로 세부 분야가 나뉘어 해당 업종의 등락에 따라 수익률이 따라가게 된다. 'KODEX자동차ETF'에 투자했다면 전체 코스피시장이 좋다고 해도 자동차업종이 불황이면 손실을 볼수도 있다.

④ 리버스 인덱스형

보통의 ETF 상품은 투자한 지수들이 상승하면 그에 따라 투자자도 수익을 얻는 방식으로 상품이 구성되는데, 리버스 인덱스형 ETF는 이와 반대로 추종하는 지수가 하락하면 수익이 발생하도록 설계된 ETF다. 리버스라는 단어가 '거꾸로'라는 뜻이라는 점을 참고하면 상품의 손익구조를 쉽게 이해할 수 있다. 지수가 올라가면 손해를 보고 내려가면 수익을 보는 일반적인 ETF와는 거꾸로 가는 손익구조인 것

이다.

미래에셋의 'TIGER인버스ETF'라는 상품은 코스피200지수에 대해 음의 1배수와 연동되도록 설계되었다. 즉 코스피200지수가 10% 하락하면 오히려 10%의 수익을 얻는 것이다. 코스피지수가 하락할수록 수익을 얻는 상품이라는 점을 처음에는 쉽게 납득하기 어렵다. 하지만 조금만 투자를 해 보면 그 뜻을 금방 이해할 수 있을 것이다.

⑤ 레버리지형

지금까지 설명했던 ETF는 추종하는 지수와 '1:1'의 대응을 기본으로 설정되었는데 레버리지형은 추종하는 지수의 움직임에 대해 2배 또는 3배의 수익(또는 손실)이 발생하도록 설계한 상품이다. 'KODEX200레버리지ETF'는 2배로 움직인다. 즉 추종하는 지수가 10% 오른다면 수익은 2배인 20%의 수익을 얻고, 반대로 내릴 때도 2배로 손해를 볼 수 있다. 수익이 날 때는 2배, 3배로 수익을 볼 수 있지만, 손해가 날 때도 2배, 3배로 손해를 볼 수 있으니 주의해야 한다.

⑥ 실물자산형

코스피/코스닥의 지수를 추종하는 것에서 변화하여 실물자산의 가격을 추종하는 ETF를 가리킨다. 'KODEX골드선물(H)'이라는 상품에 대한 설명를 보면 미국상품거래소에 상장된 금선물 가격을 기준으로 산출된 'S&P GSCI GOLD Total Return' 지수를 추종한다고 돼 있다. 즉 금값에 연동된다고 보면 된다. 여기서 '(H)'는 '헤지Hedge했다'는 뜻으로 환율의 영향 없이 최대한 실물자산 가격의 변동 자체만 추종한다는 뜻이다. 실물자산에 대해 다시 리버스형이 추가되어 금, 원유와 같은 실물자산의 가격이 내려가야 수익을 볼 수 있도록 설계되기도 하고, 레버리지가 붙어 움직이는 등락 폭의 2~3배에 달하는 수익(또는 손실)이 날 수 있도록 구성된 상품도 있다.

⑦ 기타 유형 : 해외지수, 채권, 통화(달러), 부동산

ETF에 연결시키는 것이 꼭 지수가 아닌 채권이나 달러 또는 부동산인 경우도 있고, 국내지수뿐 아니라 미국이나 중국의 해외지수인 경우도 있다.

ETF 투자의 장점

많은 재테크 전문가들은 ETF의 장점으로 낮은 투자 비용과 환금성을 꼽는다. 주식처럼 거래할 수 있으므로 펀드처럼 판매보수와 수수료가 없기에 투자 비용이 낮다는 장점이 있다. 또 환매하는 경우 펀드는 최소 2~3일 정도 걸리는 것에 비해 ETF는 주식 형태이므로 환금 시점을 투자자가 자유롭게 정할 수 있고, 환매에 필요한 기간도 펀드에 비해 짧다는 장점이 있다. ETF 투자의 최대 장점은 개별 종목에 투자하는 것이 아니라는 점이다. 즉 각 종목들의 평균에 연동되기 때문에 전체 시장이 폭락하는 큰 충격이 아니라면 급작스러운 손실 발생을 피할 수 있다는 점 역시 장점이다.

ETF 투자 시 유의 사항

ETF는 투자 상품이다. 수익/손실의 가능성이 함께 있다는 뜻이다. 전체 지수를 따라가는 것으로 큰 위험을 제거한다 해도 코로나19 사태처럼 주식시장이 급락하면 ETF 투자 역시 큰 손실을 기록할 수도 있다. 이런 급작스러운 변동 상황이 발생했을 때는 조급하게 생각하기보다는 긴 안목을 가질 필요가 있다. 급락을 발생시킨 요인이 단기간에 제거될 수 있는 것인지 아니면 장기적인 것인지, 그리고 그 요인이 내가 투자한 ETF에 단기적 손실을 유발하는 것인지, 장기적 손실을 유발하는 것인지 숙고해 봐야 한다. 자칫 상황 변화에 조급하게 대응할 경우 더 큰 손해를 볼 수 있다.

또 다른 유의 사항은 리버스와 레버리지 ETF의 경우 시장의 움직임을 정확하게 예측하지 못하면 손실이 더욱 커질 수 있다는 사실이다. ETF는 시장 움직임을 전혀 모른다는 전제에서 시작하여 '차라리 전체 지수를 추종하자'라는 개념으로 접근하는 상품인데, 리버스와 레버리지는 오히려 언제 지수가 하락할지(또는 상승할지) 정확한 예측을 할 수 있어야 수익을 올릴 수 있는 상품이다. 게다가 레버리지는 몇 배로 손해를 볼 수 있는 상품이기 때문에 더욱 주의해야 한다.

투자 지표

- 투자 적정 금액 : 적립식 투자 시 매월 10만 원. 거치식 투자 시 100만 원(소액으로 시작해서 실력이 붙으면 투자 금액을 늘려야 한다)
- 투자 난이도 : 하(일반 주식 투자와 방법이 동일하다. 단, 리버스와 레버리지 ETF는 투자 난이도 상)
- 적합한 성향 : 중립적 투자 성향(완전히 안전한 투자는 아니다. 손실을 감수할 수 있어야 한다)

06
ELS
: 주가가 떨어져도 수익은 난다

핵심 요약

ELS는 주가가 일정 수준까지 하락하는 것을 버텨내면 수익을 얻을 수 있도록 설계된 상품이다. 주가 수준이 일정한 범위 안에서 움직이는 박세권 장세에서 좋은 투자 대안이 될 수 있다. 하지만 시장의 급락과 같은 충격에 취약하여 원금 손실이 크게 발생할 가능성도 있다는 점을 알아야 한다. 3년 정도의 기간 동안 투자금이 묶일 수 있는 상품의 특성으로 인해 단기간에 사용할 자금은 투자하지 않는 게 좋다.

ELS 투자 방법

ELS는 'Equity Linked Security'의 약자로, 우리말로는 '주가연계증권'이라고 한다. 주식과 펀드에 투자했는데 주가가 떨어지는 상황이라면 그 하락 폭에 따라 스트레스를 받게 된다. 그래서 머리 좋은 금융회사 직원들이 생각해낸 것이 '주가가 떨어져도 수익이 날 수 있는 상품'인 ELS다.

주식이나 펀드는 일반적인 경우 값이 올라야 수익을 얻을 수 있다. 만약 주가가 계속해서 오르고 있거나 지속적으로 하락하고 있다면 투자에 있어 의사결정이 어렵지 않을 것이다. 하지만 거의 모든 주식은 등락을 되풀이한다. 그 때문에 주가의 흐름을 예측하는 것은 쉽지 않다.

그래서 주가가 얼마까지 오르고 얼마까지 떨어질지는 모르지만, 최소한 이 정도까지 떨어지지만 않는다면 수익을 보장해주는 ELS라는 상품을 만들어냈다. 이러한 특성을 가진 ELS 상품은 주가가 박스권 장세(주가가 일정한 상한선과 하한선 사이에서 오르고 내리고를 반복하는 장세)에 있을 때 특히 빛을 발하는 상품이다. ELS는 은행 예금처럼 원금보장이 되는 상품도 있고, 원금보장이 되지 않는 상품도 있다.

비유를 들어보자면 ELS는 저수지와 같다. 저수지는 물을 일정 범위까지 보관해둘 수 있는데 비가 많이 내려도 저수 용량을 넘치지 않는다면 홍수(손실)가 나지 않는다. ELS는 일정 범위의 위험과 하락까지는 손실이라는 홍수에서 자산을 지켜주는 것이다.

ELS의 종류

① 원금보장형 ELS

녹아웃Knock-out형 ELS

녹아웃형은 1년의 관찰 기간 동안 기준이 되는 지수가 어느 정도로 올랐다가 내려가는지를 수익률 계산에 넣는다. 그래서 정해진 기준 이상으로 오르게 되면 수익률을 확정 짓게 된다. 녹아웃 ELS는 크게 세

가지 경우로 나누어 수익을 지급한다. 우선 기초 자산이 되는 지수가 마이너스 되는 경우인데, 이 경우에도 원금보장을 받는다. 최소한 원금 보장은 되니 참 고마운 상품 구조다. 다음의 경우는 지수가 정해진 범위(통상적으로 최초 기준일 대비 15%~20% 내외) 안에서 제한적으로 상승하는 경우다. 이 경우 지수 상승에 비례해서 수익을 얻을 수 있으며 가장 투자 결과가 좋은 경우라 할 수 있다. 마지막 경우는 정해진 범위보다 지수가 상승하는 경우로, 처음엔 언뜻 이해하기 힘들 수도 있다. 상식적으로 접근하면 원래 범위보다 지수가 훨씬 많이 올랐으니 수익도 그만큼 높을 것이라 생각할 수 있는데 그렇지 않다. 계획보다 초과해서 지수가 상승하면 원금에 더해 은행 이자 정도의 수익률만 얻을 수 있다. 이는 지수가 마이너스가 돼도 원금을 보장해 주기 때문이다. 실제 상품을 기준으로 설명해 보도록 하자. 예를 들어 아래와 같은 조건의 녹아웃 상품이 있다고 해 보자.

- 기초자산 : 코스피200
- 투자 수익률 : 최대 15%(세전)
- 만기 : 1년
- 참여율 : 75%
- 녹아웃 : 투자기간 중 코스피200 지수가 장중 포함하여 최초 기준가격 대비 120%를 초과하여 상승한 적이 있는 경우
- 리베이트 : 녹아웃 조건 발생 시 '원금+3%'로 만기 지급
- 자동조기 상환 : 만기상환형으로 자동조기상환 없음

앞서 보았던 세 가지 경우를 이 상품에 대입시켜 보자. 우선 코스피

200 지수가 최초 기준일 대비 하락한 경우라면 수익은 없고 원금은 보장받을 수 있다. 그다음 코스피200 지수가 20% 상승(기준가격 대비 120% 초과)한다면 참여율(지수상승률을 수익률에 반영하는 비율) 75%를 반영하여 '20%의 75%'인 15%가 투자 수익률이 된다. 그런데 만약 코스피200 지수가 최초 기준일 대비 2배가 된다면 어떻게 될까? 이 경우 리베이트 항목대로 녹아웃 조건이 발생한 것이 되어 '원금+3%'를 만기에 지급받게 된다. 그런데 아쉽게도 현재 녹아웃형 ELS 상품은 출시가 중단된 상태이기 때문에 향후 이와 비슷한 상품이 나온다면 관심을 가져보도록 하자.

불스프레드Bull-Spread형 ELS

불스프레드형은 중간 과정은 생략하고 결과만 놓고 '그래서 올랐어, 내렸어?'를 기준으로 수익을 계산한다. 중간에 정해진 기준 이상이 되든 안 되든 상관없이 무조건 정해진 날짜(만기일)의 가격만을 놓고 수익을 계산하는 것이다. 마치 능력 있는 영업사원이 결과로 이야기하듯, 불스프레드형은 만기일의 결과만을 놓고 따진다고 보면 된다.

디지털Digital형 ELS

디지털형은 좀 까다롭다. 녹아웃형이나 불스프레드형은 기준가격보다 높은가 낮은가로 수익을 판단하는 것에 비해 디지털형은 기준가격보다 조금 더 높은 결과가 나와야 수익을 지급하기 때문이다. 대부분의 디지털형은 기준가격보다 적어도 20%는 올라야 수익을 지급하고 그 이상 오르지 못한 경우엔 무조건 원금만 되돌려주는 식으로 구성되어 있다. 디지털은 기본 셈은 '0'과 '1'로 이루어진다. 디지털형도 이를 응용해서 정해진 기준 이상이 되면 'yes', 그게 아니면 'no'로 처리된다.

녹아웃형, 불스프레드형, 디지털형 ELS는 원금이 보장되면서 수익의 기회도 얻을 수 있다는 장점을 가지고 있다. 기초자산이 상승하는 비율대로 수익을 얻을 수 있기에 '잃을 염려는 없고 얻을 가능성이 높은 상품'이라고 정리해볼 수 있다. 하지만 원금보장이 되는 상품이기 때문에 수익 또한 높게 제공되지는 않는다. 평균적으로 연 5% 내외가 최대 수익 범위로 제시되고, 운이 좋으면 연 10~20%의 수익도 올릴 수 있다. 현재 은행이자가 1% 내외에서 움직이는 걸 보면 5%의 수익이라 해도 결코 낮은 것이라 볼 수 없다. 그런데 이들 상품에서 유의해야할 것은 원금보장 기간이다. ELS에 넣어두었다가 1년 후에 원금만 되돌려받는 경우를 생각해 보자. 그렇다면 과연 그 상황은 원금을 지킨 것일까? 금액 자체는 원금이지만 1년간의 물가상승을 고려하고, 1년간 그 돈을 예금이나 적금에 넣어둘 수 있었다는 기회비용을 생각해 보면 약간의 손해를 본 것이 될 수도 있다. 하지만 금융상품 중에는 손실의 가능성이 큰 상품들도 많기 때문에 최소한 원금은 지키고 약간의 수익을 바라는 사람이라면 도전해 볼 만한 상품이다.

② 원금비보장형 ELS

리버스 컨버터블Reverse-Convertibles형 ELS

리버스 컨버터블형은 '일정 수준 이하로 떨어지지만 않으면' 수익을 지급하는 간단한 구조로 돼 있다. 예를 들어, 가입 1년 후 코스피 지수가 마이너스 20% 밑으로 떨어지지만 않으면 정해진 수익(대략 연 10~12%)을 지급하겠다는 방식이다. 물론 지수가 감당할 수 있는 하락의 한계를 벗어나 마이너스 30%인 경우라면 떨어지는 비율대로 원금의 손실이 발생할 수 있다.

스텝다운Step-Down형 ELS

스텝다운형은 섬세함을 가지고 있다. 리버스 컨버터블형 상품이 단순하게 '일정 수준 이하로 떨어졌느냐'의 기준만을 가지고 수익을 계산하는 것에 비해 스텝다운형은 혹시라도 일정 수준 이하로 떨어진다 해도 6개월마다 다시 기회를 얻을 수 있다. 가입한 스텝다운형 ELS 상품이 3년 만기라면 6개월마다 성적표를 확인하고, '일정 수준 이하로 떨어지지 않은' 행복한 경우라면 조기 청산으로 수익을 바로 얻을 수 있다. 하지만 그렇지 못하고 '일정 수준 이하로 떨어져 버린' 불행한 상황이라면 다시 6개월을 기다려서 일정 수준 이하로 떨어졌는지 안 떨어졌는지를 재검검하는 것이다. 만기 36개월, 즉 3년 만기상품이라면 6개월씩 6번의 상환 기회를 얻게 해주는 셈이다. 섬세하다고 하는 이유가 바로 여기에 있다. 수익을 얻을 수 있도록 섬세하게 기회를 여러 번 제공하는 것이다. 물론 감내할 수 없는 수준으로 지수가 떨어지게

〈표 2-15〉 ELS의 종류(원금 부분 보장은 제외)

원금보장형 ELS	녹아웃형 (Knock-out)	정해진 주가에 한 번이라도 도달하면 수익 지급
	불스프레드형 (Bull-Spread)	만기 시점의 주가 상승률에 비례하여 수익 지급
	디지털형 (Digital)	만기 또는 일정 시점에 미리 지정된 주가 수준 초과 시 수익 지급
원금비보장형 ELS	리버스 컨버터블형 (Reverse-Convertibles)	일정 범위의 주가 하락폭 이하로 내려가지 않으면 수익 지급
	스텝다운형 (Step-Down)	정해진 시점마다 주가를 평가하여 조건 충족 시 수익을 지급하거나 조기상환

되면 원금 손실이 발생하는 것은 마찬가지다.

ELS는 앞서 살펴본 바와 같이 원금보장이 되는 상품도 있고 원금보장이 안 되는 상품도 있다. 이왕이면 원금도 보장되고 수익률도 좋은 상품을 희망하는 것은 당연하다. 다만 그렇게 모두를 얻을 수 있는 상품은 없으니 아쉬울 따름이다. 원금보장형 상품은 은행 예금 정도의 수익만을 기대하는 것이 좋고, 은행 예금 이상의 수익을 바란다면 약간의 위험을 감수하고 원금비보장형 상품에 투자하는 것이 좋다.

ELS 투자를 위한 기본 용어 해설

① 기초자산
기준이 되는 지수를 가리킨다. 기초자산은 코스피지수, 홍콩H지수처럼 주가지수가 될 수도 있고 삼성전자, 현대차처럼 개별 주식의 가격이 될 수도 있다. 한 개의 지수만으로 기초자산을 설정하는 경우는 거의 없고, 두 개 또는 세 개를 묶어 기초자산으로 하는 것이 일반적이다. 이 기초자산이 오르는지 내리는지에 따라 ELS 상품의 수익률이 결정되는데 주로 '○○% 밑으로 내려가지만 않으면~'이라는 조건이 붙는다. 'ELS 상품이 50% 밑으로 내려가지만 않으면~'인 경우라면 정해진 기초자산의 가격이 반으로 하락하지만 않으면 약속된 수익을 지급하겠다는 뜻이다.

② 만기와 상환주기
대부분의 ELS는 3년 만기로 출시되고 상환주기는 6개월인 경우가 대부분이다. 즉 ELS는 6개월마다 중간평가를 한다는 뜻이다. 이 중간평가 때 일정 요건이 충족되면 조기상환이 되는데 보통 1년 내 조기상환되는 경우가 많다. 만기, 즉 상품의 총 투자기간은 3년이 일반적이고, 상환주기(중간평가주기)는 6개월마다 하는 것이 일반적이라는 사실을 알아두면 된다.

③ 녹인 Knock-in

가장 중요한 용어다. 수익과 손실을 구분하는 기준이라 보면 되는데 앞서 보았던 '○○% 밑으로만 떨어지지 않으면~'이라는 조건에서 말하는 바로 그 '○○%'가 녹인이다. 3년간 6개월마다 녹인 여부를 확인하니 총 여섯 개의 녹인 구간이 설정된다. ELS 상품에서 녹인이 '(95/90/85/80/75/75)%'로 설정돼 있다면 첫 6개월 이내에는 95% 밑으로 떨어지지 않으면 수익을 얻는다는 것이고, 그로부터 6개월 후에는 90% 밑으로 떨어지지 않으면 수익을 얻는다는 뜻이다. 이 녹인 구간이 낮을수록 투자자 입장에서는 좋을 수 있다. 기초자산의 가격이 기준일보다 많이 떨어져도 수익을 얻을 수 있는 가능성이 높기 때문이다.

〈표 2-16〉은 삼성증권 ELS 상품의 실제 사례다. 해당 상품은 고위험상품으로 원금보장이 안 된다. 기초자산은 코스피200지수 단독으로 설정되어 있으며 3년을 만기로 매 6개월마다 중간평가를 한다. '95/95/90/85/85/75'라는 숫자는 기초자산인 코스피지수가 기준일 대비하여 첫 6개월 차에 95%, 다음 6개월 차에 95% 밑으로 떨어지지 않는다면 연 6.7%의 수익을 제공하고 자동 조기상환된다는 뜻이다. 손실이 나는 경우는 만기 시 코스피의 최종지수가 최초기준가격의 57.5% 미만이 되는 경우에 해당되는데, 코스피지수가 하락한 비율만큼 원금 손실이 난다. 최악의 경우 최대손실률이 적용되어 100% 손

〈표 2-16〉 삼성증권 ELS 상품안내

위험등급	원금지급여부	기초자산	예상수익률	상품유형
고위험	원금비보장	KOSPI200	세전 연 6.7%	스텝다운
상환조건		최대손실률	청약기간	입고일/환불일
3년/6개월, 57.5%-(95,95,90,85,85,75)%, 세전 연 6.7%		100%	2020-04-20 ~ 2020-04-23	2020-04-20 ~ 2020-04-23

상환조건 및 수익률

구분	상환조건	수익률(세전)
자동조기상환	각 중간기준가격 결정일에 기초자산의 종가가 행사가격 이상인 경우	연 6.7%
만기상환	기초자산의 최종기준가격이 최초기준가격의 75% 이상인 경우	20.1% (연 6.7%)
	기초자산의 종가가 최초기준가격의 57.5% 미만인 적이 없는 경우	20.1% (연 6.7%)
	기초자산의 종가가 최초기준 가격의 57.5% 미만인 적이 있으며, 기초자산의 최종기준가격이 최초기준가격의 75% 미만인 경우	-100% ~ -25%

출처 : 삼성증권

실이 날 수도 있다. 즉 원금을 모두 날릴 수도 있다는 의미다. 전체적으로 보자면 기초자산인 코스피지수가 절반 수준으로 떨어지지만 않으면 수익을 얻을 수 있는 상품이라 할 수 있다.

ELS 투자의 장점

ELS 투자의 최대 장점은 박스권 코스피에서도 수익을 얻을 수 있다는 점이다. 적립식펀드의 경우(주식도 마찬가지인데) 주가가 하락할 때 많이 샀다가 나중에 주가가 상승하면 수익을 많이 얻을 수 있다. 하지만 코스피지수가 오랫동안 어느 지점에서 계속 큰 움직임 없이 지루한 횡보를 이어간다면 적립식펀드의 무기인 코스트 에버리징 효과를 얻기가 힘들다. 이때 ELS는 지루한 횡보장에서 수익을 얻도록 해준다. 일정 수준까지 하락하지만 않으면 수익을 얻을 수 있으니 ELS 투자자들은 오히려 지루한 횡보 또는 박스권 장세를 반갑게 생각한다. 큰 등락 없는 평화로운 상황에서 ELS는 참으로 도움이 많이 되는 투자 상품이다.

ELS의 또 다른 장점은 상품의 다양성이라 할 수 있다. 기초자산이 코스피에 한정되지 않고 미국, 일본 등의 주가지수에도 연결될 수 있기 때문이다.

DLS라는 상품은 ELS와 같은 구조의 상품인데 기초자산이 주가지수가 아닌 원자재로 정해진다. 좀 과장하자면 ELS나 DLS는 이 세상의 모든 지수와 가격을 기초자산으로 해서 자유롭게 상품을 구성할 수 있다. 나아가 기초자산의 다양성에 더해 수익구조의 다양화도 가능하다. 각 ELS 상품마다 각각 다르게 녹인 구간과 수익률이 정해지기 때문에 자신의 성향과 선호에 맞게 투자 상품 구성이 가능하다. 고수익을 희망한다면 손실 폭이 크다 하더라도 수익이 높은 상품을 선택할 수 있고, 중위험/중수익을 희망한다면 기초자산이 많이 하락해도 수익을 얻을 수 있는 상품에 투자하는 것이 가능하다.

※ DLS란?

DLS는 ELS에 대한 내용을 잘 알고 있으면 쉽게 이해할 수 있는 상품이다. 기초자산이 주가지수가 아닌 기타 상품까지 확대된 개념이기 때문이다. 즉 코스피, 나스닥에 연계되는 것이 아니라 금값, 원유값과 같은 실물자산지수 또는 금리에 연결시킬 수 있다.

〈DLS 기초자산의 종류〉

① 신용 : 파산, 지급불이행, 채무조정 등 특정 기업의 신용 사건

② 실물자산 : 원유, 금, 구리, 천연가스 등

③ 금리 : 국고채 5년물, 국고채 3년물, CD 91일물 등

④ 원자재 지수 : S&P GSCI 상품지수 등

⑤ 기타 : 달러, 부동산, ETF, 탄소 배출권 등

혹 기억하실지 모르겠다. 2019년 대규모 DLS 폭락 사태 말이다. 대부분의 투자자들이 90% 이상의 손해를 봐야 했던 DLS 사건이 있었다. 해당 상품은 독일국채금리와 연동되어 독일이 금리를 마이너스로 하지 않으면 수익을 얻는 상품이었다. 설마 독일이 금리를 마이너스로 할까 싶었는데 실제 금리를 내리게 되자 많은 투자자들이 손해를 보게 된 사건이다.

ELS 투자 시 유의 사항

앞서 ELS는 저수지와 같아서 비가 많이 내려도 저수 용량을 넘지 않는다면 홍수(손실)가 나지 않는다고 했다. 하지만 만일 저수지 용량을 초과할 만큼 비가 많이 내린다면 인근 지역에 홍수가 나는 것은 어쩔 수 없는 일이다.

이와 비슷하게 ELS는 일정 범위의 손실까지는 버텨내고 수익으로 전환시킬 수 있도록 설계된 상품이지만, 혹시라도 기준으로 삼는 기초자산이 일정 범위 밑으로 내려가게 되면 그에 따라 손해를 보게 되는 상품이다. 가장 크게 유의할 점은 '손실가능성'이다. 사례로 들었던 삼성증권의 ELS 상품의 경우 기초자산이 57.5% 밑으로 내려가면 손

실을 보게 된다. 기초자산은 가격이 어떻게 전개될지 예측하기가 힘들다. 그 때문에 수익 가능성만을 너무 크게 보고 손실 가능성을 간과해서는 안 된다. 기초자산의 가격은 항상 배신의 가능성이 있다는 점을 받아들이고, 손실이 나더라도 최소한 어느 정도까지는 지킬 수 있는 상품을 고르는 것이 좋다.

ELS는 보통 청약 최소액이 100만 원에서 시작된다. 적립식펀드처럼 매월 일정한 금액을 투자하는 방식이 아니기 때문에 목돈을 미리 만들어두었다가 좋은 상품이 나오기를 기다려야 한다. 증권사들의 경쟁이 심화됨에 따라 1만 원, 10만 원으로도 투자할 수 있는 ELS 상품이 출시되기도 하지만, 10만 원을 넣고 최대 3년을 기다리는 것은 큰 의미가 없다. 목돈이 들어간다는 것은 그만큼 손실 금액도 커질 수 있다는 의미이기 때문에 자신이 감당할 수 있는 수준의 목돈으로 투자하는 것이 좋다.

만약 1년 이내에 전세나 매매처럼 부동산 관련 계약을 하거나, 대출을 갚아나가는 과정에 있는 경우라면 ELS에는 투자하지 않는 것이 좋다. 나중에 꼭 써야 하는 돈을 ELS에 투자했다가 손실이 나면 낭패를 볼 수 있기 때문이다. ELS는 목돈을 넣고 수익을 얻기 위해 최대 3년간 기다려야 하므로 그동안 회수해야 할 걱정이 없는 완전한 여윳돈으로 투자를 해야 한다. 전세나 내 집 마련을 위해 모은 돈을 ELS에 투자해서는 안 되며, 향후 3년 이내에 지출되어야 하는 자금을 ELS에 투자해서도 안 된다.

투자 지표

- 투자 적정 금액 : 100만 원~500만 원(매회 투자가 성공적일 때 금액을 늘려보도록 하자)
- 투자 난이도 : 상(기초자산의 움직임을 스스로 판단해야 한다)
- 적합한 성향 : 공격적 투자 성향(원금이 보장되지 않고, 최악의 경우 100% 원금 손실을 볼 수 있다는 사실을 감당할 수 있어야 한다)

07
인덱스펀드
: 주식시장의 흐름을 따르는 투자

핵심 요약

인덱스펀드는 개별 기업이 아닌 특정 주가지수를 추종하는 펀드다. 개별 기업의 호재로 인한 급격한 가격 상승이나 악재로 인한 가격 하락이 아닌, 지수에 편입돼 있는 전체 기업의 주가흐름이 수익률에 반영되기에 비교적 안정적인 투자방식이라 할 수 있다. 대부분의 인덱스펀드는 주가 상승이 수익률 상승으로 이어지는데, 인버스 방식이라 하여 주가지수가 하락할수록 오히려 수익을 얻는 인덱스펀드도 있다. 인덱스펀드는 비교적 안정적이지만 국가 경제가 충격을 받는 경우 전체적인 주가지수의 하락으로 수익률이 안 좋아지는 것은 피할 수 없다. 항상 손실 가능성이 있다는 점을 염두에 두고 투자해야 한다.

투자 방법

펀드는 펀드매니저들의 개입 방식에 따라 크게 두 가지로 나뉜다. 펀드매니저들이 적극적으로 종목을 발굴하여 투자하는 방식을 액티브펀드라 하고, 펀드매니저의 개입 없이 주가지수를 그대로 따라가도록 운용하는 방식을 패시브펀드라 한다. 인덱스펀드는 대표적인 패시브펀드다. 펀드의 종목 구성에 있어 코스피지수, 미국 S&P지수 등을 따라가도록 구성하기 때문이다. 한국투자신탁운용 홈페이지를 보면 인덱스펀드에 대해 다음과 같이 정의하고 있다.

'인덱스펀드란, 증권시장의 장기적 성장 추세를 전제로 하여 특정 주가지수의 수익률과 동일하거나 유사한 수익률을 달성할 수 있도록 포트폴리오를 구성, 운용함으로써 시장의 평균 수익을 실현하는 것을 목표로 설계되고 운용되는 펀드로써 목표수익률은 시장수익률 자체가 주된 목적이며, 이런 특성으로 인하여 인덱스펀드를 지수추종형 펀드 또는 패시브형 펀드라고도 한다.'

인덱스펀드는 '인간 능력에 대한 반성'에서 출발했다. 펀드매니저들이 아무리 열심히 종목을 발굴하고 시장을 분석해도 결국 시장의 흐름을 이길 수 없다는 것을 깨달으면서 '차라리 시장의 흐름을 그대로

〈표 2-17〉 패시브(인덱스)펀드와 액티브펀드 비교

패시브펀드(인덱스펀드)	액티브펀드
소극적(passive) 운용	적극적(active) 운용
지수 추종이 주목적	수익을 낼 수 있는 종목의 발굴이 주목적
'Buy and Hold'(사서 기다린다) 전략	마켓 타이밍에 따른 전략적 자산 배분
시스템에 따른 운용	펀드매니저의 분석에 따른 운용
벤치마크 지수 수익률 추구	벤치마크 내 초과수익률 추구

따라가는 방식으로 펀드를 운용해보자'라는 생각이 든 것이다.

　이와 관련된 재미있는 실험이 있다. 미국 〈월스트리트저널〉은 2000년 7월부터 2001년 5월까지 원숭이와 펀드매니저, 그리고 일반투자자가 각각 독립적으로 투자했을 때 결과가 어떠할지 살펴보았다. 원숭이는 주식시세표에 무작정 다트를 던져 투자종목을 발굴했고, 펀드매니저와 일반투자자는 스스로의 판단으로 투자종목을 발굴했다. 그런데 의외의 결과가 나왔다. 원숭이의 투자성적표가 -2.7%를 기록하며 1등을 차지한 것이다. 그다음으로 펀드매니저 -13.4%, 일반투자자 -28.6%의 순서였다. 영국에서도 2002년에 비슷한 실험이 있었다. 5살 어린이, 증권전문가, 점성술사가 수익률 대결을 펼친 것이다. 어린이는 종이쪽지를 무작위로 골라 투자종목을 정했다. 증권전문가, 점성술사는 각각 자신의 지식과 심령술을 발휘하여 종목을 선택했다. 그 결과 또한 의외였다. 다섯 살 어린이가 수익률 5.8%로 1등을 차지한 것이다. 그다음으로 점성술사 -6.2%, 증권전문가는 −46.2% 순이었다. 증권전문가라는 사람들이 망신을 당한 것은 물론이다. 이러한 실험들과 반성의 결과로 인덱스펀드가 탄생했다. 아무리 명석한 전문가라도 결국 시장을 이길 수 없다는 깨달음이 반영된 펀드가 바로 인덱스펀드다.

　인덱스펀드와 관련된 유명한 일화가 있다. 바로 투자의 거장 워런 버핏의 이야기다. 2007년 워런 버핏은 프로테제 파트너즈라는 헤지펀드사와 10년 동안 32만 달러(한화 약 35억 원)를 투자하여 운용수익률이 누가 높은지를 두고 내기를 하였다. 버핏은 인덱스펀드에, 프로테제 파트너즈는 헤지펀드에 투자를 했고, 10년이 흐른 뒤 내기의 승자는 워런 버핏이었다. 수익률을 보면 워런 버핏의 인덱스펀드는 10년간 총 85%(연평균 7.1%)의 수익률을, 프로테제의 헤지펀드는 10년간 총 22%(연평균 2.2%)의 수익률을 기록했다. 그래서 워런 버핏은 이런 말을 남기기도 했다. "주식에 투자하는 가장 좋은 방법은 곧 인덱스펀드에 투자하는 것이다. 인덱스펀드는 그야말로 투자자에게 유리한 저가 상품이다."

인덱스펀드의 장점

인덱스펀드의 가장 큰 장점은 지속성이다. 우리나라가 경제활동을 하는 동안 코스피는 계속 있을 것이고 미국의 나스닥도 그러할 것이다. 당연한 듯 느껴지지만 이 사실은 매우 중요하다.

개별 기업으로 보자면 코스피나 코스닥에 상장된 회사가 영원히 지속되는 것이 아니다. 어떤 기업은 상장 폐지되어 그 회사의 주식이 말 그대로 휴짓조각이 되는 경우도 있을 수 있다. 대기업도 평균수명이 20년이 채 되지 않는다고 하는데, 다른 기업들은 말할 것도 없다. 인덱스펀드는 개별 기업에 투자하는 것이 아니기 때문에 이러한 위험에서 비교적 멀리 떨어져 있다.

지금까지 수많은 회사들이 상장 폐지를 당했어도 코스피지수, 코스닥지수는 큰 영향 없이 장기적으로 우상향 그래프를 그려왔다. 액티브 펀드를 통해 투자를 했는데 그 투자 대상이 된 회사가 상장 폐지가 된다면 어떻게 될까? 생각만 해도 아찔하다. 하지만 일부 기업이 상장 폐지되어도 인덱스펀드에는 그 영향이 제한적이라는 장점이 있다. 인덱스펀드는 주가지수를 따라가기 때문에 단기간에 몇 배의 수익을 기대하기는 어렵지만, 동시에 몇 배의 손실이 생길 가능성도 크지 않다.

코로나19 사태로 폭락을 경험했던 우리나라 코스피 추이를 살펴보

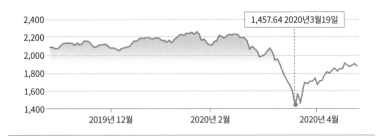

〈그림 2-14〉 코스피지수 추이(2019년 12월 ~ 2020년 4월)

자. 코로나19 사태 이전까지 대략 2,000~2,200 정도에서 박스권을 형성하며 유지되던 코스피지수가 2020년 3월 19일 1,500 밑으로 내려가는 폭락을 경험했다. 한순간에 무려 30% 가까이 폭락한 것인데, 관점을 달리해서 해석해보면, 거대한 충격파가 오더라도 30%의 범위만 하락할 것으로 예측할 수 있다는 뜻이다. 만약 이때 항공주나 여행주 등에 투자해 오던 사람들이라면 엄청난 손실을 봤을 것이고, 이후 회복도 쉽지 않았을 것이다. 경제는 호황과 불황을 반복하게 될 텐데, 향후 다른 경제적 충격이 오더라도 인덱스펀드는 최대 30% 정도로 손실을 막을 수 있다는 점을 참고하길 바란다.

인덱스펀드의 또다른 장점은 투명성이다. 코스피지수가 10% 오르면 내 수익도 10% 오른다. 인덱스펀드의 수익은 주가지수를 따라가기 때문에 직관적으로 펀드의 수익률을 인식할 수 있다. 하지만 액티브펀드의 경우 내가 투자한 자금이 어떤 곳에 투자되는지 잘 모르는 경우가 많다. 내 돈이 어떤 투자 상품에 투자되는지 알기 힘들기 때문에 손실이 날 경우 갈아타야 할지 기다려야 할지 판단하기가 쉽지 않다.

또 하나, 인덱스펀드가 가진 가장 큰 장점은 분산투자다. 인덱스펀드는 그 자체가 코스피/코스닥 종목들을 골고루 담는 그릇과 같다. 코스피와 코스닥의 전 종목을 골고루 사놓는 인덱스펀드의 투자 방법은 그 자체가 분산투자의 정석이라 할 수 있다. 여기에 국가별 분산투자를 하고자 한다면 나스닥이나 유로스탁에 투자하는 인덱스펀드를 통해 분산투자 하는 효과를 볼 수 있다. 인덱스펀드의 이런 속성 때문에 전문적인 투자 지식이 없는 투자자에게도 추천할 수 있다.

마지막으로 액티브펀드에 투자하는 것에 비해 펀드 수수료가 낮은 것도 인덱스펀드의 장점이라 할 수 있다. 펀드매니저의 적극 개입이 필요한 액티브펀드는 그 노력에 대해 정당한 수수료를 지급해야 하기 때문에 수수료가 높을 수밖에 없다. 이에 비해 인덱스펀드는 적극적인 자산운용을 필요로 하지 않기 때문에 수수료를 낮출 수 있다.

〈표 2-18〉을 보자. 액티브펀드와 인덱스펀드의 총보수를 비교해보면 액티브펀드는 연 1.49%이고 인덱스펀드는 연 0.32%다. 단순하게 총보수만 비교하면 액티브펀드의 총보수가 연 1% 정도 높고, 비율로는 4.5배 비싼 셈이다. 연 1%라면 단기적인 관점에서는 크지 않은 차이라

〈표 2-18〉 액티브펀드 VS 인덱스펀드 비교

구분		일반주식펀드 (Active Fund)	K200 인덱스펀드 (Index Fund)
펀드 수		2,240	355
설정액		16조 5,692억 원	7조 5,726억 원
총보수(가중평균)		연 1.49%	연 0.32%
	판매보수	연 0.76%	연 0.12%
	운용보수	연 0.69%	연 0.18%
	기타보수	연 0.04%	연 0.02%

출처 : 제로인

할 수 있지만 투자 기간이 길어질수록 수수료 부담은 매우 커진다.

미국의 연금자산 전문운용사 뱅가드와 KB국민은행이 제휴하여 설계한 TDF펀드의 투자 수익률 예상 시뮬레이션 결과, 기간이 길어질수록 수수료율에 따른 수익률 차이가 매우 커지는 결과가 나왔다. 동일한 펀드 상품에 대해 연간 수수료율을 0.3%와 1.2%로 설정하고, 연간 수익률을 6%로 가정하여 30년간 운용할 경우, 수수료율이 0.3%인 경우 누적수익률은 427%인 반면, 수수료율이 1.2%인 경우 누적수익률은 308%에 그쳤다. 연간 수수료율은 0.9%포인트 차이가 났지만, 30년 장기로 운용하면 수익률에서 무려 119%포인트나 벌어지는 격차를 나타낸 것이다.

인덱스펀드 투자 방법

인덱스펀드는 코스피지수만 추종하는 것은 아니다. 상품에 따라 미국, 중국, 일본 등 해외 주가지수를 따라가도록 설계된 상품도 있고, 국내채권을 추종하도록 하는 상품도 있다. 심지어 인버스펀드라 하여 주

〈표 2-19〉 KB스타유로인덱스증권투자신탁의 내용

모투자신탁명칭		주요투자대상 및 전략
KB 유로주식 인덱스 증권 모투자신탁 (주식)	주요투자대상	해외주식 70%이상, 채권, 어음 및 집합투자증권 각 30%미만
	투자목적	유로존 주식에 주로 투자하여 투자대상 자산의 가치상승 등에 따른 수익을 추구, 외화표시 자산에의 투자로 인해 발생하는 환위험을 회피하기 위하여 환헤지 전략을 실시할 계획
	주요투자전략 및 위험관리	① 유로존 주식시장을 대표하는 주가지수인 Euro Stoxx 50 지수를 추종하기위하여 지수를 구성하는 종목에 주로 투자하여 수익을 추구 ② 유로존 주식시장을 대표하여 주가지수선물이나 ETF 등에도 일부 병행 투자 ③ 유로존 주식 투자 및 주가지수선물 투자 등에 따른 증거금 납입 후 나머지 자금은 국내 채권 및 유동성자산 등에 투자 ④ 외화자산에 대하여 80%수준 이상으로 환헤지를 실시할 예정

출처 : 삼성증권

가가 내려갈 때 수익을 보는 상품도 있다.

인덱스펀드에 투자하고자 할 땐 크게 세 가지를 생각해봐야 한다. 바로 '국가', '추종지수', '수익 방식'이다. 예를 들어보자. '삼성KRX300인덱스증권투자신탁'이란 상품은 대한민국의 코스피와 코스닥에서 선별한 300개 회사의 종합주가지수를 따라가도록 설계된 상품이다. 즉 국가는 대한민국이고, 추종지수는 코스피와 코스닥의 300개 회사이며, 수익 방식은 코스피나 코스닥 가격이 오르면 펀드 수익률도 오르는 정의 방향이다. 만일 코스피지수가 하락하면 어떨까? 그 경우 인덱스펀드도 손실을 볼 수밖에 없다.

'KB스타유로인덱스증권투자신탁' 펀드를 보자. 이름에 펀드의 성격이 잘 요약되어 있다. 우선 'KB스타'는 KB자산운용에서 운용하는 펀드라는 뜻이고, '유로인덱스'는 유럽주가지수를 추종하는 인덱스펀드라는 뜻이다. 그 때문에 유럽의 주가 현황에 영향을 받아 수익률이 결정되는 펀드라고 할 수 있다. 참고로 국가별 주가지수의 명칭을 보면 〈표 2-20〉과 같다. 명칭을 보면 어느 국가에 투자하는 것인지 쉽게 파악해 볼 수 있다.

〈표 2-20〉 각국의 대표적인 주가지수

국가(시장)	지수
미국	S&P500지수, 다우존스산업지수, NASDAQ지수
중국	상해종합지수
일본	Nikkei225지수
홍콩	HSCEI 지수, HSI지수
영국	FTSE100지수
유럽	EuroStoxx50지수

약간 특이한 경우도 있다. 바로 인버스펀드인데, 인버스란 역으로 수익을 내는 구조를 뜻한다. 즉 보통의 경우라면 주가지수가 오르는 만큼 수익을 얻는 것이 일반적이지만, 인버스는 주가지수가 내려야 수익을 얻는다. 반대로 주가지수가 올라갈 경우 보통의 인덱스펀드는 수익을 얻지만 인버스펀드는 손실을 보게 된다. 가끔 경제 뉴스에서는 인버스펀드와 리버스펀드를 혼용해서 사용하는 경우가 있는데 인버스나 리버스 둘 다 '거꾸로'라는 뜻을 가지고 있어 그러하다. 두 가지가 다른 방식이 아님을 알아두자.

〈그림 2-15〉의 '삼성KOSPI200인버스인덱스증권1호(채권-파생형)'을 보자. 이 상품은 코스피200지수의 -0.9배를 추적하는 방식이라

〈그림 2-15〉 삼성KOSPI200인버스인덱스증권

3개월 수익률	펀드유형	펀드등급	위험등급
☀ 13.64%	국내 파생상품투자	★★★★☆	매우 높음
기준가	총규모(운용시작일 2004-7-1)	클래스 규모	운용사
291.17원 ▼-3.4	211.86억 원	179.19억 원	삼성자산운용

중보수(연기준) ※기타비용 미포함 1,4300% ·집합투자 0.5000% ·판매 0.9000% ·신탁 0.0300% ·사무 0.0000%	수수료 · 선취: 1.00% · 후취: 없음 · 환매: 없음

♡ 좋아요 99 · 1:1 상담 · 지점가입 · 장바구니

기본정보	수익률/기준가	위험도	포트폴리오	수수료

상품특징
· KOSPI200 지수의 일일 등락률의 -0.9배를 추적하는 방식으로, 지수 하락시 수익을 내고자 하는 투자자를 위한 인덱스 펀드
· 환매수수료가 없어 시장 변동에 따른 대응이 용이

명시되어 있다. 즉 코스피가 10% 오른다면 인버스펀드는 -9%의 손실을 보게 되고, 코스피가 10% 하락한다면 반대로 9%의 수익을 얻게 되는 구조다. 향후 코스피가 하락할 것으로 예상된다면 선택할 수 있는 펀드다. 주식시장에서 공매도라 하여 주식가격이 하락할 때 오히려 수익을 보는 투자방식이 있는데, 인버스펀드는 이러한 공매도를 펀드에 응용한 것이라 볼 수 있다(공매도에 대해서는 주식 투자 파트에서 별도로 설명하도록 하겠다).

인덱스펀드가 가진 특성에 레버리지(지렛대)라는 특성을 추가한 펀드도 있다. 레버리지를 이용한 인덱스펀드는 주가지수의 움직임에 비례하여 몇 배의 수익이 나기도 하고 반대로 몇 배의 손실을 볼 수도 있다. 예를 들어 '미래에셋차이나 A레버리지1.5증권'이라는 펀드가 있다. 이 펀드는 미래에셋에서 운용하는 상품으로 중국 본토 주가지수의 움직임을 따라간다. 여기까지는 일반 인덱스펀드와 차이가 없는데 '1.5'라는 단어에서 내용이 달라진다. 즉 펀드의 수익률이 중국 주가지수의 움직임에 '1:1'로 대응하는 게 아니라 '1:1.5'로 대응한다는 뜻이다. 중국 주가지수가 10% 오르면 수익은 그 1.5배인 15%가 되고, 반대로 10% 내리면 15%의 손실을 입는다는 뜻이다.

레버리지 상품의 위험성은 하락 후 손실 복구가 어렵다는 점이다. 계산을 통해 이를 알아보자. 1.5인덱스펀드에 100만 원을 투자한 경우, 중국 주가지수가 10% 하락하면 1.5배인 15만 원의 손실을 보게 되어 원금은 85만 원이 된다. 그런데 다음날 중국 주가지수가 10% 오르면 어떻게 될까? 10% 하락한 다음 10% 올랐으니 원금으로 회복할 거 같지만 그렇지 않다. 중국 주가지수가 10%로 하락할 때 100만 원이었던 원금이 85만 원이 된 상태이기 때문에, 다시 10% 상승할 때는 원금을 85만 원으로 생각해야 한다. 따라서 85만 원의 15%인 12만 7,500원이 올라 원금은 97만 7,500원이 된다. 펀드 수수료 등을 감안하면 레버리지 펀드는 카지노처럼 처음에는 이기는 것 같다가 계속하면 전재산을 다 잃게 될 수도 있는 구조라 볼 수 있다.

인덱스펀드 투자 시 주의 사항

인덱스펀드 투자에 있어 가장 유의할 것은 항상 단기적 손실 가능성이다. 비록 인덱스펀드가 주가지수를 추종하여 개별 기업이 가진 주가 폭락이나 상장 폐지의 위험을 제거했다고는 하지만 전체적으로 국가 경제가 충격을 받아 급락하는 경우에는 악영향을 받을 수밖에 없다. 가장 대표적인 사례가 바로 2020년 3월 말에 벌어진, 코로나19로 인한 전 세계 주가 폭락이다. 비록 액티브펀드에 비해서는 선방했다고는 하지만 인덱스펀드 역시 손실을 볼 수밖에 없었다. 그 때문에 인덱스 펀드라 하더라도 항상 손실 가능성은 있다는 점을 미리 고려해야 하고, 단타로 짧게 매매하기보다는 길게 봐야 한다.

코로나19 사태나 2008년 미국발 금융위기처럼 시장 전체가 급락하는 경우는 종종 생긴다. 하지만 이때 모든 회사가 좋지 않은 것은 아니다. 몇몇 회사들은 오히려 더 좋아질 수도 있다. 인덱스펀드는 많은 회사들을 묶어서 투자하는 것이기 때문에 시장 상황에 일희일비해서는 안 되고, 길게 볼 필요가 있다.

다음으로 유의할 것은 인덱스펀드에 대한 시장 반영의 속도가 느리다는 점이다. 그것은 인덱스펀드의 덩치가 크기 때문이다. 즉 인덱스펀드는 개별 기업의 주가 수준으로 수익률이 결정되는 것이 아니라 펀드에 편입된 전체 기업들의 상황이 반영되기 때문에 어느 한 기업이나 업종이 좋아졌다고 해서 금방 수익이 올라가지 않는다. 예를 들어 어떤 자동차 회사가 어닝서프라이즈 등으로 깜짝 실적을 발표하는 경우 그 자동차 회사의 주가는 실시간으로 상한가를 기록할 것이다. 하지만 인덱스펀드는 어느 한 개 자동차 회사의 호재가 실시간으로 반영되지 않는다. 다른 모든 기업들의 주가와 연결되어 있으니 느릴 수밖에 없다. 인덱스펀드는 수익률이 급격하게 변하지 않는다는 걸 명심하고 꾸준히 길게 투자해야 한다.

투자 지표

- 투자 적정 금액 : 적립식 투자 시 매월 50만 원. 거치식 투자 시 500만 원
- 투자 난이도 : 하(주가지수를 추종하므로 많은 지식을 필요로하지 않음)
- 적합한 성향 : 보수적 투자 성향(장기투자에 적합)

08
연금저축펀드
: 절세와 투자 두 마리 토끼를 잡다

핵심 요약

연금저축펀드를 포함한 연금저축 상품은 은행, 증권사, 보험회사 등 금융기관에서 공통적으로 취급하는 상품이다. 각 금융기관의 특성에 맞게 상품이 설계되어 원금보장이 되거나 펀드에 투자하여 수익을 얻도록 하는 등 운용 방식에 있어 조금씩 차이를 나타낸다. 연금저축펀드는 연금저축 상품 중에서 펀드에 투자하여 수익을 얻도록 한 상품이다. 연금저축 상품은 그 종류를 구분하지 않고 일정 금액까지는 세금 혜택이 적용되어 수익률을 높여주는 효과를 기대할 수 있다. 다만 연금 수령 시의 세 부담을 고려해야 하기 때문에 단기간으로 재테크하는 상품이 아닌, 연금이라는 명칭처럼 은퇴를 대비하는 상품으로 생각하고 긴 안목으로 접근하는 자세가 필요하다.

연금저축펀드 투자 방법

연금저축펀드는 엄밀히 말해 '펀드'라 부르기에는 무리가 있다. 그보다는 오히려 '노후대비 연금'의 성격이 더 강하다. 연금을 더 많이 받기 위해 '펀드'에 투자하기는 하지만 본질적으로 연금상품인 것이다. 이름에 펀드가 들어가기에 일반적인 펀드와 혼동될 수 있다는 점을 주의해야 한다. 요약하자면 연금저축펀드는 노후 대비용 연금저축의 한 형태로 펀드를 통해 노후를 대비하도록 제도화된 상품이라고 이해하면 된다. 이름에 펀드가 들어가 있어서 다른 펀드 상품과 비슷한 게 아닌가 싶지만 지금까지 살펴봤던 인덱스펀드, 주식형펀드 등과 같이 특정한 투자 스타일을 가리키는 것이 아니라는 의미다.

연금저축펀드를 잘 이해하려면 우선 연금저축에 대한 기본적인 지식을 가지고 있는 것이 좋다. 연금저축의 핵심 개념은 노후를 대비한 연금상품이라는 것이다. 차근차근 조금씩 모아서 나중에 연금으로 받는 상품이다. 연금상품은 일반적으로 보험회사에서 연금저축보험이라는 형태로 많이 취급되는데, 보험회사에만 국한되지 않고 은행, 증권회사의 상품까지 추가되어 폭넓게 판매되고 있다.

명칭이 '연금저축'으로 시작하기 때문에 '저축'으로 알고 무조건 은행에서만 판매하는 상품이라 생각하기 쉽고, '저축'이라는 이름답게 원금보장이 될 것이라 생각할 수도 있지만 그렇지 않다. 연금저축이라는 명칭은 '연금'과 '저축'으로 나누어 볼 것이 아니라 '연금저축'이라는 한 단어로 봐야 한다. 쉽게 말해 정부에서 세금 혜택까지 주는 노후대비 상품명이 '연금저축'이다. 작명 자체가 매우 혼동되기 때문에 주의가 필요하다.

연금저축 관련 상품을 은행에서는 연금저축신탁이라고 하고, 보험회사에서는 연금저축보험이라고 하며, 증권사에서는 연금저축펀드라고 하면서 각 금융회사의 특성에 따라 운영 방식을 달리한다. 즉 연금저축이라는 공통의 브랜드인데 은행은 신탁, 증권사는 펀드, 보험사는 보험으로 상품을 만들어 판매하는 것이다.

〈표 2-21〉에서 볼 수 있는 상품들은 모두 '연금저축'이라는 브랜드를 함께 사용하는 상품들이다. 금융회사별 특성이 반영되어 상품들마다 적용 금리, 원금보장 여부, 상품 유형이 다르다.

우선 은행 상품인 연금저축신탁을 살펴보자. 매월 자유롭게 납입이 가능하고 투자 결과에 따른 실적배당이 된다. 예금이나 적금과 달리 수익에 따라 더 많은 노후자금을 얻을 수도 있다. 원금도 보장되기 때문에 가장 안심할 수 있다. 다만 아쉬운 것은 원금보장이 되어야 하므로 은행에서는 안정성 위주로 투자자산을 운용하고, 그로 인해 연금저축신탁 상품의 수익률은 그다지 높지 않다는 점이다. 2020년 4월 금융감독원이 발표한 자료에 의하면 은행의 신탁 상품은 2018년에는 1.83%, 2019년엔 2.34%의 수익률을 보였다.

〈표 2-21〉 연금저축 상품 비교

	연금저축신탁	연금저축펀드	연금저축보험
납입방식	자유납	자유납	정기납
적용금리	실적배당	실적배당	공시이율
연금수령기간	확정기간	확정기간	종신, 확정기간(생명) 확정기간(손해)
원금보장	보장	미보장	보장
예금자보호	적용	미적용	적용
상품유형	• 채권형(채권 60% 이상) • 안정권(주식 10% 미만)	• 채권형(채권 60% 이상) • 혼합형(채권+주식) • 안정권(주식 10% 미만)	금리연동형

〈표 2-22〉에 있는 바와 같이 연금펀드의 수익률은 2018년엔 −13.86%를 기록했고 2019년에는 10.5%를 기록했다. 2019년도의 수익률만을 놓고 보면 연금저축펀드가 수익률 10.50% 내외를 기록한 반면, 연금저축신탁은 2.34%를 기록했으니 연금저축펀드가 좋아 보인다. 하지만 2018년 수익률을 보면 그렇지도 않다. 2018년 연금저축신탁은 1.83%의 수익률을 기록했으나, 연금저축펀드는 −13.86%를 기록했기 때문이다. 그 때문에 어느 쪽이 더 좋다고 분명하게 말하기는 힘들다. 다만 안정적인 성향이라면 연금저축신탁을 선택하는 것이 좋고, 공격적인 성향이라면 연금저축펀드를 선택하는 것이 좋다는 정도로 말할 수 있다.

연금저축 상품으로 보험회사의 연금저축보험도 있다. 연금저축보험은 우선 은행의 연금저축신탁처럼 원금보장이 된다는 특징이 있다. 적용 금리 역시 연금저축펀드처럼 투자수익에 따른 미지의 수익률이 아닌 은행의 공시이율이다. 즉 은행의 적금 상품처럼 정해진 이자가 있고 원금도 보장되는 가장 안정된 형태의 연금상품이라 할 수 있다. 다만 아쉬운 것은 원금과 이에 따른 수익이 확정돼 있기 때문에 기대수익률을 높게 잡을 수 없다는 것이다. 〈표 2-22〉를 보면 2018년, 2019년 동일하게 2%를 넘지 못하는 수익률을 기록하고 있다. 항상 수익률이 가

〈표 2-22〉 연금저축상품 수익률 현황

구분	신탁	펀드	보험		전체
			생보	손보	
19년	2.34	10.50	1.84	1.50	3.05
18년	1.83	-13.86	1.79	1.36	-0.44

출처 : 금융감독원

장 낮다고 하는 은행이 2019년에 2.34%였던 것에 비해 보험회사는 생명보험회사, 손해보험회사 가릴 것 없이 2%를 넘지 못한다는 것을 알 수 있다. 이는 연금저축보험이 지나치게 안정성에 바탕을 두고 있어 적극적인 수익 기회를 창출하지 못하는 것이라 할 수 있다.

이제 다시 연금저축펀드로 돌아와 보자. 같은 연금저축펀드라 하더라도 어떤 펀드는 인덱스형이고 또 어떤 펀드는 채권형으로, 제각각이다. 은행이나 보험회사의 연금저축 상품들은 대부분 비슷한 상품 구성을 하는 것에 비해 증권사는 펀드라는 이름답게 투자 대상과 투자 방식이 다양하다. 그 때문에 투자자 입장에서는 본인의 상황과 성향에 맞게 펀드를 고르듯 연금상품도 고를 수 있다는 편리함이 있다.

연금저축 상품과 관련하여 가이드라인을 제시하자면 이렇다. 20대와 30대는 연금저축펀드를 고르는 것이 노후대비에 더 도움이 될 것이고, 40대부터는 연금저축신탁이나 연금저축보험을 고르는 것이 더 합리적 선택이 될 것이다. 은퇴 시점이 아직 30년 정도 남았다면 지속적인 주식시장의 상승을 기대해 볼 수 있지만, 은퇴 시기가 가깝다면 불확실성은 최대한 피하는 것이 좋다.

연금저축펀드의 장점

연금저축 상품은 어느 상품이든 상관없이 확정 수익률이 있다. 바로 최소 연 13.2%에서 연 16.5%인데, 비율이 달라지는 것은 소득 규모와 관련돼 있다. 소득 규모가 커질수록 보장 수익률은 조금씩 줄어들고, 소득 규모가 작을수록 보장 수익률은 커진다. 소득 규모에 따라 납입 금액에 대해 일괄적으로 비율을 적용하여 연말정산 때 소득세에서 차감해주는데 소득이 많아도 '최소 12%의 수익률은 보장'받을 수 있다.

<표 2-23> 연금저축에 따른 세액공제액과 세액공제율

총급여액(종합소득금액)	세액공제액	세액공제율
5,500만 원 이하(4,000만 원)	66만 원	16.5%
1억 2,000만 원 이하(1억 원)	52만 8,000원	13.2%
1억 2,000만 원 초과(1억 원)	39만 6,000원	

　그렇다면 연금저축 상품의 실질 수익률은 앞서 살펴보았던 각각의 상품별 수익률에 12%를 더해야 한다. 다만 납입하는 모든 금액에 대해 세액공제가 되는 것이 아니라 연간 납입 총금액 400만 원까지만 세액공제가 된다는 사실을 염두에 둬야 한다. 예를 들어 만약 연간 총급여가 5,500만 원이고 연금저축 상품의 소득공제 한도인 400만 원을 납입한 경우에는 66만 원을, 총급여가 1억 2,000만 원 이상인 경우에는 39만 6,000원을 돌려받을 수 있는 것이다. 납입 한도 400만 원을 12개월로 나눠보면 33만 3,333원이다. 투자할 때는 기억하기 쉽게 30만 원이나 35만 원으로 정하면 된다.

　연금저축 상품은 납입 한도가 따로 정해져 있다. 연금저축계좌, 퇴직연금 DC형 및 IRP 개인 추가 납입까지 다 합산하여 최대 1,800만 원까지만 납입이 가능하다. 연간 1,800만 원이면 한 달에 150만 원인 셈이다. 이렇게 납입한도가 1,800만 원으로 정해져 있기 때문에, 더 납입하는 것은 상관이 없지만 한도가 초과한 금액에 대해서는 소득공제를 받을 수 없다는 사실을 미리 알아두어야 한다.

연금저축펀드 투자 방법

　은행의 연금저축신탁, 보험회사의 연금저축보험보다는 연금저축펀드를 권하는 이유가 있다. 이유는 수익률 때문이다. 연금저축 상품의 경우 3~5년이라는 단기간에 승부를 보는 투자 상품이 아니라 적어도 10년 이상에서 30년까지 길게 보는 상품이다. 연금저축신탁이나 연금저축보험을 들어 원금을 지키고 세제 혜택만 보기에는 너무 긴 시간이다. 그러나 연금저축펀드를 잘만 고른다면 세제 혜택은 물론이고 일정한 수익까지 올릴 수 있다.

2020년 봄, 코로나19 사태처럼 미래의 어느 순간 주식이 폭락하는 경우도 있을 수 있지만 주식시장은 우리가 잘 알고 있듯 등락을 거듭하면서 점점 상승하는 우상향 모습을 계속 보여왔다. 2020년 2,000선에 있었던 코스피지수는 과연 2050년에 몇 포인트를 기록할까? 아무도 모르는 일이지만 추세를 보면 적어도 2020년보다는 훨씬 높은 지수를 기록하지 않을까 싶다. 예를 들어보자. 1998년 1월, IMF 사태라는 최악의 상황에 처한 코스피지수는 310포인트를 기록했다. 하지만 7년 후인 2005년에 1,000포인트에 진입했고, 2007년에

〈그림 2-16〉 1985년~2020년 코스피 추이

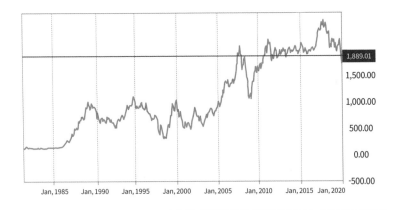

출처: investing.com

는 1,900포인트까지 상승했다. 이후 미국발 금융위기로 2009년 1월에 다시 1,100포인트 선으로 후퇴했다가 다시 10년이 채 되지 않은 2018년 2,500포인트까지 상승했다. 말 그대로 나라가 망하지만 않으면 코스피지수는 결국에는 오르는 모습을 계속 보여줄 확률이 높다.

이러한 장기적인 상승추세는 결국 연금저축상품 중에서 연금저축펀드가 수익성 측면, 즉 노후대비 측면에서 가장 효율적인 투자 선택이 될 것이라는 기대를 안겨준다. 여기에 더해 직장생활을 하는 동안 꾸준히 최대한도의 세액공제를 받는다면 매년 66만 원씩(10년이면 792만 원, 20년이면 1,584만 원, 30년이면 무려 2,376만 원)의 세금 혜택을 추가적으로 받을 수 있다. 내가 선택한 연금저축 상품의 수익률이 어떻

〈표 2-24〉 메리츠증권 연금저축펀드 현황

메리츠글로벌리츠부동산 투자신탁[리츠-재간접형]
- 전세계 주요 부동산에 손쉽게 투자 가능하다. - 상대적으로 높은 배당 수익을 추구한다. - 다양한 섹터 리츠에 투자한다.
메리츠코리아증권투자신탁1호[주식]
메리츠자산운용의 대표펀드로 20년 이상의 운용경험으로 축적된 운용철학을 기호로 하여 증서를 사는 것이 아닌 기업을 사는 전략으로 장기투자한다.
메리츠더우먼증권투자신탁회사[주식]
성 다양성과 성 형평성이 상대적으로 잘 이뤄진 기업들 중 펀더멘털이 강한 기업을 선별하여 장기 투자함으로써 기업 가치를 높이고, 높아진 기업가치를 통해 장기 고수익을 추구한다.
메리츠코리아스몰캡증권투자신탁[주식]
성장과 가치를 겸비한 중소형주 위주로 투자한다. 높은 기술력과 성장잠재력, 확고한 시장 지배력과 진입장벽, 글로벌경쟁력을 지니고 있어 중장기로 보유할 경우 기업가치가 증가할 수 있다고 여겨지는 기업에 주로 투자한다.
메리츠코리아연금증권전환형자투자신탁1호[주식]
메리트자산운용의 대표펀드로 20년이상의 운용경험으로 축적된 운용철학을 기초로 하여 증서를 사는 것이 아닌 기업을 사는 전략으로 장기투자한다.

출처 : 메리츠자산운용

게 될지는 아무도 모른다. 그런데도 세액공제 혜택을 어느 정도 받을 수 있는지는 확실히 알 수 있다. 적어도 10% 이상의 확정수익률이 정해진 상품이니 투자에 있어 특별히 고민할 필요가 없다.

〈표 2-24〉에서 보이는 바와 같이 연금저축펀드는 리츠 투자, 증권 투자 등 투자자산을 가리지 않는다. 수많은 선택지가 있어 오히려 고르기 힘들 지경이다. 선택에 대한 조언을 하자면, 펀드투자의 기본적인 선택을 하라는 것이다. 즉 국내 주식형펀드를 고르면 가장 만족스러운 결과를 얻을 수 있을 것이다. 연금저축펀드를 국내 주식형펀드로 골라 한 달에 35만 원씩 납입하면 노후대비에 대한 걱정을 조금이나마 줄일 수 있다.

연금저축펀드 투자 시 유의 사항

연금저축 상품은 그 종류를 막론하고 수령 조건이 공통적으로 정해져 있다. 연령 기준은 만 55세 이상이고 가입 기간은 5년 이상이다. 다시 말해 단기적으로 접근할 수 없도록 설계되어 있다. 여기에 더해 연금 수령 최소기간이 따로 정해져 있다. 즉 10년 이상 연금 형태로 받아야 한다. 그보다 짧은 기간에 몰아서 연금저축에 투자한 금액을 받으려 한다면 퇴직소득세 또는 기타소득세가 따로 발생할 수 있다. 참고로 10년 이상의 기간으로 연금을 받으면 연금소득액이 연 1,200만 원(월 100만 원) 이하일 경우 최대 5.5%의 연금소득세만 부담하면 되고, 소득액이 연 1,200만 원을 초과하면 종합소득에 합산되어 6~42%의 세율을 적용받게 된다. 다시 말해 연금저축 상품은 짧게 보고 시작하면 오히려 손해 보는 상품이라는 뜻이다.

투자 지표

- 투자 적정 금액 : 매월 35만 원 또는 연중 1회 일시납 400만 원

- 투자 난이도 : 하(적립식펀드와 동일하며 수령에 있어 조건이 붙음)

- 적합한 성향 : 중립적 투자 성향(세액공제 혜택으로 수익률 일정 부분 확보)

3장

주식 투자로
돈버는 법 6가지

01
주식 투자란 무엇인가

주식과 부동산 투자의 공통점이 있다. 그 과정이 어렵지 않다는 것이다. 주식에 투자하고 싶다면 돈을 준비하고 증권사 계좌를 개설해서 주식을 사면 된다. 부동산도 마찬가지다. 돈을 준비해서 공인중개사가 소개해주는 물건을 둘러보고, 마음에 드는 부동산에 계약금을 건 다음, 중도금을 낸 후 마지막으로 잔금을 치르면 된다.

문제는 수익을 내는 것이다. 주식이든 부동산이든 아무거나 사서 기다리면 저절로 오르는 것이 아니다. 오를 만한 것을 잘 골라야 하고, 수익이 정점에 달했을 때 팔아야 한다. 이는 결코 쉬운 일이 아니다.

주변을 보면 주식 투자, 부동산 투자에 대해 용감하게 접근하는 경우를 많이 본다. 특히 주식 투자는 매우 어려운 영역이다. 부동산이야 복잡한 계산이나 치밀한 분석보다는 '지하철 들어온다', '새로 재건축한다'는 식의 호재들이 비교적 눈에 잘 보이지만, 주식은 그 회사가 꾸준히 장사를 잘할지, 올해나 내년에 망하지는 않을지, 갖가지 회계장부(재무제표)를 살펴봐야 하고, 사회의 움직임도 잘 알아야 한다. 거시적으로는 세계 경제의 흐름을 배경지식으로 가지고 있어야 하고, 미시적으로는 그러한 경제 흐름이 내가 선택하고자 하는 회사와 어떻게 연결되는지를 파악할 수 있어야 한다. 여기에 더해, 더 작게는 주가의 위아래 흐름을 보면서 매수/매도 타이밍을 잡을 수 있어야 한다.

기본적 분석 vs 기술적 분석

어떤 회사에 투자할지 말지를 결정하기 위해서 주식 투자자들은 기본적 분석이나 기술적 분석이라는 것을 한다. 기본적 분석과 기술적 분석은 경제학에서의 미시경제학과 거시경제학과 유사하다. 국가 단위에서 경제주체의 흐름을 살펴보는 것은 거시경제학, 각 경제주체의 선택에 집중하는 것은 미시경제학이라 할 수 있는데 어느 분석 기법이 더 좋다라고 할 수는 없다. 기업의 주가 수준을 판단하는 관점이 다른 것일 뿐이다.

기본적 분석은 회계장부(재무제표)를 통해 회사의 가치를 판단한다. 이러한 접근법의 중심에는 현재의 주식가격은 그 기업이 가진 내재가치(정당한 가격)와 다를 수 있지만, 결국에는 미래의 기업가치에 수렴하여 일치할 것이라는 기대가 있다. 예를 들어 회계장부상으로 따져본 A 회사의 주당 가치는 100만 원인데, 현재의 주식가격이 50만 원에 머물고 있다면 언젠가는 100만 원이 될 것이라고 기대해 볼 수 있고, 이에 따라 50만 원인 주식을 매수하는 것이다.

기술적 분석은 기업의 내재가치와는 별개로 주식의 가격, 거래량 등과 관련된 그래프를 이용하여 주가의 흐름을 예측하는 방법이다. 각

기업의 주식 가격에는 추세라는 것이 있는데 이 추세를 파악할 수 있다면 기업의 현재 재무 상태와는 별개로 주가의 흐름을 예측할 수 있다는 접근이다. 기본적 분석이 회계장부를 통해 기업의 가치를 측정하는 방법에 중심을 두고 있다면, 기술적 분석은 가격이나 거래량과 관련된 차트를 보면서 분석한다고 보면 된다.

물론 대부분의 투자자들은 기본적 분석과 기술적 분석을 동시에 한다. 기본적 분석을 통해 숲을 보는 것이고, 기술적 분석을 통해 나무를 보는 것이다. 기본적 분석과 기술적 분석은 상호보완되는 접근방법이다. 둘 중 어느 것이 더 좋다고 구분을 할 필요는 없으며 둘 모두에 대해 기본적인 지식을 갖추는 것이 좋다.

가치주 VS 성장주 VS 배당주

주식으로 수익을 얻는 방법에는 두 가지가 있다. 우선 첫 번째 방법은 주식 자체의 가격이 올라서 매도 후 시세차익을 얻는 방법이다. 우리가 알고 있는 수많은 주식 관련 격언들은 시세차익을 얻는 방법에 대한 것들이다. '무릎에 사서 어깨에 팔아라', '소문에 사서 뉴스에 팔아라' 등의 이야기들은 결국 싸게 사서 비싸게 파는 방법에 대한 것들이라 볼 수 있다. 두번째 방법은 주식을 계속 보유하여 말 그대로 주주가 되어 회사에서 배당금을 받는 것이다.

'가치주', '성장주', '배당주'라는 것은 회사의 주가를 평가하는 기준에서 편의상 나누는 기준이다. 세부적인 내용은 잠시후 확인하실 수 있다. 간략히 보면 비싸게 팔 수 있는데 지금 싸게 살 수 있다면 가치주라 한다. 저평가되어 있기 때문에 앞으로 주가 상승의 가능성이 많다고 판단하는 것이다. 이에 비해 성장주는 지금 비싼데 앞으로 더 비싸질 것으로 예상하는 회사를 가리킨다. IT, 제약 업체들이 주로 여기에 해당한다 볼 수 있다. 특히 제약업체들은 신약을 잘 개발하면 그 이익이 막대하기 때문에 지금 당장 실적이 없고 주가가 높게 형성되어 있다 해도 앞으로 신약개발에 성공해서 주가가 더 오를 것이라 기대해 볼 수 있다. 마지막으로 배당주는 회사의 이익을 주주들에게 많이 환원시키는 회사들을 가리킨다. 매년 꾸준히 회사에서 배당금을 안정적으로 받아 '연금'처럼 활용해 볼 수 있다.

물론 각 회사는 직접적으로 자신들이 가치주 회사인지, 성장주 회사인지 따로 구분하지 않는다. 투자자의 판단에 따라 같은 회사라도 누구에게는 가치주이거나 성장주일 수도 있는 것이다.

단기투자 VS 장기투자

어떤 주식을 매수해서 단기적으로 보유하다 매도하여 시세차익을 얻고자 한다면 단기투자라 하고, 주식을 매수한 후 오랫동안 보유하면서 주식의 가치와 가격이 오르는 것을 기다린다면 장기투자라 한다. 그런데 단기와 장기를 나누는 기준은 무엇일까? 어떤 사람은 1년으로 보기도 하고 어떤 사람은 10년으로 보기도 한다. 단기와 장기를 나누는 기준은 전문가들 사이에서조차 다른데, 일반적인 경우 3년을 기준으로 한다. 즉 3년 이상 주식을 보유할 수 있으면 장기투자, 그 이하면 단기투자로 보는 것이다.

대부분의 개인투자자는 단기투자를 선호한다. 그냥 사놓고 기다리기에 3년이란 시간은 너무 길게 느껴지기 때문이다. 3년은커녕 3개월도 그냥 가지고 있지 못하는 개미가 수두룩하다. 주식 투자의 달인들은 어떨까? 세계 최고의 주식 투자가로 알려진 워런 버핏의 주식 평균 보유 기간은 8년 이상이라고 한다. 워런 버핏은 주식을 신중하게 고르고 오랜 기간 보유하여 큰 수익을 내고 있다.

개인투자자가 주식을 오래 보유하지 못하는 데는 기업에 대한 정보가 실시간으로 알려지고 주식매매가 쉬워진 까닭도 있다. 자신이 매수한 회사에 대한 좋고 나쁜 정보가 실시간으로 쏟아지다 보니 개인투자자로서는 흔들리기 쉽고, 요새는 스마트폰을 통해 몇 번의 클릭만으로 주식매매를 할 수 있기 때문에 매수나 매도의 유혹 또한 커진다.

물론 단기투자는 나쁘고 장기투자가 좋다고 확언할 수는 없다. 실적이 좋지 못하고 미래에 대한 비전도 없는 회사의 주식을 장기로 가지고 있으면 오히려 더 손해를 볼 수 있다. 한국거래소에 따르면 주식거래시장에서 퇴출당한 상장폐지 기업의 수가 2017년 25개사, 2018년 39개사, 2019년 18개사였다고 한다. 만약 이 기업들에 투자해서 장기로 보유하고 있었다면 주식이 휴짓조각이 되었다는 뜻이다.

워런 버핏도 잘못 판단하여 고른 기업에 대해서는 막대한 손해를 보기도 했다. 중요한 것은 단기든 장기든 현재 실적이 괜찮고 앞으로도 유망한 회사를 고르는 것이다. 그렇게 하면 단기든 장기든 손해를 보지 않을 수 있다. 실적이 하락하는데도 자신이 매입했다는 이유만으로 판단을 유보하고 보유하는 것은 매우 위험할 수 있다. 진정한 '투자'를 하고자 한다면 앞으로 30년 후에도 계속 존속할 수 있는 기업을 선택해야 한다.

주식 투자를 책으로만 배울 수는 없다. 직접 매매를 해 보면서 손해를 보기도 하고, 수익을 내기도 하면서 배워야 한다. 다만 별다른 지식도 없이 주위들은 지식으로 그렇게 경험만 하다가는 큰 손해를 볼 수 있기 때문에 공부를 하는 것이 필요하다. 주변에서 누가 주식으로 돈을 벌었다는 얘기를 듣게 되면 당장이라도 투자를 해 보고 싶을 것이다. 하지만 그것이 함정이다. 아무런 공부도 하지 않고 소문이나 감을 믿고 주식 투자에 뛰어든 개미에게 주식시장은 개미지옥이 될 수 있다. 개미지옥에 빠지고 싶지 않다면 주식 투자에 대한 공부는 필수다.

02
공모주
: 아파트 청약과 같은 투자

핵심 요약

공모주 투자는 신규로 코스피나 코스닥에 상장하는 회사의 주식을 미리 청약하여 매입하는 투자 방법이다. 공모주는 시장과 투자자의 관심을 많이 받기에 상장 후 가격이 상승할 것으로 기대되는 경우가 많다. 하지만 증권시장에 신규로 상장되는 회사가 많은 것도 아니고, 주식 물량을 원하는 대로 다 받을 수 있는 것도 아니어서 투자 기회가 많지 않다는 아쉬움이 있다. 지금까지 대부분의 신규 공모주는 상장 당일 가격이 많이 오른 경우가 많았지만, 반대로 오히려 가격이 하락한 기업 사례도 있기 때문에, 공모주 투자가 무조건 수익을 보장하는 투자 방법은 아니라는 점을 미리 염두에 두어야 한다.

공모주 투자 방법

2020년 7월, 코로나19 상황에서 화제에 오른 기업이 있다. 바로 SK바이오팜이다. SK바이오팜의 주가는 상장 첫날, 9만 8,000원에 시작해서 3일 연속 상한가를 거듭해 21만 원 넘게 고공행진을 이어갔다. 이 기업의 공모가가 4만 9,000원이었으니 공모주를 받았다면 주당 5만 원에 사서 21만 원에 팔 수 있었던 셈이다. 2020년은 공모주 투자에 대한 관심이 뜨거워졌는데, 과연 공모주 투자란 무엇일까?

공모주 투자는 기업의 IPOInitial Public Offering를 이용한 주식 투자 방법이다. 공모주 투자를 이해하려면 우선 기업의 IPO에 대해 알아야 하는데, IPO란 기업이 기존 주주의 주식이나 새로 발행하는 주식에 대해 공개적으로 투자자를 모집해 판매하는 것을 뜻한다. 기업은 투자를 받기 위해 기업의 경영 내용과 성과, 재무제표 등 각종 회계장부를 공개하게 되는데 이러한 공개 과정을 IPO라 부르는 것이다.

보통은 IPO와 상장을 혼용하여 사용하는 경우가 많은데, 엄격하게 구분하자면, IPO는 기업의 내용을 공개하는 것이고, 상장listing은 코스피나 코스닥 시장에서 거래할 수 있도록 등록하는 것이다. 우리나라의 경우 IPO와 함께 증시에 상장하는 경우가 대부분이기 때문에 두 용어를 함께 혼용해서 사용하기도 한다.

기업은 IPO를 통해 몇 가지 효과를 기대할 수 있다. 우선 자금조달이다. IPO를 하려는 기업은 비교적 신생기업에 속하기 때문에 은행에서 대출을 받거나 회사채를 발행해서 기업활동이나 생산설비증설 등에 필요한 자금을 융통하기 어렵다. 상장이 된다는 것은 은행이 아닌 주주들에게 이자 없이 돈을 빌리는 것과 같다. 그렇게 상장된 기업은 은행에서 대출을 받는 것도 수월해지기 때문에 기업이 몸집을 불리고자 할 때 IPO를 택하게 된다. 또 기존 주주들의 투자금 회수 목적도 있다. 기업의 IPO를 통해 투자금이 들어오게 되면 기존 주주들은 투자금을 회수하고 투자 이익을 볼 수 있다. 시장에서 평가받는 주식 가치는 기업 초기의 주식 가치에 비해 더 높게 평가되기 때문이다.

공모주 투자는 부동산으로 치면 아파트 청약과 비슷하다. 아파트를 신규 분양받은 후 가격이 오르면 그에 따른 프리미엄을 얻는 것과 마찬가지로 공모주 투자는 기업의 주식을 미리 사놓는 개념이라 할 수 있다. IPO가 성공적이었던 사례는 많다. 그 중 대표적인 것이 앞서 언급했던 SK바이오팜과 함께 제약 및 바이오 기업인 동구바이오제약이다. 동구바이오제약은 2018년 2월, 상장 첫날 160%의 주가 상승률을 기록해서 단 하루 만에 160%의 수익을 올릴 수 있었다. 물론 모든 공모주가 이렇게 되는 것은 아니다. 상장을 하는 회사의 재정 상태, 발전 가능성, 사회적 관심도 등에 따라 많은 수익을 얻을 수도 있고, 반대로 수익을 내지 못하고 손해를 보는 경우도 있다.

공모주와 관련해서 한 증권사의 흥미로운 조사 결과가 있다. 2002년부터 2013년까지 12년간 모든 공모주에 청약해서 물량을 받고 투자해서 상장되는 날 종가로 팔아버렸다고 가정했을 때 얼마를 벌 수 있었는지 조사한 것이다. 결과는 연평균 36.6%의 수익률이었다. 게다가 10년 넘는 기간 동안 전혀 손실을 보지 않았다. 같은 기간 동안 코스피지수는 연 10.8%의 상승을 기록했다. 하지만 코스피의 경우 손실을 본 해도 네 번이나 있었다는 점을 고려하면 공모주 투자는 매력적인 투자 방법임에 틀림없다. 단, 앞으로도 당연히 그럴 것이라는 보장은 없고, 기업마다 상황이 다르므로 투자할 회사를 신중하게 골라야 한다.

<표 3-1> 2018년 상장기업 공모가 및 당일 종가 현황

기업명	상장일	공모가	상장첫날 종가	대비율(%)
씨앤지하이테크	1월25일	16000	18650	17
에스지이(SG)	1월26일	6000	5260	-12
링크제니시스	2월5일	30000	40500	35
배럴	2월1일	9500	13500	42
카페24	2월8일	57000	84700	49
아시아종묘	2월12일	4500	4570	2
알리코제약	2월12일	12000	23500	96
동구바이오제약	2월13일	16000	41600	160
엔지켐생명과학	2월21일	56000	85200	52
오스테오닉	2월22일	7700	13100	70

출처 : 머니투데이

공모주 투자 절차

공모주 투자는 절차가 조금 까다롭다. 일반적인 주식거래와 달리 아직 없는 상품을 미리 사두는 것이기에 그럴 수밖에 없다. 증권사 계좌가 따로 없는 경우 총 8단계의 과정을 거치는데 다음과 같다.

① 1단계 : 공모주 일정 확인

증권사에 상장될 회사로 어떤 회사가 있는지 확인하는 과정이다. 많은 경우 관심받는 기업은 본격적인 공모가 시작되기 전 경제 뉴스에서 다루기 때문에 경제 뉴스만 꼼꼼히 봐도 충분히 확인 가능하다.

IPO와 관련해서 자세하게 확인할 수 있는 사이트는 세 군데가 있다. 한국거래소 상장공시시스템, 전자공시시스템, 그리고 38커뮤니케이션이다. 〈그림 3-1〉과 같이 한국거래소 상장공시시스템(http://kind.krx.co.kr)의 메인 화면에 접속해 보면 IPO 현황으로 별도의 메뉴가 있

〈그림 3-1〉 한국거래소 상장공시시스템

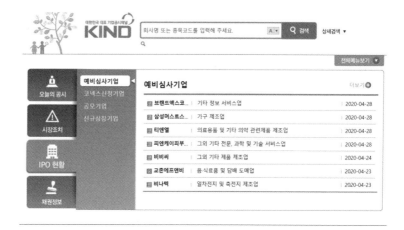

〈그림 3-2〉 한국거래소 상장 공시시스템 공모기업 현황

다. 이곳을 통해 예비 심사기업부터 신규 상장기업까지 필요한 정보를
다양하게 얻을 수 있고, 〈그림 3-2〉에서 처럼 공모기업 현황 메뉴를 통

해 자세한 현황을 추가로 확인할 수 있다.

② 2단계 : 증권사 계좌 개설

기업공개를 할 때 모든 증권사에서 해당 기업의 공모주를 매입할 수 있는 것은 아니다. 기업공개를 주관하는 주관 증권사에서만 공모주 매입이 가능하다. 그 때문에 관심 있는 기업의 공모주를 매입하고자 한다면 해당 주관사의 계좌를 개설해야 한다. 계좌를 개설하고 나면 온라인이나 전화 등으로 공모주 청약을 할 수 있게 된다.

③ 3단계 : 투자설명서 분석

최종적인 의사결정을 위해서는 반드시 투자설명서를 읽어봐야 한다. 특히 '기재정정 투자설명서'라는 것을 확인해야 한다. 투자설명서는 한 번 만들어진 이후 고정되는 것이 아니라, 최종 공모가격 확정시까지 기업과 시장의 상황에 따라 계속 수정이 되기 때문에 '정정'이라는 표현이 붙는 것이다. '기재정정'이 붙지 않은 투자설명서는 추후 내용이 달라질 수 있기 때문에 주의해야 한다. '기재정정 투자설명서'는 전자공시시스템DART에서 확인할 수 있다. 사이트 주소는 'http://dart.fss.or.kr'인데, 구글이나 네이버에서 검색어를 '다트'로 입력하면 바로 가기 링크가 나온다. 참고로 투자설명서는 기본항목이 20개 정도 된다. 꼭 읽어봐야 할 부분은 '핵심투자위험' 부분이다. 이를 통해 투자 시 어떠한 위험이 있는지 미리 확인해 볼 수 있고 동종 업계의 움직임은 어떠한지 대략적인 그림을 그릴 수도 있다.

〈표 3-2〉 투자설명서의 주요 내용

요약 정보	• 핵심 투자 위험 • 모집 또는 매출에 관한 일반사항
모집 또는 매출에 관한 일반사항	• 모집 또는 매출에 관한 일반사항 • 증권의 주요 권리내용 • 투자 위험 요소 • 인수인의 의견(분석기관의 평가 의견) • 자금의 사용목적 • 그 밖에 투자자 보호를 위해 필요한 사항
발행인에 관한 사항	• 회사의 개요 • 사업의 내용 • 재무에 관한 사항 • 감사인의 감사의견 등 • 이사회 등 회사의 기관에 관한 사항 • 주주에 관한 사항 • 임원 및 직원 등에 관한 사항 • 계열회사 등에 관한 사항 • 이해 관계자와의 거래내용
전문가의 확인	• 전문가의 확인 • 전문가와의 이해관계

④ 4단계 : 청약 신청

투자설명서를 검토하여 최종적으로 투자하겠다고 의사결정을 하면 청약을 하게 된다. 이때 주의해서 봐야 할 것이 바로 경쟁률이다. 청약하는 물량만큼 공모주를 매수할 수 있는 것이 아니라 경쟁률에 따라 받을 수 있는 물량이 달라지기 때문이다.

예를 들어 A라는 회사가 1만 원으로 공모가를 정했는데 투자자인 김 씨가 1,000만 원을 투자한다면 몇 주를 받을 수 있을까? 이건 경쟁률에 따라 달라진다. 만약 경쟁률이 500대 1이라면 최대 4주만 받을 수 있을 뿐이다(1,000만 원을 500으로 나누면 2만 원이 되니 2주일 거 같지만, 청약증거금(1,000만 원)의 최대 100%(2,000만 원)까지 추가 청약 한도를 받을 수 있기 때문에 4주가 된다). 공모주가 아닌 다른 주식을 사는 거

〈그림 3-3〉 공모주 청약절차

01	02	03	04	05	06	07
계좌개설	ID등록 및 공인인증서	HTS다운로드	청약대금입금	청약입력	청약환불금 출금	청약주식 주문 및 타사 대체 출고

출처 : BNK투자증권

라면 주당 1만 원일 경우 1,000만 원을 투자하면 1,000주를 살 수 있겠지만, 공모주는 청약경쟁률이 높아지는 만큼 나에게 배정되는 주식이 줄어드는 것이다.

⑤ 5단계 : 상장 및 매도

물량을 배정받고 상장일에 거래가 시작되면 매도할 수 있다. 공모주 투자자들은 대부분 상장일에 주가가 상승하면 처분하는 경우가 많다. 공모주 투자가 장기적인 관점에서 이루어지는 경우는 거의 없는 편이다.

스팩 공모주 투자

공모주 투자의 다른 방식도 있다. 바로 스팩SPAC 투자가 그것인데, 경제 뉴스에서는 보통 '원금이 보장되는 주식 투자'라고 소개를 하기도 한다. 스팩이란 'Special Purpose Acquisition Company'약자로, 풀어보면 '기업인수목적회사'라 할 수 있다. 일반적인 회사는 영업목적을 가지고 있는 것에 비해 스팩은 회사이기는 하지만 영업활동은 하지 않고 다른 회사에게 합병되기를 기다리기만 하는 페이퍼컴퍼니다. 그런데 이 페이퍼컴퍼니는 코스닥시장에 상장이 돼 있다. 페이퍼컴퍼니인데 상장이 되었다고? 이 부분이 처음에는 의아할 수밖에 없다.

스팩은 코스닥에 등록되어 있는 회사임에도 전혀 활동하지 않으니 이상하게 보일 수 있다. 스팩의 목적은 다른 회사에 합병되는 것이 유일하다. 여기서 다른 회사는 코스닥에 상장되고 싶어 하는 회사를 가리킨다. 기업 IPO를 통해 정식으로 코스닥에 상장하기 어렵거나 시간적인 여유가 부족한 회사가 있다면 스팩을 매입함으로써, 즉 스팩과의 합병을 통해 증권시장에 상장되는 효과를 얻을 수 있는 것이다. 우리나라에 스팩 제도가 도입된 것은 우량 중소기업 가운데 은행 대출을 받기도 어렵고, 회사채 발행이 어려우며, 직접 IPO를 추진하기도 어려운 기업에 신속하게 자금조달 수단을 제공하기 위함이었다.

스팩으로 대표적인 기업이 애니팡으로 유명한 선데이토즈다. 애니팡은 스팩과의 합병을 통해 코스닥 시장에 진입할 수 있었다. 이외에도 다수의 기업이 스팩과의 합병을 통해 증권시장에 진입하고자 준비하고 있다. 2010년 스팩 도입 이후 10년 동안 총 79개의 기업이 스팩과 합병했고 2019년 한해에만 30개 기업이 합병한 사례가 있다.

스팩 투자의 특징은 정해진 기간(3년) 안에 다른 기업과 합병되지 않으면 원금과 약간의 이자를 돌려받는다는 것이다. 주식에 투자하는

〈그림 3-4〉 SPAC의 기본 구조

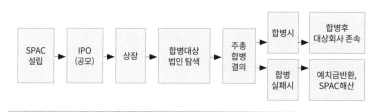

출처 : 한국거래소 홈페이지

데 원금이 보장되는 특이한 경우라 할 수 있다. 만일 다른 기업과 합병에 성공한다면 해당 기업의 가치에 따라 추가로 수익을 얻을 수 있다.

스팩 투자로 수익을 얻는 방법은 총 세 가지다. 첫째는 3년간 다른 기업과의 합병 없이 해산하는 경우다. 그렇게 되면 원금과 함께 소정의 이자를 받는다. 이때 이자 수준은 은행 정기예금 정도로 생각하면 된다. 둘째는 스팩에 투자한 주식을 거래하는 것이다. 스팩은 주식처럼 거래가 가능하기 때문이다. 보통 주당 2,000원 선에서 큰 등락이 없기는 하다. 마지막은 합병을 통해 기업가치 상승으로 매도 차익을 얻는 방법이다.

〈표 3-3〉을 보면 한화에스비아이스팩의 경우 나머지 스팩들이 3~8% 내외의 상승률을 보인 것에 비해 상승률 67%를 기록해 대표적인 성공 사례라 할 수 있다. 스팩은 어떤 회사와 합병되는가에 따라 수익이 결정되는 특징이 있다. 다만, 각 스팩이 어떤 회사와 합병될지는

〈표 3-3〉 2019년 SPAC 수익률 상위 10곳

스팩	상장일	등락률(%)
한화에스비아이스팩	5월 3일	67.3
이베스트이안스팩1호	7월 15일	7.8
유진스팩4호	6월 24일	6.0
신영스팩5호	5월 31일	5.5
하이제4호스팩	4월 29일	5.0
케이비17호스팩	3월 27일	5.0
유안타제4호스팩	3월 21일	5.0
신한제5호스팩	6월 19일	4.0
엔에이치스팩14호	5월 8일	3.5
DB금융스팩7호	5월 31일	3.5

출처 : 매일경제신문

아무도 미리 예상할 수 없다는 점은 단점이라 할 수 있다. 또 공모가보다 10% 이상 높은 가격에 스팩을 매수한 경우 증시 급락기에 약간의 손실을 볼 수도 있으니 주의가 필요하다.

공모주 투자 시 유의 사항

공모주 투자는 상당히 매력적인 투자 방법임에 틀림없지만 잘못 선택을 하면 기대와 달리 손해를 볼 수도 있다. 가장 큰 위험은 공모주 가격이 기대했던 만큼 오르지 못하고 손실을 입게 되는 경우다. 공모 당시 책정된 가격이 앞으로 오를지 내릴지 모르는 상황이다. 지금까지 다른 공모주들이 그러했듯 20% 정도 더 낮은 가격에 매입할 수 있으리라는 일반적 예측만 할 수 있을 따름이다. 공모주 투자의 손실 가능성을 낮추기 위해 몇 가지 기본적인 주의사항은 알고 있어야 한다.

첫째, 공모주 가격이 적정한지 판단할 수 있어야 한다. 〈그림 3-5〉를 보자. 2019년 12월 20일에 상장된 신약개발회사 브릿지바이오테라퓨틱스의 투자설명서다. 주당 확정 공모가액은 6만 원으로 결정되었다. 투자설명서에는 이후 희망공모가액 산출개요부터 시작해서 평가 모형도 설명하고 유사기업의 사례도 함께 첨부해놓았다. 그런데 결과는 어땠을까? 상장 당일 5만 4,300원으로 마감되었다. 공모가보다 오히려 떨어진 것이다. 일반적이라면 공모가보다 20% 정도 상승한 7만 2,000원 정도가 됐어야 하는데 오히려 하락한 것이다. 이는 브릿지바이오테라퓨틱스가 시장에서 인정해 줄 만한 신약개발이나 시장 장악을 하지 못했기 때문인 것으로 풀이된다. 공모 당일은 하락했어도 언젠가 신약개발에 성공하게 되면 주가는 상승할 수 있을 것이다. 하지만 그날이 언제일지 아무도 모르기 때문에 그때까지는 인고의 시간을

4. 공모가격에 대한 의견

가. 평가결과

공동대표주관회사인 대신증권㈜과 KB증권㈜은 브릿지바이오테라퓨틱스㈜의 코
스닥시장 상장을 위한 공모와 관련하여 확정공모가액을 다음과 같이 제시하고자
합니다.

구분	내용
주당 확정공모가액	60,000원
확정공모가액 결정방법	수요예측 결과 및 주식시장 상황 등을 감안하여 공동대표주관회사와 발행회사가 협의하여 확정공모가액을 60,000원으로 결정하였습니다.

출처 : 금융감독원 전자공시시스템

보내야 할지도 모른다(참고로 해당 주식은 2020년 1월 20일 6만 4,900원을 기
록하며 공모가보다 10% 정도 오른 적이 있다).

〈공모가격 산정 근거 확인 방법〉

① 금융감독원 전자공시시스템(http://dart.fss.or.kr) 접속

② 회사명 입력, 기간 설정 후 발행공시 클릭 → 투자설명서 클릭

③ 제1부 모집 또는 매출에 관한 사항 → Ⅳ. 인수인의 의견 → 공모가
격에 대한 의견 내용 확인

둘째, 수요 예측 결과를 잘 살펴야 한다. 최종 공모가를 정하기 전 희
망공모가를 기준으로 기관투자자들로부터 수요 예측 조사를 실시한
다. 이때 수요 예측 경쟁률이 높을수록 해당 공모주는 상승할 가능성
이 높다. 이러한 수요 예측은 온라인으로 확인 가능하다.

〈기관투자자 대상 수요 예측 결과 확인 방법〉

① 금융감독원 전자공시시스템(http://dart.fss.or.kr) 접속

② 회사명 입력, 기간 설정 후 발행공시 클릭

③ 수요 예측 후 제출되는 정정 투자설명서 클릭

④ 제1부 모집 또는 매출에 관한 사항 → I. 모집 또는 매출에 관한 일반 사항 → 공모가격 결정 방법에서 내용 확인

투자 지표

- 투자 적정 금액 : 일시 1,000만 원(경쟁률 10:1 가정 시 실제 투자 금액은 100만 원)

- 투자 난이도 : 중(증권사 계좌 개설 필요)

- 적합한 성향 : 공격적 투자 성향(단기 투자자에게 적합하며 손실 가능성 있음)

03
가치주
: 저평가된 주식 찾기

핵심 요약

가치주 투자는 현재 형성된 주가 수준이 낮은 기업의 주식에 투자하는 방법이다. 즉 현재는 저평가되어 있지만 미래의 어느 순간에는 가격이 많이 오를 수 있을 것으로 기대할 수 있는 종목에 투자하는 방법이다. 기업이 저평가 또는 고평가되어 있는지는 몇 개의 지표를 통해 판단해 볼 수 있다. 주의해야 할 것은 기업이 저평가되어 있는 상황이 금방 끝날지, 오래 갈지 정확히 알 수는 없다는 사실이다. 대체로 경기가 호황이면 성장주가 더 많이 상승하고, 불황이면 가치주가 더 상승하는 경향이 있다.

가치주 투자 방법

지금 주식의 가격이 원래 받을 수 있는 수준보다 낮다고 평가되는 종목을 고르는 것이 바로 가치주 투자의 핵심이다. 그렇다면 우리가 알아야 할 것은 과연 어떤 종목들이 현재 저평가되어 있는가를 판단할 수 있는 기준이다. 정해진 기준이 없다면 일시적으로 종목의 가격이 상승했다가 하락했을 때 '지금 이 종목은 저평가되어 있다'라는 식으로 잘못된 판단을 할 수도 있기 때문이다. 먼저 가치주와 관련하여 항상 이야기되는 '효율적 시장 가설'이라는 경제 이론을 짚어보고 이어서 가치주인지 판단할 수 있는 기준들을 알아보기로 하자.

효율적 시장 가설

경제학 이론 중에 '효율적 시장 가설EMH. Efficient Market Hypothesis'이라는 것이 있다. 주식 가격의 결정 원리로도 응용되는 이론인데 간단히 말하자면 '한 회사의 주식 가격은 시장 상황과 전망 등에 대한 모든 정보가 이미 다 반영된 결과'라는 것이다. 즉 어떤 회사의 주식이든 관련된 모든 정보가 실시간으로 반영되어 거래된다는 이론이다.

자본시장에서는 획득 가능한 모든 정보는 이미 시장가격에 상당한 속도로 반영되어 있기 때문에 매우 잘 교육된 투자자라고 하더라도 새로 획득한 정보를 이용한 거래로 이익을 남기기 힘들다는 것이 이 이론의 핵심이다.

효율적 시장 가설에 따르면 정보가 가격에 반영되는 정도에 따라 '약형 효율시장', '준강형 효율시장', '강형 효율시장' 등 세 가지로 구분이 가능하다고 한다.

먼저, 약형 효율시장weak form efficient market을 살펴보자. 약형 효율시장에서는 현재의 주가에 해당하는 회사의 과거 정보가 완전히 반영되어 있는 상태다. 이는 달리 말하자면 과거의 데이터는 있지만 현재와 미래에 대해서는 데이터가 아직 반영되어 있지 않은 상황을 가리킨다.

다음으로 준강형 효율시장semi-strong form efficient market이란 현재의 모든 정보가 신속하고 정확하게 현재의 주식가격에 반영되는 상황을 가리킨다. 과거의 주가와 거래량 변동에 대한 정보에 더해 신제품 개발 현황 등 현재까지의 모든 정보가 포함된다. 앞서 보았던 약형 효율시장에 비해 정보가 더 많이 주가에 반영되지만 아직은 완전하다고 말하기는 어렵다. 기업의 비밀정보까지 포함되지는 않았기 때문이다.

마지막으로 강형 효율시장strong form efficient market이란 현재의 주가에 과거나 현재의 모든 정보뿐만 아니라 미래에 발표될 기업의 내부 정보까지 가격에 반영된 상태를 가리킨다.

효율적 시장 가설에 의하면 투자자는 주식시장에서 수익을 얻을 수 없다. 왜냐하면 특정 회사의 현재 주식가격에는 이미 과거와 현재는 물론이고 미래의 데이터가 모두 반영되어 있는 관계로 가격 상승 또는 하락의 여지가 없기 때문이다. 효율적 시장 가설에 따르면 불법적인 내부자 거래나 억세게 운 좋은 경우를 제외하면 주식 투자로 돈을 벌기가 힘들다.

그럼에도 불구하고 주식은 가격이 위아래로 변하고 거래가 이루어진다. 이는 각 개인에 따라 데이터를 분석할 때 '주관'이 개입되기 때문이다. 동일한 사안에 대해 어떤 투자자는 상승의 신호로 또 어떤 투자자는 하락의 신호로 받아들이게 된다는 뜻이다. 예를 들어 코로나19 사태에 대해 미국이 비상시국을 선포한 날 미국의 나스닥은 7% 넘게 폭락하였으나 곧바로 9% 상승함으로 회복세를 보이기도 했다. 코로나19에 대해 어떤 투자자는 하락의 신호로 해석해서 투매를 하고 또 어떤 투자자는 그 하락을 반등의 신호로 읽어냈던 것이다.

효율적 시장 가설의 핵심은 현재의 주식가격은 기업에 대한 현재까지의 정보와 미래의 기대감까지 모두 반영되어 있다는 것이다. 즉 어떤 기업의 오늘 종가는 그 기업의 가장 정확한 상황을 나타낸다는 뜻이다. 이 이론에 의하면 가치주를 찾아 투자하는 것은 무의미하다. 오늘 가격이 가장 정확한 가격이기에 저평가, 고평가를 구분할 필요가 없기 때문이다.

과연 대한민국의 주식시장은 효율적일까? 아마도 아닐 것이다. 만일 우리나라 주식시장이 효율적이라면 각종 작전세력이 등장하거나, 테마주처럼 단기간에 급등락하는 주식들은 없을 것이다. 아직 효율적 시장 가설이 법칙이 아닌 '가설'에 그치고 있다는 것은 효율적 시장의 한계를 단적으로 나타낸다.

정보에 대해 이야기가 나온 김에, '정보의 비대칭성information asymmetry'에 대해서도 한 번 살펴보도록 하자. 정보의 비대칭성이란 시장에서 거래의 당사자인 쌍방 간에 상호작용에 필요한 정보량에 차이가 있는 경우를 말한다. 경제학에서는 정보의 비대칭성이 효율적인 자

〈표 3-4〉 효율적 시장 가설의 세 가지 구분

	약성 효율적 시장	준강성 효율적 시장	강성 효율적 시장
가치에 반영된 정보	과거의 정보	과거, 현재의 정보 (공표되는 즉시 반영)	모든 정보 (비공표 정보 포함)
시장 분석 방법	기술적 분석 (과거 정보 분석)	기본적 분석 (과거나 현재의 정보 분석)	분석이 의미 없다
초과이윤	기술적 분석으로는 얻을 수 없고 기본적 분석 및 미래에 대한 분석을 통해 얻을 수 있다.	기술적, 기본적 분석으로는 얻을 수 없고 미래에 대한 분석을 통해 획득할 수 있다.	어느 누구도 어떤 방법을 통해서도 초과이윤을 얻을 수 없다.

원 배분을 불가능하게 하는 요인이라 보고 있다. 일상생활에서는 중고차를 거래할 때가 대표적이다. 중고차 거래에서 중고차를 파는 사람은 차량의 결함을 알고 있지만 사는 사람은 알지 못하기 때문에 사는 사람이 손해를 볼 가능성이 높다.

주식 투자도 마찬가지다. 주식 투자에서 정보의 비대칭성 사례는 코스닥 상장사였던 신라젠이 대표적이다. 신라젠의 모든 임원들은 임상실험 실패 직전에 신라젠 주식을 처분했다. 실험이 실패하면 주가가 떨어질 것이 뻔하니 다른 사람들에게 실험 실패가 알려지기 전에 서둘러 주식을 처분했던 것이다. 이 때문에 손실은 그 사실을 전혀 모르고 있던 주주들에게 모두 돌아갔다. 정보의 비대칭성은 정보력에 한계가 있는 개인투자자들에게 불리하게 작용할 수밖에 없다. 공시된 내용과 회계장부를 신뢰하고 투자하는 투자자들 입장에서는 과연 공시 내용이나 회계장부가 맞는 것인지까지 고려해야 하는 어려움이 따른다.

② 가치주 평가 지표

어떤 종목이 가치주인지 아닌지 판단할 수 있는 지표에는 대표적으로 다섯 개가 있다. ROE(자기자본이익률), EPS(주당순이익), PER(주가수익비율), EV/EBITDA, PBR(주가순자산비율) 등이 그 지표들이다.

ROE Return on Equity : 자기자본이익률

어떤 자동차는 휘발유 1L를 넣으면 10km를 간다. 그런데 또 어떤 자동차는 20km를 가기도 한다. 기업의 자기자본이익률은 마치 자동차의 연비와 비슷하다. 어떤 회사는 100만 원을 가지고 1만 원의 이익을 보는데 다른 회사는 같은 돈으로 10만 원의 이익을 만든다. 그렇다면 이때 어떤 회사가 더 좋은 회사일까? 당연히 더 적은 돈으로 더 많은 이익을 만들어내는 회사일 것이다.

ROE 즉 자기자본이익률Return on Equity은 각 회사의 연비를 계산하는 지표다. 각 회사마다 매출액의 규모가 다르고 이익의 크기가 다르기 때문에 각 회사를 직접적으로 단순 비교하기는 쉽지 않다. 반면 ROE는 퍼센트로 나타나기 때문에 아주 손쉽게 각 회사의 연비, 즉 효율성을 파악할 수 있게 해주는 고마운 지표다.

자기자본이익률을 구하는 방법은 간단하다. 내 돈(자기자본)으로 얼마의 이익(당기순이익)을 만들어냈는지를 구하면 된다. 자기자본이 1억 원이고 당기순이익이 1,000만 원이라면 ROE는 '1,000만 원/1억 원' 즉 10%가 된다. 그리고 이러한 ROE 지표는 내가 힘들게 계산하지 않아도 주가 정보를 제공하는 웬만한 사이트에서 알아서 다 계산해주고 비교해준다. 그래서 우리는 수치를 어떻게 계산하는지를 알아봐야 할 필요는 거의 없다. 대신 어떻게 이해해야 하는가를 아는 것이 중요하다.

ROE라는 기준은, 현재의 주가가 높은지 낮은지를 판단하는 절대 기준은 아니다. 연비가 좋다고 곧바로 훌륭한 자동차가 되지는 않는 것과 같다. 좋은 자동차는 연비는 물론이고 편의성, A/S 등도 좋아야 한다. 그 때문에 ROE는 '이 회사는 이 정도의 효율을 가지고 있다' 정도를 파악하는 기준으로 생각해야 한다. ROE가 높으면 최소한 효율이 좋은 회사임에는 틀림없다.

이번에는 그 효율을 무엇과 비교하면 좋을지 생각해 볼 차례다. 방금 전 짧게 언급한 바와 같이 우선 '은행 금리'와 비교해 볼 필요가 있다. 어떤 회사의 ROE가 1%인데 은행 금리가 2%라면 그 회사는 영업을 하기보다 차라리 은행에 돈을 넣어두는 게 낫다. 만일 해당 기업의 회사채 금리가 5%인데 ROE가 2%라면 어떨까? 비싼 이자를 내고 돈을 빌렸는데 이자만큼도 돈을 못 버는 회사라 볼 수 있다.

EPS Earning Per Share : 주당순이익

주당순이익은 마치 영화 〈반지의 제왕〉에 나오는 절대 반지처럼 주식 투자에서 떠받들어지고 있는 지표다. 놀랍게도 주당순이익을 구하는 것은 다음처럼 간단하다.

$$EPS(주당순이익) = 당기순이익/발행 주식 수$$

예를 들어보자. 10개의 주식으로 이루어진 회사가 있는데 당기순이익이 100만 원이라면 EPS는 '100만 원(당기순이익)/10(주식 수)=10만 원'이 된다. 여기까지는 쉬운 내용이다. 하지만 중요한 것은 단순히 EPS가 얼마이냐보다는 그 EPS가 투자하기에 적정하냐이다.

EPS가 높다는 것은 당기순이익이 크거나 주식 수가 적거나 하는 경우다. 당기순이익은 기업의 영업활동에 따라 항상 변하는 것이고 주식 수는 웬만하면 늘거나 줄거나 하지 않는다. 즉 EPS가 높다는 것은 대체로 당기순이익이 높다는 뜻이다. 그래서 EPS가 증가하는 추세라면 그 회사는 계속 이익의 규모가 커지고 있는 것으로 생각하면 된다.

PER Price Earning Ratio : 주가수익비율

토익시험을 봤는데 그 점수가 900점이라면 그 점수는 높은 것일까 낮은 것일까? 정답은 '모른다'이다. 나 빼고 모든 사람이 990점을 받았다면 난 시험을 못 본 것이고, 나만 900점이고 다른 모든 사람이

500점이라면 시험을 잘 본 것이다.

주가수익비율도 이와 비슷하다. 나의 수치가 10이고 다른 회사들의 수치도 10 정도라면 '평균'에 속하고, 나의 수치는 20인데 다른 회사의 수치가 5 정도라면 나의 수치는 상당히 높은 것이다. 사전적 의미에서 PER이란 주가를 주당순이익으로 나눈 주가의 수익성 지표다. 예를 들어보자. A라는 회사의 주식이 1만 원이고 그 회사가 장사를 잘해서 1주당 순이익이 500원이라면 그 회사의 PER은 '10,000/500=20'이 된다. 이 말을 해석하자면 20년간 그 주식을 가지고 있으면 주당순이익의 값과 주식값이 같아지게 된다는 뜻이다. PER이란 쉽게 말해 주당순이익이 주식값만큼 쌓이는 원금 회수 기간이라 보면 된다.

PER(주가수익비율) = 주가/주당 순이익

PER은 회사를 평가하는 절대적인 기준이라기보다 어떤 회사를 (주로 동종 업종에서) 다른 회사와 비교하는 지표로 많이 활용된다. 예를 들어 A라는 회사의 PER은 20인데 B라는 회사의 PER이 10이라면 당신은 어떤 회사에 투자하겠는가? A라는 회사의 PER이 20이라는 것은 주당순이익이 쌓여 주식값만큼 되는 데 20년이 걸린다는 뜻이고, B라는 회사의 PER이 10이라는 것은 10년 걸린다는 뜻이다. 당연히 당신은 원금 회수 기간이 짧은 B 회사를 선택할 것이다. 그래서 PER은 작으면 작을수록 이익을 많이 내는 아주 매력적인 회사로 인식된다.

PER이 높다는 것은 회사가 벌어들이는 이익에 비해 주식값이 높다는 것을 의미한다. 즉 주가가 고평가인 상태인 것이다. 반대로 PER이 낮다는 것은 회사의 이익에 비해 주가가 낮은 저평가 상태라 볼 수 있다. 대체로 PER이 10 이하면 저평가되었다고 판단하는데 절대적인 것은 아니다.

EV/EBITDA

EV/EBITDA는 좀 용어가 어려워 보인다. 익숙한 세 글자 영어 약자도 아니고 EV를 EBITDA로 나눴다는 뜻이라서 EV도 알고 EBITDA도 알아야 하는 고충이 있다. 꼭 알고 있어야 하나 싶지만 증권사의 기업 분석 리포트 등에서 가치주를 평가하는 지표로 항상 등장하는 대표적인 지표이기 때문에 무시할 수 없다. '이비에비타'라고 읽히는 EV/EBITDA 어떤 지표일까?

EV는 기업가치Enterprise Value를 뜻한다. 기업가치는 시가총액에서 장부에 기재된 부채를 더하고, 기업이 보유한 현금을 뺀 금액이다. EBITDA는 '이자, 세금, 감가상각비, 무형자산상각비 차감 전 이익 Earnings Before Interest, Tax, Depreciation, and Amortization'의 약자다. 쉽게 말해 EBITDA는 기업의 수익 중에서 비용으로 빼야 할 것은 모두 뺀 순수익을 뜻한다.

EV를 EBITDA로 나누어 만들어진 숫자에 대해서는 어떻게 판단하면 될까? 결론적으로는 그 숫자는 작을수록 좋다. 어떤 기업을 인수했을 때 예상되는 원금 회수 기간으로 볼 수 있기 때문이다. 즉 EV/EBITDA가 낮으면 낮을수록 기업은 저평가되어 있다고 볼 수 있다. PER이 작을수록 좋은 것과 비슷하다. 주식을 사두면 투자금을 몇 년 안에 회수할 수 있느냐의 지표가 PER이듯, EV/EBITDA는 기업을 인수했을 때 투자금 회수에 필요한 기간을 나타내는 지표다.

PBR Price Book-value Ratio : 주가순자산비율

PBR은 주가순자산배율이라 하기도 한다. PBR이란 주가를 주당순자산가치 BPS, Book value Per Share 로 나눈 비율을 뜻하며 주가와 1주당 순자산을 비교한 것이다. 즉 주가가 순자산(자본금과 자본잉여금, 이익잉여금의 합계)에 비해 1주당 몇 배로 거래되고 있는지를 측정하는 지표다. PBR은 장부상의 가치로, 회사 청산 시 주주가 배당받을 수 있는 자산의 가치를 의미한다. 예를 들어 PBR이 1이라는 것은 특정 시점의 주가와 기업의 1주당 순자산이 같은 경우를 의미한다. 그 때문에 이 수치가 낮으면 낮을수록 해당 기업의 자산가치가 증시에서 저평가되고 있다고 볼 수 있다. 만약 PBR이 1 미만이라면 주가가 장부상 순자산가치(청산가치)에도 못 미친다는 뜻이다.

PBR(주가순자산비율) = 주가/주당 순자산

예를 들어보자. 오늘 주가는 1만 원인데, 주당순자산 즉 1주당 청산가치가 2만 원이라면 PBR은 '1만 원/2만 원=0.5'가 된다. 다시 말해, 순수한 주당순자산이 2만 원인데도 주식은 1만 원밖에 안 하는 것이니, 비유하자면 2만 원짜리 백화점 상품권이 1만 원으로 거래되고 있는 것과 마찬가지다. 이는 그 회사가 상당히 저평가된 상태라 할 수 있다. 반대의 경우도 있다. 주식값은 2만 원이고 주당순자산이 1만 원이라면 PBR은 '1만 원/2만 원=2'가 된다. 이는 1만 원의 가치가 있는 상품을 2만 원 주고 사는 격이 되니 비싸 보인다.

어떤 기업의 PBR이 1 이하인 경우라면 저평가돼 있을 가능성이 높다고 할 수 있다. 하지만 기업은 단순히 자산으로만 평가할 수 없다. 지금 당장은 자산이 많지 않아도 장사를 잘하고 있다면 앞으로 자산이 불어날 것이다. 이 말은 곧 지금 당장은 PBR이 높아도 장사를 잘하고 있다면 PBR로만 평가해서는 안 된다는 의미다. 그 때문에 PBR은 회사의 성장 가능성이 아니라 안정성이라는 측면에서 기준 지표로 활용하는 것이 좋다.

가치주 투자 시 유의 사항

가치주 투자가 성장주 투자와 가장 구별되는 특징은 '시점'이다. 성장주 투자는 현재보다는 미래의 수익을 더 중요하게 보지만, 가치주 투자는 과거부터 현재까지의 실적, 회계장부상의 실제 이익 창출 여부를 기준으로 하기 때문이다. 즉, 가치주 투자자는 기업이 그동안 올린 이익이나 자산에 비추어 주가를 평가한다. 만일 주가가 순이익이나 자산 규모에 비해 현저히 낮다면 매입하는 것이 가치주 투자의 핵심이기도 하다.

이러한 가치주 투자에서 주의할 사항은 바로 기간이다. 가치주는 기본적으로 지금 당장은 제값을 못 받는 기업에 투자하는 것이라 할 수 있다. 문제는 언제 제값을 인정받을 수 있을지 알 수 없다는 사실이다. 그것은 1년 후가 될 수도 있고, 10년 후가 될 수도 있다. 그런데 경제 상황이 좋은 시기에는 미래에 대한 낙관적 기대가 커져 가치주보다는 성장주에 투자가 늘어난다. 수익률 측면에서도 활황이면 성장주에, 불황이면 가치주에 대한 투자가 높아지는 것은 이러한 배경이 있다. 과연 내가 투자한 가치주가 언제 인정받고 제값을 다 받을 수 있을까? 그 시기가 언제일지 모른다는 것이 가치주 투자의 약점이다.

투자 지표

- 투자 적정 금액 : 500만 원 ~ 1,000만 원

- 투자 난이도 : 상(각종 지표를 완전히 공부해야 하고 투자금 회수도 길어
  질 수 있음)

- 적합한 성향 : 공격적 투자 성향

04
성장주
: 미래 가치에 주목하라

핵심 요약

성장주 투자는 유망주 발굴에 비유할 수 있다. 유망주가 있다면 그의 몸값이 얼마가 되었든 일단 모셔와서 더 높은 가치를 얻어내는 것과 비슷하다. 가치주 투자와 달리 성장주 투자는 현재 어느 정도의 이익과 자산을 기록하고 있는지보다 앞으로 얼마나 이익을 낼 수 있을지를 기준으로 판단하게 된다. 이러한 판단을 위해 캔슬림CANSLIM, 컵위드핸들Cup with handle 기법이 활용되기도 한다. 성장주 투자의 위험은 크게 두 가지인데 하나는 더 비싸게 오를 수 있는데 중간에 매도 처분하는 위험이고, 다른 하나는 앞으로 더 내릴 텐데 미련 때문에 팔지 못해 더 큰 손실을 보게 되는 위험이다. 그 때문에 자기 나름의 목표 수익률과 손절매 기준을 정해서 미리 대처하는 것이 바람직하다.

성장주 투자 방법

성장주 투자는 한마디로 말하면 '유망주 발굴'이라 할 수 있다. 지금까지는 아직 본격적인 실력을 발휘하고 있지 못하지만 앞으로 폭발적인 성장이 기대되는 주식들에 투자하는 것이다. 마치 프로리그의 스카우트 담당자들이 중고교리그를 돌아다니며 될 성싶은 재목을 발견하려는 것과 비슷하다.

〈그림 3-6〉은 2019년과 2020년 2월 14일까지의 국내 증시의 유형별 성적표이다. 성적을 보면 가치주들이 마이너스를 기록한 반면 성장주는 플러스를 기록한 것을 알 수 있다. 단기간의 성적만 놓고 '앞으로 무조건 성장주에 투자해야 한다'는 생각을 하기에는 이르지만 성장주 투자가 이처럼 가능성이 있다는 점은 알아둘 필요가 있어서 제시해본 것이다.

만일 마이크로소프트나 스타벅스와 같은 세계적인 대기업들의 주

〈그림 3-6〉 국내 증시 연간 수익률(2020년 2월 14일 기준)

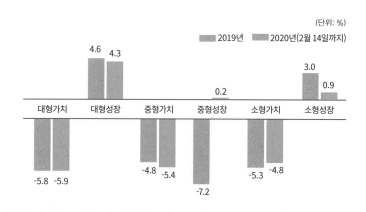

출처 : 파이낸셜 뉴스

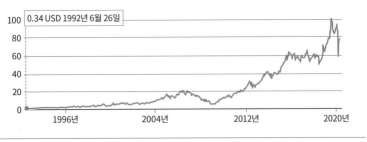

〈그림 3-7〉 스타벅스 주가 추이(2020년 4월 30일 기준)

출처 : 구글 금융

식을, 아직 그 회사들에 대한 적절한 평가가 이루어지기 전이라 할 수 있는 1990년 후반에 사놓고 20년 이상 보유했다면 어떻게 될까? 아마 다른 투자와는 비교도 안 될 정도의 투자 수익을 올렸을 것이다. 이렇듯 성장주 투자는 앞으로 있을 또 다른 마이크로소프트나 스타벅스를 찾는 과정이라 할 수 있다.

문제는 어떤 회사가 과연 앞으로 마이크로소프트나 스타벅스와 같은 기업이 될 것인지 알아내기가 쉽지 않다는 것이다. 지금이야 스타벅스가 세계적인 커피 체인점이지만 스타벅스도 처음 시작할 땐 흔하고 흔한 커피 체인점에 불과했다.

성장주를 골라내는 방법으로는 어떤 것이 있을까? 두 가지 참고할 만한 방법이 있다. 미국의 전설적인 투자자인 윌리엄 오닐이 주창한 투자기법으로 하나는 캔슬림CANSLIM 기법이고, 다른 하나는 컵위드핸들Cup with handle 기법이다. 이 두 가지는 성장주 투자에 있어 가장 기본적인 분석 방법이라 할 수 있다.

우선 캔슬림 기법을 살펴보자. 캔슬림이란 어떤 주식이 성장주가 될 만한 것인지 보여주는 7가지 징조들이 있는데 다음과 같다.

① C : Current quarterly earnings per share

가장 최근의 주당 분기 순이익Current Quarterly Earnings Per Share이 전년 동기 대비 70% 이상 상승해야 좋은 주식이며, 분기별 주당순이익 증가율이 최소한 20~50%는 되어야 한다.

② A : Annual earnings per share

과거 5년 동안 연간 주당순이익Annual Earnings Increase의 평균성장률이 24%를 초과하기 시작할 때 성장주가 될 가능성을 갖게 된다.

③ N : New product/management/price high

성장기업의 95%는 새로운 제품이나 서비스, 뉴트렌드, 경영진 교체, 거래량 기록, 신고가 등 가시적으로 보이는 새로운 요소를 가지고 있다.

④ S : Supply/Demand : Small Cap + Volume

주식시장에도 수요와 공급의 원칙이 적용된다. 발행주식 수가 비교적 적은 소형주나 자사주를 많이 보유해 유통주식 수가 적은 주식이 향후 성장주로서 높은 가격 상승이 가능하다.

⑤ L : Leader

최근 1년간 주가 상승률이 상장주식 전체 가운데 상위 20% 이내에 들어가야 주도주로 분류되어 성장할 가능성이 커진다.

⑥ I : Institutional Sponsorship

개인뿐 아니라 기관투자가가 관심을 갖고 지원을 하는 차원에서 매수하는 주식이어야 한다.

⑦ M : Market Direction

시장의 방향성을 뜻한다. 주식시장이 강세장일 때는 대부분의 주식이 같이 상승하므로 강세장에서 투자해야 한다.

컵위드핸들Cup with handle 기법은 캔슬림의 특징을 보이는 주식에 대해 주가차트를 보면서 매수/매도 타이밍을 잡는 방법이다. 컵위드핸들을 굳이 번역하면 '손잡이 달린 컵'이라 할 수 있는데 주가차트의 모양이 〈그림 3-8〉과 같이 생겼다 해서 그런 이름이 붙었다. 그 기본 내용을 살펴보면 다음과 같다.

〈그림 3-8〉 컵위드핸들 모양의 주가차트

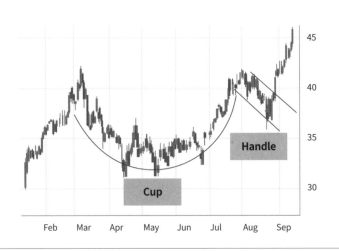

가상의 기업 A라는 회사의 주가 차트가 〈그림 3-8〉과 같은 흐름을 보인다고 하자. 3월부터 8월에 걸쳐 컵이 형성되고 8월과 9월의 움직임이 손잡이 모양을 보이게 된다. 각 단계별 흐름이 의미하는 것은 다음과 같다.

① 컵의 형성기간

최소 7주에서 최장 65주, 즉 짧게는 2개월에서 길게는 1년 이상이며 대부분의 경우 3~6개월 정도를 컵이 형성되는 기간으로 본다.

② 컵의 시작에서 바닥까지의 하락

컵의 시작점부터 조정을 받기 시작하는데 컵의 바닥이라 할 수 있는 최저가 부분에서는 대략 10~30%의 하락을 보인다. 특히 경기침체 또는 경기 충격 때문에 전체적으로 증시가 하락하는 경우 증시의 평균 하락 폭보다 2배 정도 더 하락하는 경우가 많다. 즉, 강세장과 약세장을 불문하고 증시 평균 하락 폭에 비해 2.5배 넘게 하락하면 위험할 수도 있다.

③ 컵의 바닥

컵의 바닥 부분은 'U'자 모양을 보여야 하며 'V'자가 되는지 살펴봐야 한다. 바닥이 둥근 형태라야 저점을 다지는 가운데 마지막 두세 차례의 작은 하락을 거치면서 조정이 마무리된다. 이러한 저점에서 대부분의 개인투자자들이 가장 큰 실책을 저지르게 된다. 즉 종목을 외면하게 되는 것이다.

④ 컵 바닥의 거래량

컵의 저점에서 1~2주 정도 거래량이 급격히 위축되는 경우가 있다. 좋은 신호다. 대규모 매도 물량이 거의 소화되었음을 의미하기 때문이다.

⑤ 컵의 손잡이 부분

손잡이는 컵의 상단에서 만들어진다. 컵 모양의 천장과 바닥 사이 중 윗부분에서 손잡이가 걸쳐 있어야 한다.

⑥ 컵 손잡이의 특징

주가는 손잡이 윗부분에서 아랫부분에 이르는 기간 동안 계속 저점을 기록하며 하락하게 된다. 손잡이 윗부분과 아랫부분의 차이는 대략 10~15%가 적당하다. 손잡이 부분에서 오히려 가격이 오르거나 계속 횡보하는 모습을 보이는 것은 위험신호다.

캔슬림과 컵위드핸들 기법은 일종의 차트를 기본으로 한 기법이라 할 수 있다. 주가의 흐름을 보면서 타이밍을 잡아야 하기 때문이다. 이런 식의 접근에 더해 성장주를 찾는 기본원칙 몇 가지가 더 있다.

첫째, 유행과 트렌드를 구분할 수 있어야 한다. 한때 유행했던 닭발집을 떠올려 보자. 그 많던 닭발집 가게들이 다 어디로 갔을까? SNS도 마찬가지다. 싸이월드를 기억하는가? 미국의 페이스북이 오히려 싸이월드의 미국판이라 하던 시절도 있었는데 지금은 싸이월드가 흔적도 없이 사라지고 말았다. 앞으로 성장이 유망하다 판단되어도 이것이 유행에 불과한지 앞으로 트렌드로 굳어질 수 있을지 판단하기 쉽지 않기 때문에 집중적으로 파헤치고 냉정하게 판단하는 것이 중요하다.

둘째, 정책 방향에 대한 관심이다. 두산중공업의 사례를 보자. 두산 중공업의 경우 주요 매출이 석탄화력발전 수주 물량이었는데 세계적으로 석탄화력 신규 발주가 감소하면서 위기를 맞게 되었다. 국내에서는 대략 10% 내외였던 원자력 발전소 건설 역시 정부의 탈원전 정책으로 영향을 받아 이중고를 겪고 있다. 세계의 환경정책이 기업에 어떤 영향을 미치는지 확인할 수 있는 사례라 할 수 있다. 성장주 종목을 분석할 때는 향후 해당 기업이 각국 정부 및 세계기구에 어떤 영향을 받을지 미리 분석하고 검토해야 한다.

다시 처음의 질문으로 돌아와 보자. 성장주는 어떻게 찾을 수 있을까? 미래는 지금보다 더 기술이 발전하여 현재의 우리가 영화에서나 보고 상상 속에서나 생각했던 물건들이 실제로 등장할 것이다. 예를 들어 하늘을 나는 자동차가 그것이다. 영화 〈블레이드 러너〉(1982년)나 〈백투더퓨처〉(1985년)에서 하늘을 나는 자동차가 등장했을 때 사람들은 그저 영화 속에서나 가능한 일로 생각했다. 하지만 이미 드론을 이용해 하늘을 나는 자동차가 속속 등장하고 있으며 우리나라에서도 현대자동차가 2028년에 '하늘 자동차'를 만들겠다는 계획을 발표했다.

2020년에는 코로나19 사태로 인해 바이오기업들이 주목받기도 했다. 앞으로 이러한 전염병이 또다시 생기지 않으리라는 보장이 없다는 사실을 감안하면 제약 바이오 기업들이 향후 투자에 유망하지 않을까 싶다. 자율주행으로 인해 앞으로 자동차들이 스스로 움직이는 세상이 온다고 하니 AI 관련 기업들에도 관심을 가져볼 만하다.

스타트업 시장조사기관인 CB인사이트는 2019년 12월 '게임체인저Game changers', 즉 세계를 변화시킬 수 있는 잠재력을 가진 분야 및

<표 3-5> CB인사이트 선정 게임체인저

분야	내용	주요 스타트업
Speed of light chips	빠른 속도로 AI 프로세스를 처리할 수 있는 광학칩 생산	Lightmatter(US), Luminous(US), Ayar Labs(US)
AI transparency	AI 알고리즘을 인간의 용어로 변환하여 제공	DarwinAI(CA), Kyndi(US), Fiddler Labs(US)
CRISPR 2.0	유전자 편집에 대한 보다 안전하고 정확한 접근방법 개발	Korro Bio(US), Locana(US), Shape Terapeutics(US)
AI-based protein prediction	질병의진단 및 치교를 강화하기 위한 단백질 구조 예측	Relay Therapeutics(US), ProteinQure(CA), LabGenius(UK)
Electro-charged therapeutics	화학약물 대신 전기자극을 통한 질병 치료	Cala Health(US), SetPoint Medical(US), Theranica(IL)
Microbiome masters	만성 및 희귀질환을 치료하기 위한 인간의 미생물군 표적화	Kallyope(US), Viome(US), Pendulum Therapeutics(US)
Mind-altering medicines	정신질환을 치료하기 위한 환각 화합물 개발	Compass Pathways(UK), Small Pharma(UK), Mindned(CA)
DNA data marketplaces	의료연구를 위해 유전자 데이터의 안전한 교환 지원	Nebula Genomics(US), Sano Genetics(UK), LunaPBC(US)
Sustainable shippers	중량물 운송에 대한 비용절감 솔루션	Sabrewing Aircraft(US), Nautilus Labs(US), Ernride(SE)
Carbon captures	대기중으로 방출되는 이산화탄소의 제거 및 재활용	Carbon Engineering(CA), Kiverdi(US), Opus 12(US)
Next-gen nuclear energy	이산화탄소를 배출하지 않기 위한 원자력에너지 생산방식 개선 솔루션	Nuscale Power(US), Terres-trial Energy(CA), Common-wealth Fusion Systems(US)
Quantum cryptography	암호 해독 위협에 대비하여 민감한 데이터 보호	Crypto Quantique(UK), ISARA(CA), SpeQtral(SG)

주 : US(미국), CA(캐나다), UK(영국), SE(스웨덴), SG(싱가포르), IL(이스라엘)
출처 : KDB산업은행

스타트업 리스트를 발표하기도 했다. 〈표 3-5〉는 게임체인저로 선정된 리스트다. 성장주에 투자할 것이라면 잘 눈여겨 봐두었다가 증시에 상 장되면 투자를 시작해 볼 만하다.

성장주 투자 시 유의 사항

성장주 투자의 경우, 성장주를 찾거나 매수 타이밍을 잡는 것이 크게 어렵지 않을 수도 있다. 유망주는 어디서든 주목을 받을 수밖에 없기 때문에 기업 실적이 기대만큼 높지 않아도 '성장 가능성'이 있는 기업으로 계속해서 뉴스에 오르내린다. 그래서 오히려 성장주 투자의 가장 큰 리스크는 매도 타이밍이라 할 수 있다. 성장할 가능성이 충분한데도 단기적으로 주가의 흐름이 지지부진하여 너무 일찍 매도해 버리는 것이다.

예를 들어보자. 워런 버핏을 투자의 현자로 만들어준 회사는 코카콜라다. 그 회사의 주식이 처음 샀을 때보다 2~3배 정도만 올랐을 때 팔았다면 어땠을까? 주식으로 10~20%를 벌기도 힘든데 200~300%가 올랐다면 대단한 수익률이다. 그래서 그런 정도에 수익에 도달하면 팔고 싶은 욕구가 매우 강해진다. 만약 워런 버핏이 그 욕구에 굴복했다면 지금의 워런 버핏은 없었을 것이다. 버핏은 성장주의 가능성이 다할 때까지 유지하는 전략을 구사함으로써 우리가 상상도 할 수 없는 수익을 올리곤 했다. 그래서 역설적으로 사기는 쉽지만 팔기가 어려운 것이 성장주 투자의 리스크다.

또 다른 유의사항은 앞서 잠깐 언급을 했던 '정책'이다. 아무리 성장주처럼 보인다 해도 한 국가나 여러 국가의 정책이 환경을 우선시하는 정책으로 전환하면 원자력이나 석탄 산업 관련 주식에 투자하는 것은 위험할 수 있다.

마지막 유의사항은 손절매 타이밍이다. 즉 잘못된 판단으로, 혹은 예상치 못한 악재로 내가 투자한 주식이 손해를 보게 됐을 때 어느 정도까지 버티고, 어느 정도에서 주식을 처분할지 스스로 원칙을 세워야 한다. 모든 주식이 그렇듯 성장주도 등락을 반복한다. 하지만 기대와 달리 성장주가 계속해서 하락 추세를 보인다면 다른 주식보다 하락 폭이 더 커질 수 있다. 이때 마음속에 기준을 정해두지 않으면 단기간에 큰 손해를 볼 수 있다. 가치주의 경우 회계장부와 자산 현황을 미리 확인하고 투자를 했기 때문에 주식이 하락한다 해도 회복할 수 있으리라 기대할 수 있지만, 성장주는 한 번 추락하면 그 바닥을 알 수 없을 정도로 추락할 수도 있다.

미국에서 테라노스라는 기업은 피 한 방울로 각종 질병을 진단할 수 있는 획기적인 기술을 개발했다면서 언론에 대서특필되고 주가가 천정부지로 올랐다. 하지만 나중에 그런 기술이 실제로는 존재하지 않았다는 사실이 알려지면서 회사는 파산에 이르고 만다. 내가 투자한 기업이 테라노스 같은 기업이 되지 말라는 법은 없다.

아무리 어떤 회사에 대한 정보를 열심히 수집하고 분석한다 해도 정보의 비대칭성 때문에 내부의 은밀한 정보까지 알아내기는 힘들다. 그래서 손절매 기준을 정해놓고 최악의 상황은 피할 수 있어야 한다. 손절매 금액 이하로 떨어지는 것을 보면서 무작정 기다리는 것은 더 큰 손해를 불러올 수 있다. 컵위드핸들과 같은 투자기술을 응용해서 최대 30%까지 하락하는 것은 버텨보지만 그보다 밑으로 떨어지면 미련 없이 손절매하겠다는 식으로 마음속 기준을 세워두는 것이 바람직하다. 대부분의 경우 성장주에 투자를 하면 대박을 꿈꾸며 위로 얼마나 올라갈 것인지만 상상하게 되는데, 반대의 경우도 항상 염두에 두는 것이 좋다.

아래에 캔슬림 투자기법의 창시자인 윌리엄 오닐이 말하는 '19가지의 투자 실수'를 제시해 놓았다. 처음 주식 투자를 시작한 사람이라면 100% 이해하기 어려울 수도 있지만 어느 정도 경험이 쌓이고 소위 '수업료'를 지급하고 나면 더 깊게 이해할 수 있게 될 것이다.

〈윌리엄 오닐의 19가지 투자 실수〉

① 손실이 적고 감수할 수 있는 시점에 빠르게 손절매를 하지 않는 것

② 주가가 하락하는데 물타기를 해 비극적인 종말로 치닫는 것

③ 평균매입단가를 높이기보다 낮추는 것

④ 고가주식을 소량 매수하기보다 저가주식을 대량 매수하는 것

⑤ 너무 빨리, 너무 쉽게 돈을 벌려고 하는 것

⑥ 주변의 말이나 루머에 솔깃하거나 시장전문가 의견을 듣고 주식을 사는 것

⑦ 배당금 욕심 혹은 단지 낮은 PER에 현혹돼 이류 주식을 고르는 것

⑧ 주식 선정기준이 없거나 안목이 없어 처음부터 주식을 고르지 못하는 것

⑨ 낯익은 전통기업 주식만 매수하는 것

⑩ 좋은 정보와 훌륭한 조언을 제대로 알아보지도, 따르지도 못하는 것

⑪ 차트 활용 없이 신고가 종목의 매수를 두려워하는 것

⑫ 떨어지는 주식은 붙잡으면서 오르는 주식은 조금만 이익 나면 쉽게 파는 것

⑬ 세금과 수수료를 너무 걱정하는 것

⑭ 주식매수 후 언제 어떤 상황이 되면 그 주식을 팔지 전혀 생각하지 않는 것

⑮ 기관이 적극적으로 매수하는 좋은 주식을 사는 게 얼마나 중요한지 이해 못 하는 것

⑯ 단기 고수익을 노려 선물과 옵션에 과도하게 집중투자하는 것

⑰ 시장가격에 거래하지 않고 매매주문 때 미리 한계를 정해 예약 주문하는 것

⑱ 중요한 결정이 필요한 순간에 결정하지 못하는 것

⑲ 주식을 객관적으로 보지 못하는 것

투자 지표

- 투자 적정 금액 : 500만 원 ~ 1,000만 원
- 투자 난이도 : 상(각종 지표를 완전히 공부해야 하고 차트를 분석할 수 있어야 함)
- 적합한 성향 : 공격적 성향(성장주 투자는 그 자체가 공격적임

05
배당주
: 높은 배당에 베팅하라

핵심 요약

배당주 투자란 국내 및 해외에 상장돼 있는 회사 중에서 배당을 많이 주는 기업의 주식에 투자하는 것을 가리킨다. 배당이란 주식을 가지고 있는 사람들에게 그 소유 지분에 따라 기업이 이윤을 배분하는 것이다. 배당에는 책정된 배당금을 현금으로 주는 '현금배당'과 배당금에 상응하는 회사의 주식을 주는 '주식배당'이 있다. 배당을 받기 위해서는 배당기준일에 해당 주식을 보유하고 있어야 한다. 배당주는 배당기준일 근처에서 주가가 오르는 경향이 있으며, 대체로 이익을 잘 내는 회사의 주식이기 때문에 다른 주식들에 비해 주가 방어력이 양호한 편이다. 하지만 배당주의 경우 가치주나 성장주에 비해 투자 수익률이 낮을 수 있다는 단점이 있으며, 배당을 받으면 그에 따른 세금을 내야 한다는 점도 미리 염두에 둬야 한다.

배당주와 관련된 용어에 대한 이해

주식 종목 중에 따로 배당주라고 등록된 종목은 없다. 배당주 또한 가치주, 성장주처럼 기업의 특성과 투자 목적에 따라 분류하는 투자 종목이라 보면 된다. 배당주 투자라는 것은 간단히 말해 상장된 기업 중 배당을 통해 이익을 얻을 것으로 기대되는 종목에 투자하는 것이다. 어떤 회사의 1만 원짜리 주식을 보유하고 있는데, 이 회사가 주주에게 1주당 500원을 배당으로 지급한다면, 투자자 입장에서는 주가의 흐름과 관계없이 5%의 수익률을 얻은 셈이다. 배당주 투자란 이렇게 배당을 높게 받을 수 있는 종목을 찾아 투자하는 것이다.

또 배당주는 주가 흐름에 있어 특성이 있다. 배당일이 가까워지는 연말이 되면 우량 배당주들의 인기가 올라 주가도 상승하는데, 배당이 끝나고 다음 해 연초가 되면 해당 주식들의 가격이 낮아지는 것이다(이를 전문용어로 '배당락'이라 한다). 그래서 이를 역이용하여 연초에 사 두었다가 연말에 파는 방법도 일종의 배당주 투자가 될 수 있다. 배당주 투자를 하기 위해서는 몇 가지 기본 용어를 알아두어야 하는데 정리하면 아래와 같다.

① 배당

기업의 1년 경영성과에 따라 그 기업의 주주들에게 분배하는 이익금. 배당의 종류에는 현금배당과 주식배당이 있는데, 현금배당은 주주들에게 현금으로 배당하는 것이고 주식배당은 배당금만큼의 주식을 주주에게 나누어주는 것이다. 특별한 경우가 아니면 배당은 대부분 현금배당으로 이루어진다.

② 배당결산일

배당을 받기 위해 주주로 등록되어 있어야 하는 날짜를 뜻한다. 우리나라 대부분의 기업은 매년 12월 31일을 결산일로 하고 있는데, 주식의 거래 기간을 고려하여 적어도 3일 전에는 해당 주식을 매수해야 배당결산일에 주주로 등록될 수 있다. 날짜로 따지면 보통 12월 26일 전후로 주식을 매수해야 배당을 받을 수 있다.

③ 배당락

배당기준일이 지나면 주식을 보유해도 배당을 받을 수 없기에, 배당받은 금액 수준으로 주식 가격이 하락할 수도 있는데 이를 배당락이라 한다. 연말에는 우량 배당주의 가격이 오르게 되니 연초에 배당락된 주식을 사 두었다가 연말에 매도하는 것도 배당락 투자의 한 방법이라 할 수 있다.

④ 배당률(Dividend rate=주당 배당금/주당 액면가)

1주당 배당금을 주식 1주의 액면가로 나눈 값으로, 주식 1주의 액면가에 대해 지급되는 배당금의 비율을 뜻한다. 주식은 액면가와 실제 가격의 차이가 많기 때문에 배당률은 비중 있게 다루어지지 않는 경우가 많고, 실제 수익은 배당수익률을 기준으로 한다.

⑤ 배당수익률(Dividend yield ratio=주당 배당금/현재 주가)

주당 배당금을 현재 주가로 나눈 값이다. 즉 배당금이 현재 주가의 몇 퍼센트인가를 나타내는 지표다. 배당수익률이 높으면 높을수록 투자자는 배당을 통해 수익을 더 많이 얻을 수 있다고 판단하기 때문에 배당수익률이 높을수록 기대감이 반영되어 주가는 상승하게 된다. 예를 들어 보자. 만약 액면가 5,000원인 삼성전자의 2019년 주당 배당액이 1,500원이라고 한다면 배당률은 30%가 된다. 그런데 만일 삼성전자의 12월 31일 종가가 6만 원이라면 1,500원의 배당금은 배당수익률로 따졌을 때 2.5%가 된다. 주식의 가격은 항상 변하고, 현재 가격에 비해 얼마나 배당했느냐가 중요하기 때문에 배당률보다는 배당수익률이 실제 투자 판단의 중요한 기준이 된다.

⑥ 배당 성향(Pay-out ratio=주당 배당금/주당 순이익)

당기순이익 중 배당의 총액이 얼마나 되는지를 나타내는 비율이다. 배당 성향이 높다는 것은 기업의 이익 중 배당금이 차지하는 비율이 높다는 뜻이다. 언뜻 생각하기에 배당 성향이 높으면 좋을 듯하지만, 높은 배당 성향이 항상 좋은 것은 아니다. 우량한 기업이라면 주가에 호재로 작용하지만 부실한 기업이라면 재무구조 악화 및 주가 하락의 요인이 되기도 한다. 낮은 배당 성향은 기업의 이익을 회사에 계속 쌓아둔다는 의미로 배당수익률에는 악영향을 주지만, 다른 면에서 보면

〈표 3-6〉 주당배당금과 배당 성향 현황(2020년 2월 기준)

종목명	현재가	기준월	배당금	수익률 (%)	배당 성향 (%)	ROE (%)	PER (배)	PBR (배)	과거 3년 배당금		
									2019	2018	2017
하나니켈1호	422	20.02	710	168.25	-	-	-	-	460	365	195
하나니켈2호	1,690	20.02	7110	42.01	-	-	-	-	460	375	225
베트남개발1	295	20.02	90	30.37	-	-	-	-	4	199	90
두산우	29,900	19.12	5,250	17.56	23.78	23.52	3.86	0.80	5,250	5,150	5,150
동양고속	27,350	19.12	4,700	17.18	38.41	26.85	2.41	0.55	1,000	635	153

출처 : 네이버 금융

기업의 투자 여력이 증가하는 것이기 때문에 주가 상승에는 긍정적 영향을 미친다. 즉 배당 성향이 높으면 배당주 투자에는 긍정적이지만 주가 상승 여력은 부족해질 수 있고, 이와 반대로 배당 성향이 낮으면 배당주 투자에는 부정적이지만 주가 상승에는 긍정적일 수 있다.

배당수익률에 대한 이해

배당주 투자에서는 배당수익률에 대한 이해가 중요하다. 그러므로 배당수익률에 대해 좀 더 알아보기로 하자. 배당수익률이란 주식 1주당 얼마의 배당금을 받느냐를 가리킨다. 예를 들어 보자. 1만 원짜리 주식 종목을 가지고 있는데, 이 종목은 500원을 배당금으로 지급한다고 하자. 그 경우 배당수익률은 '500원/10,000원'으로 5%가 된다. 이는 주당배당금(DPS, Dividend Per Share)이라 하여 한 주당 받는 배당금으로 포털사이트에서도 간단하게 확인할 수 있다. 네이버의 경우 '네이버 → 증권 → 테마 상위 (더 보기) → 배당' 순서로 클릭하면 상장된 회사들의 배당금과 수익률 등으로 정렬해서 볼 수 있다.

여기까지 보면, 무조건 배당수익률이 높은 곳에 투자하는 것이 좋겠다는 생각이 들겠지만 주의사항이 있다. 현재의 배당금과 수익률을 보면서 동시에 화면 맨 우측에 있는 '과거 3년 배당금'도 함께 봐야 한다는 것이다.

배당금을 지속적으로 높게 주는 회사라면 전체적으로 배당금을 높게 주는 것으로 이해할 수 있다. 〈표 3-6〉에 나와 있는 베트남개발 1호를 보자. "90원(2017년) → 199원(2018년) → 4원(2019년) → 90원(2020년)"으로 일정한 패턴을 보이지 않는다. 이것은 다시 말해 올해 배당금을 많이 지급했다고 해서 내년에도 그러하리라는 예상을 하기 어렵다는 뜻이다. 동양고속의 경우 2020년에 4,700원의 배당금을 지급해서 배당수익률 코스피 상위 5위권에 들었지만 이러한 배당수익률이 지속될지는 장담할 수 없다. 왜냐하면 과거 3년의 실적이 지속적으로 오르긴 했지만 안정적으로 보이지는 않기 때문이다. 오히려 안정성이라는 측면에서는 배당금이 5,100원에서 5,200원 사이에서 유지되는 두산우가 더 좋아 보인다(하지만 두산우의 꾸준하고 높은 배당이 과연 좋은 것인지는 좀 더 파고들어야 한다. 이에 대해서는 뒷부분에 설명할 것이다).

배당금 규모를 예상하기 위해서는 현재 기준으로 예상되는 매출액, 영업이익, 당기순이익 등 기업이 영업활동과 관련된 지표를 꼭 확인해봐야 한다. 배당금은 기업이 벌어들인 이익에 대해 주주에게 일정 부분 환원해주는 과정이기 때문이다. 나눌 이익이 없으면 환원할 이익도 없다. 그런데 배당금이 잘 나올지 아닐지는 어느 한 개의 지표만 놓고 판단할 수 있는 것이 아니다. 그래서 배당수익률이 어느 한순간 높다고 해서 지속적으로 배당 수익률이 좋을 것이라고 예단해서는 안 된다. 대기업이 아닌 이상 중소형 주식들은 배당 정책이나 배당 성향이 일정하지 않다고 보면 된다. 특히 중소기업의 오너가 대주주인 상태에서 오너를 위한 상속세 또는 증여세 마련을 목적으로 과하게 배당을 결정하는 경우도 있다. 그 때문에 배당주 투자를 위해 배당수익률만 보는 것은 위험할 수 있다.

최근 우리나라에서는 코스피나 코스닥에 상장된 종목을 벗어나 해외, 특히 미국 주식을 통해 배당주 투자를 하는 투자자가 많아졌다. 삼성전자나 포스코를 포함한 10여 개의 기업을 제외하면 우리나라 기업들은 대부분 1년에 한 번 배당금을 지급하는 것에 비해 미국 기업들은 대부분 분기별로 배당금을 지급한다. 주주의 이익을 우선하는 미국의 기업문화가 1년에 4번 배당을 실시하도록 만든 것이라 할 수 있는데, 이런 까닭에 배당주를 잘 고를 경우 별다른 투자활동을 추가적으로 하지 않아도 매년 5~10% 내외의 수익을 얻을 수도 있다. 우리나라에서 상가나 오피스텔을 사면 대략 수익률이 자기자본 기준 5% 내외인데 배당금 투자를 통해서도 비슷한 효과를 기대할 수 있는 것이다. 물론 배당이 줄어들거나 주가가 하락할 수 있는 위험은 미국 주식도 마찬가지이니 투자할 주식을 고르는 데 신중해야 한다. 그런데도 미국 주식을 통한 배당주 투자가 인기를 끄는 이유로 몇 가지를 들 수 있다.

첫 번째 이유는 미국 주식의 배당 성향이 높기 때문이다. 한국은 17% 내외의 배당 성향을 갖는 데 비해 미국은 35%의 배당 성향을 가지고 있으니 대략 2배 정도의 차이가 나고 있다.

두 번째 이유는 미국이 가진 기축통화 국가로서의 영향력이다. 미국의 달러는 세계의 기축통화로 기능하기 때문에 비슷한 수익을 가져다주는 배당주라 하더라도 한국 주식보다는 미국 주식이 더 안전할 수

〈그림 3-9〉 세계 주요국 배당 성향 비교

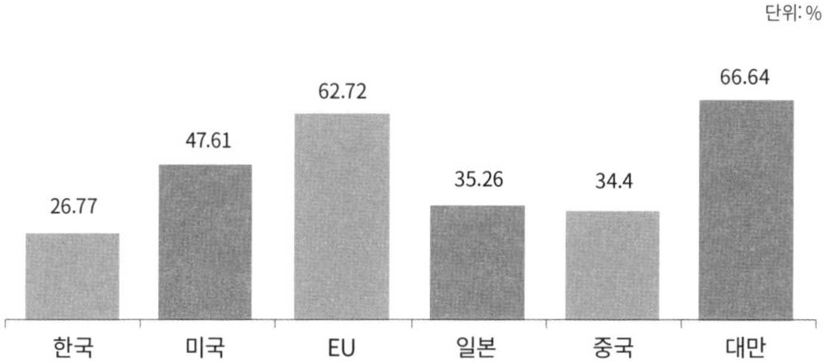

단위: %

출처 : 매일경제신문

있다. 아무리 배당 성향이 좋아 보인다고 하더라도 안정적이지 못해서 주가가 하락한다면 배당으로 얻은 것을 주가 하락으로 날릴 수도 있다. 달러가 안전자산으로 기능하는 만큼 미국 주식시장 역시 안전한 투자처로 인식되고 있다.

세 번째 이유는 '작전'과 관련된다. 특히 우리나라는 작전세력이 기업의 규모를 가리지 않고 주가를 흔들어 놓아 선의의 피해자들이 생기는 일이 종종 있다. 미국은 이러한 행위에 엄격하게 대응하도록 시스템이 갖춰져 있기 때문에 적어도 사기당해서 피해를 보는 일은 피할 수 있다는 믿음이 있다.

네 번째 이유는 이제 우리나라에서도 미국 주식에 대해 개인이 편리하게 거래할 수 있도록 시스템이 갖춰졌기 때문이다. 과거 해외 주식 거래 계좌를 개설하려면 영업점을 방문해야 했지만 지금은 비대면 개설도 가능하다. 주식 거래 관련 앱을 통해 쉽게 미국 주식을 사고팔 수 있기 때문에 이러한 접근 편리성이 미국 주식에 대한 거래를 키우고 있다(해외 주식 투자에 대해서는 별도의 장에서 자세히 설명하도록 하겠다. 여기서는 일단 해외 주식에 대한 배당주 투자도 가능하다는 점만 일단 알아두자).

배당주 투자 방법

배당주 투자는 일반 주식 종목의 거래와 절차와 방법이 같다. 앞서 설명했던 바와 같이 따로 배당주라는 항목이 있는 것이 아니기 때문에 종목을 선정할 때 배당 성향이 높은 주식을 고르는 게 문제다. 배당주 투자는 쉽게 생각하면 매우 간단한 투자 방법이다. 배당 성향이 높은 주식을 매수하기만 하면 된다. 배당금이 많을수록 좋은 것은 물론이다. 하지만 배당주 투자를 이런 식으로 간단하게만 생각할 수 없는 이유는 배당 성향 하나만 볼 수 없기 때문이다.

이는 마치 부동산의 상가 투자와 비슷하다. 상가를 사서 임대료는 꾸준히 들어오더라도 상가 가격이 계속 하락한다면 제대로 수익을 얻는 것이라 할 수 없다. 좋은 배당주를 고르는 것은 좋은 상가를 고르는 것과 같다. 상가 투자에서는 임대료가 안정적으로 꾸준히 잘 들어오는 것은 물론이고, 시간이 갈수록 임대료를 올려 받을 수 있어야 하며, 그에 따라 상가 가격도 함께 올라가는 것이 최적의 투자다. 배당주도 꾸준한 배당과 함께 주가 상승을 통해 수익을 얻는 것이 최선의 경우가 된다.

좋은 배당주를 고르기 위해서는 분명한 기준을 세워야 한다. 우량주가 아니더라도 배당수익률을 우선할 것인지, 배당수익률을 양보하더라도 우량주를 고를 것인지에 대한 선택도 필요하다. 배당주 투자 또한 다른 주식 투자와 마찬가지로 몇 개의 종목에 나누어 분산투자 하는 것도 좋은 방법이다.

우선 우량주가 아니더라도 배당수익률이 높은 주식을 매수하는 경우를 살펴보자. 방법은 간단하다. 인터넷에서 해당 종목을 검색하여 지난해 배당금을 현재의 주가로 나누어 배당수익률을 계산해 보는 것이다. 이때 주의할 것은 지난해만 보는 것이 아니라 그 이전의 3년 전까지 배당금을 확인해보는 것이다. 과거에 어떤 성향을 보여줬는지를 살펴보면 올해를 비롯하여 향후의 배당도 짐작해 볼 수 있다.

〈표 3-7〉을 보자. 2019년 결산을 마감하고 2020년에 실시한 배당금 현황을 보면 영업이익이 줄었음에도 배당금을 줄이지 않고 오히려 늘린 기업도 있다. 배당주를 선택할 때는 이런 점도 참고하는 것이 좋다. 참고로 10년간 배당을 줄이지 않는 기업들도 코스피에 다수 있다.

〈표 3-7〉 코스피 시총 상위권 기업 배당금 현황

단위: 원, %

구분	주당배당금	증감 여부	영업이익 증감률	구분	주당배당금	증감 여부	영업이익 증감률
네이버	376	증가	-24.7	포스코	10,000	동일	-30.2
LG생활건강	11,000	증가	13.2	SK텔레콤	10,000	동일	-7.6
신한지주	1,850	증가	12.2	삼성생명	2,650	동일	-51.5
KB금융	2,210	증가	5.2	LG전자	750	동일	-9.9
기아차	1,150	증가	73.6	KT	1,100	동일	-8.8
삼성SDS	2,400	증가	12.8	LG유플러스	400	동일	-7.4
하나금융지주	2,100	증가	3.9	현대중공업지주	18,500	동일	-22.6
삼성전기	1,100	증가	-36.2	삼성카드	1,600	동일	-6.0
현대글로비스	3,500	증가	23.4	오리온	600	동일	16.0
삼성전자	1,416	동일	-52.8	GS	1,900	동일	-8.1
현대차	4,000	동일	52.1	현대제철	750	동일	-67.7
삼성SDI	1,000	동일	-35.3	포스코케이칼	400	동일	-15.5
삼성물산	2,000	동일	-21.5	호텔신라	350	동일	41.5

출처 : 매일경제신문

배당수익률만을 놓고 본다면 우선주에 투자하는 것도 좋은 방법이다. 우선주란 주주로서의 의결권을 포기하는 대신 배당을 추가로 더받을 수 있는 주식을 가리킨다. 기업 입장에서는 경영권을 안정적으로유지할 수 있어 좋고, 투자자는 배당을 더 받을 수 있어 좋은 주식인셈이다. 우선주는 일반적인 경우 배당을 1% 정도 추가로 받을 수 있으나, 주가는 보통주에 비해 낮게 형성된다는 특징이 있다.

배당주 투자의 수익률을 판단할 때는 은행 정기예금 금리와 비교해보면 좋다. 은행 금리가 연 1~2%를 정도인 현 상황에서 배당 성향이2%를 넘는다면 그 배당주는 매력이 있는 것이라 볼 수 있다.

배당주 투자 시 유의사항

① 손실 발생 가능성

최적의 배당주 투자는 배당도 받고 주가도 상승하여 일거양득의 효과를 얻는 투자다. 예를 들어 A라는 주식을 주당 1만 원에 샀는데 연말에 10%의 배당을 받고 주가 또한 2만 원으로 상승했다면 그보다 더 좋을 순 없다. 하지만 그런 경우는 흔치 않다. 그래서 욕심을 부리기보다는 안정성을 택하는 것이 좋다. 여기서 중요한 것이 주가 하락의 가능성이다.

A라는 회사의 주식에 대해 다시 생각해 보자. 주당 1만 원에 매입하여 10% 배당을 받아 1,000원을 얻었는데 주가가 하락하여 5,000원이 되었다면 실질적인 수익은 4,000원 마이너스가 된다. 여기에 배당수익에 대해서는 세금이 붙기 때문에 손실액은 조금 더 늘어나게 된다(참고로 배당수익에 대한 세금은 개인의 종합소득에 포함되어 금융소득과 합쳐 과세한다. 다만 이자소득, 배당소득이 2,000만 원 이하인 경우 소득세 14%와 지방세 1.4%를 합친 15.4%로 분리과세가 된다).

〈표 3-8〉 종합소득세율표

과세표준	세율(%)	누진공제
1,200만 원 이하	6	
1,200만 원 초과~4,600만 원 이하	15	108만 원
4,600만 원 초과~8,800만 원 이하	24	522만 원
8,800만 원 초과~1억 5,000만 원 이하	35	1,490만 원
1억 5,000만 원 초과~3억 원 이하	38	1,940만 원
3억 원 초과~5억 원 이하	40	2,540만 원
5억 원 초과	42	3,540만 원

② 배당금 하락 가능성

배당주 투자를 통해 배당금을 꾸준히 높게 받을 수 있다면 좋겠지만 배당금이 예측의 범위를 벗어나 과하게 하락하는 경우가 있다. 즉 일정해 보이던 배당 성향이 갑자기 달라지는 것이다. 일례로 에스오일S-Oil을 들 수 있다. 에스오일의 배당금을 보면 결산년도 기준으로 2014년에서 2017년까지 배당금이 '150원 → 2,400원 → 6,200원 → 5,900원'을 기록하며 꾸준히 상승 추세를 보였다. 만약 이러한 배당금 추세를 믿고 2018년이나 2019년에 투자한 사람이라면 당황할 수밖에 없는 상황이 발생한다. 에스오일의 2018년 배당금은 750원이었고, 2019년에는 더 떨어져 200원에 불과했기 때문이다. 회사의 실적 하락이 주요 이유라 하는데 투자자들 입장에서는 당황스러울 수밖에 없다. 그래서 배당 성향에 대해 보통은 최근 3년간의 실적을 검토하라고 하지만 에스오일과 같은 상황이 발생할 수도 있으므로 5년 이상의 배당 성향을 검토하는 것이 필요하고, 그 회사의 당해년도 실적을 확인하는 것도 필요하다.

③ 초과 배당으로 인한 손실

투자자 입장에서는 배당을 많이 받으면 고마운 일이지만 기업 입장에서는 배당하는 만큼 기업의 연구개발이나 공장 증설 등의 투자 활동에 필요한 재원이 줄어들게 된다. 이렇게 보면 배당이 많다고 항상 좋은 것은 아니다. 기업이 자신의 역량에 비해 과하게 배당하는 것을 초과 배당이라고 하는데, 초과 배당을 하는 회사에 대해서는 주의가 필요하다. 일례로 두산의 경우 2018년 결산 후 적자임에도 배당을 실시했다. 이때 두산은 당기순이익이 마이너스 3,400억 원 수준이었는데 당기순이익 500억 원일 때와 비슷하게 배당을 실시했던 것이다. 심지어 회사가 이익을 내던 직전 2년간 주당 배당금이 5,100원이었는데, 2018년에는 적자였음에도 배당금을 기존보다 100원 오른 5,200원으로 책정했다. 이는 외부에 공개하지 못할 기업 내부적인 상황이 따로 있었을 거라 짐작할 수 있다. 이런 상황에서는 배당금이 많더라도 투자자 입장에서 걱정될 수밖에 없다. 배당금을 많이 받는 것은 좋으나 정상적인 배당이 아닐 경우 회사가 잘못된 방향으로 나아가 주가가 하락할 수 있기 때문이다. 실제로 두산은 2020년에 그룹 전체에 대한 위기설이 나오는 등 어려움에 처해 있다.

투자 지표

- 투자 적정 금액 : 300만 원 ~ 5,000만 원
- 투자 난이도 : 하(배당수익률을 기준으로 판단할 수 있어 비교적 쉬움. 단, 향후 전망을 고려해야 하는 지혜가 필요함)
- 적합한 성향 : 중립적 투자 성향(급락과 급등의 위험을 제거한 투자임)

06
테마주
: 소문에 살고 소문에 죽는다

핵심 요약

    테마주 투자는 기업의 실제 가치와는 무관하게 단기성 호재를 믿고 투자하는 방법을 가리킨다. 선거 때에는 정치인 테마주가 있고, 계절마다 각 계절에 맞는 테마주들이 있다. 이러한 테마주 투자는 하이리스크-하이리턴(고위험-고수익)의 특징을 가진다. 테마주는 기업의 회계장부와 재무제표를 기반으로 하지 않고 단지 소문과 예측에 근거하기 때문에 작전세력에 의해 피해를 볼 수도 있다. 테마주에 대한 가장 좋은 접근 방법은 미리 테마주로 관심이 쏠리기 전에 매입하여 관심이 최고조에 이르렀을 때 처분하는 것이다. 하지만 개인투자자로서는 이러한 타이밍을 잡는 것이 매우 힘들다. 그 때문에 소액으로 경험 삼아 투자해보는 것은 나쁘지 않지만 상당한 위험이 있으므로 적극적으로 뛰어들기보다 이런 투자법도 있다는 정도로만 알아두자.

테마주 투자 방법

테마주 투자의 기본개념부터 살펴보기로 하자. 우선 테마주라는 말은 일본어의 'テ-マ株'를 그대로 한국어로 옮긴 것이고, 영어로 'theme'과 주식의 '株'를 합성한 단어다. 재테크라는 말이 재물을 뜻하는 '財'와 기술을 뜻하는 'tech'가 합성된 것과 마찬가지다. 테마주는 상장 주식 가운데 하나의 주제를 가진 사건에 의해 같은 방향으로 주가가 움직이는 종목군을 가리킨다. 여기서 주제, 즉 테마는 자원개발, 유력정치인의 당선 가능성, 신약개발 등 그 종류가 매우 다양하다.

어떠한 호재 또는 테마가 있을 때 해당 기업의 주가 상승은 당연한 일일 수 있다. 문제는 주가 상승에 작전세력이 가세해 주가 변동 폭을 키우거나, 해당 기업이 가진 가치보다 훨씬 높은 수준에서 주가가 형성되는 경우다. 테마주는 과열이 될 경우 여러 전문가와 정부 기관이 '위험하다' 판단하여 주의하라고 요구하기도 한다.

테마주는 양날의 검이라 할 수 있다. 주가의 상승과 하락이 매우 극단적이기 때문이다. 대표적인 예가 주식회사 안랩의 주가다. 안랩의 CEO 안철수는 2011년부터 대선 출마설이 나오기 시작했다. 그러자 이전까지 2만 원 밑으로 거래되던 안랩의 주가는 2012년 1월 폭등하여 16만 원을 넘기도 했다. 하지만 2012년 말 안철수의 불출마 선언 이후 주가는 다시 3만 원 수준으로 폭락했다(안랩의 2020년 5월 4일 기준 주가는 6만 원 밑으로 형성되어 있다).

정치인 안철수가 보여주는 행보에 따라 안랩의 주가가 요동치는 모습을 보였는데, 테마주는 이런 식으로 테마(여기서는 '안철수'라는 테마)에 따라 극단적인 흐름을 보이게 된다. 그래서 '위험하다'는 정부 당국의 경고가 괜히 하는 경고가 아닌 것이다. 그래서 코로나19 사태로 주가가 요동칠 때도 정부는 '코로나 테마주에 대한 신중한 투자가 필요합니다'라는 보도자료를 내보내고 코로나 테마주로 일컬어지는 주식들에 대한 투자에 유의할 것을 당부하기도 했다. 보도자료에 나온 구체적인 내용은 테마주에 대한 경각심을 높여줄 수 있으므로 간략하게 그 내용을 살펴보도록 하자.

코로나 테마주는 주가 등락률이 현저하게 크고, 예측이 어려워 투자 위험이 매우 높으므로 투자 시 다음 사항에 특히 유의하기 바란다.
① 기업의 실적과 무관하게, 단순히 코로나 관련 테마 등에 편입됨에 따라 주가가 급등락하는 경우 손실 발생 가능성이 높음. 특히, 현재 집중 모니터링 중에 있는 코로나 진단·백신 관련주 중 일부 종목은 호재성 공시로 주가가 상승한 후 급락하는 양상을 보임. 해당 기업도 불측의 투자자 피해가 발생하지 않도록, 시장 변동성이 큰 상황에서 확정되지 않은 사항 등에 대한 보도와 공시에 신중을 기해 줄 필요가 있음.
② 주식 게시판, SNS, 문자메시지 등을 통한 미확인 정보(백신 개발 예정 및 유사 치료제 효능 등)의 유포는 매수 유인 목적일 가능성이 높으므로 투자에 유의할 필요가 있음. 주식 투자는 원금 보존이 되지 않고 상한가/하한가의 폭도 30%인 고위험 고수익 투자 방법인데, 테마주는 주식 중에서 가장 위험한 방법이라 할 수 있음. 기업의 실적과 이익 등에 대한 분석 없이 정치인 누구, 무슨 신약개발 등등 솔깃한 이야기들을 통해 투자를 유혹하기 때문임.

테마주가 매우 위험한 투자 방법임에는 틀림없으나 역발상을 해본다면 테마주를 통해 수익을 얻는 것이 불가능한 것은 아니다. 그것은 바로 주식 투자의 가장 기본원칙인 '싸게 사서 비싸게 판다', '무릎에 사서 어깨에 판다'는 원칙만 지키면 얼마든 가능한 일이다(다만 그 원칙을 지키기가 매우 힘들다는 것이 문제다).

안랩을 예로 들어보자. 안랩은 정치인 안철수의 행보에 따라 그 흐름이 급등과 급락하는 모습을 보였다. 안랩의 흐름은 간단하다. 정치인 안철수의 행보가 바로 안랩의 주가와 같다. 선거 한참 이전에는 비교적 낮게 주가가 형성되어 있다가 출마 선언을 하면 급등하고, 다시 선거 결과가 나오면 낮아지는 패턴을 보이고 있다. 안랩이라는 테마주에 투자한다면 좋은 매입 시기는 매번 선거 직후라 할 수 있다. 반대로 좋은 매도 시기는 정치인으로서 활발한 활동을 보이며 '이번에는 결과가 좋을 것 같다'라는 기대가 가장 큰 시기다.

2020년 선거 결과는 또 다른 테마주의 위력을 보였다. 바로 국회의원 이낙연 관련주다. 이낙연 전 총리가 국회의원에 당선되고 유력한 대선후보로 세간에 입이 오르자 이 전 총리의 친동생이 대표이사로 있는 기업의 주가가 요동을 쳤다. 한 기술회사는 이낙연 전 총리와 각별한 친분이 있다는 이유로 주가가 급등하기도 했으며, CEO가 이낙연 전 총리와 같은 고등학교 출신이라는 이유로 테마주로 편입되는 종목이 있기도 했다. 정치인 한 사람의 입지가 직간접적으로 기업들의 주가에 영향을 미친 것이다.

테마주는 결국 '하나의 주제를 가진 사건에 의해 같은 방향으로 주가가 움직이는 종목군'인데 정치인 안철수, 국무총리 이낙연은 그 존재감으로 인해 자체 테마주를 형성한 것이다. 이러한 테마주는 기업의 실적 개선, 이익 증가와 직접 관련이 없음에도 급등하거나 급락하는 모습을 보인다. 테마주의 특성을 잘 파악할 수 있다면 어떤 테마가 본격적으로 투자자들의 투자심리를 자극하기 전에 매입하여 기대감이 최고조에 이르렀을 때 매도하는 방법으로 수익을 얻을 수 있다. 테마주 자체가 다 나쁜 것은 아니다. 그중에는 기업 실적과 향후 전망이 좋은 기업도 있다. 하지만 어떤 테마주라도 제대로 알아보지 않고 솔깃한 마음에 투자했다가는 손실을 볼 수 있으므로 주의해야 한다.

테마주의 종류

경제흐름, 사회현상, 기술발전 등에 따라 매번 새로운 테마주가 등장했다. 대표적으로 계절주, 기술주, 원자재주, 금융주, 증권주 등등의 이름이 붙기도 한다. 어떤 사이트에서는 유료로 테마주 정보를 정리해서 제공하고 있기도 하고, 증권사에서는 테마주를 정리해서 투자자들이 주식 투자를 할 수 있도록 주식거래시스템을 제공하고 있다. 미래에셋대우 HTS 카이로스는 2020년 1월 20일 기준으로 203개의 테마를 제공하고 있는데, 그중 일부를 살펴보면 다음과 같다.

시스템반도체/줄기세포/2차전지/드론Drone/아스콘(아스팔트 콘크리트)/증강현실AR/아이폰 관련주/4대강 복원/마스크/메르스 코로나 바이러스/여행/GTX(수도권 광역급행철도)/치매 관련주/원자력발전소 해체/클라우드 컴퓨팅/북한 광물자원개발/제약업체/구충제(펜벤다졸등)/남북경협/남-북-러 가스관사업 등

국내 최고의 종목이라는 삼성전자 역시 그 자체로 테마주라 할 수 있다. 2020년 3월 동학개미운동으로 불릴 만큼 개인투자자들이 주식 투자에 집중했을 때 삼성전자가 개인투자자들의 주요 매수 대상이

었기 때문이다. 2020년 3월 한 달간 외국인투자자들이 5조 원 가까이 매도처분을 하던 시기에 개인투자자들이 이 물량을 대부분 받아내기도 했다. 이때 개인투자자들이 생각했던 테마는 '가격'이었다. 당시 삼성전자는 7만 원 돌파를 눈앞에 두던 시점에서 코로나19로 인해 주당 4만 원대까지 가격이 하락했다. 이때 개미투자자들 사이에서는 '삼성전자가 무너지면 대한민국도 없다'는 강한 믿음과 가격회복에 대한 기대감이 크게 작용했다. 삼성전자의 향후 실적이 미지수인 상황에서 '가격 회복'이 가능할 것이라는 믿음 그 자체가 테마였던 것이다. 2020년 5월부터 대략 2022년까지 국내 증시에 있어 예상되는 몇 가지 테마를 정리해보면 아래와 같다.

① 정치인/선거 테마

정치인과 선거 테마는 당선 가능성에 따라 극명한 흐름을 보인다. 다만 이러한 정치인 테마주들은 선거 이후 대부분 폭락에 가까운 흐름을 보이기 때문에 당선 기대감이 가장 높을 때 처분하는 것이 현명한 접근이다. 대한민국 정치에서 가장 강력한 테마인 대통령/국회의원 선거를 기준으로 몇몇 정치인 관련 기업들이 정치인 테마주로 분류되고 있다.

〈아주경제〉 2019년 1월 22일 자를 보면 '테마주 투자는 왜 위험할까'라는 기사가 있다. 그 기사에 소개된 자본시장연구원의 발표자료에 의하면, 16대~18대 대통령 선거 시기에 상위 두 후보와 관련돼 언론에서 보도됐던 정치 테마주는 60개 정도였는데, 이 중 5일 이내에 정상 수익률을 20% 이상 초과해 급등한 주식은 43개에 달했다고 한다. 이렇게 급등한 43개 주식 가운데 당선자 종목들은 대선 다음날도 상승했으나 낙선자 관련 종목들은 하락했다. 다만, 선거일 이후 5일이 경과하면 승자나 패자와 관계없이 대부분의 정치 테마주는 이전의 초과 상승분이 소멸됐다고 한다. 당선 여부에 상관없이 5일이 경과하면 테마주 이전의 가격으로 돌아간 것이다. 정치 테마주에서는 이 점을 주시해야 한다. 정치 테마주에 해당하는 기업들은 당연하게도 정치인과의 연결이 없음을 항상 공시한다. 그런데도 정치인 누구와 친하더라 하는 테마주는 매번 선거 때마다 투자의 대상이 되고 있다.

② 남북경협 테마

남북경협 테마는 남북 간의 긴장 관계가 심해지냐 완화되느냐에 따라 등락을 반복한다. 기존의 남북경협은 남북한 두 당사자에 의해 추진이 가능했으나 최근 미국이 대북경제제재를 시행함으로써 미국의 상황 역시 고려해야 하는 테마이기도 하다.

③ 국제유가 테마주

국제유가는 원자재투자 등의 파생상품으로도 접근이 가능하고, 국제유가의 움직임에 따라 수혜를 입는 기업에 직접투자하는 방법도 있다(파생상품으로서의 국제유가는 '원유 투자' 항목으로 별도로 지면을 할애하여 설명하도록 하겠다).

④ 코로나 테마

코로나는 전 세계의 모든 것들을 바꿀 만큼 강력한 이슈이기 때문에 제약부터 IT기업까지 모든 지역, 모든 업종 그리고 모든 사람에게 영향을 미칠 수밖에 없다. 코로나로 직접 영향을 받는 업종으로는 치료제 관련 업종, 진단키트 관련 업체(분자진단/항체진단), 의료기기 업종(원격의료 및 음압병실), 방역 업종, 물류배송 업종, 온라인교육 업종 등이 있다.

테마주 투자 시 유의사항

테마주를 성장주로 착각하면 안 된다. 테마주는 테마가 지속될 때에는 상승하다가 테마가 끝나거나 실망감을 주게 되면 테마 반영 이전으로 주가가 내려가게 된다. 이에 비해 성장주는 테마의 반영 여부와 상관없이 기업 자체의 성장성을 기반으로 주가 흐름이 만들어지기 때문에 등락을 반복하지만 장기적으로 우상향하는 흐름을 나타낸다. 이런 까닭에 테마가 생겼을 때 투자한 다음 지속 보유하면서 장기투자를 하겠다는 전략은 위험할 수 있다.

테마주 투자에서 가장 좋은 경우는 시장의 흐름을 분석하고 예측해서 테마가 본격적으로 시장에 알려지기 전에 미리 해당 테마가 있는 기업의 주식을 매수한 후, 테마가 세상에 널리 알려지고 투자자들의 관심을 모을 때 처분하는 것이다. 말 그대로 소문에 사서 뉴스에 팔라는 뜻이기도 하다. 하지만 과연 언제가 뉴스 수준인지, 팔아야 할 어깨 수준의 가격이 어느 정도인지 판단하는 것은 매우 어렵다. 테마주는 단기투자, 즉 스윙에 적합하고 성장주는 장기투자에 적합하다. 두 종목의 근본적인 차이를 미리 인식하고 테마주에 장기투자하는 일이 없도록 주의하도록 하자.

또 다른 주의사항으로는 테마는 거품과 같다는 사실을 직시해야 한다는 것이다. 해당 기업의 주가가 이익 증가를 기반으로 하지 않기 때문에 거품처럼 올라간 주가는 거품처럼 꺼질 수 있다. 단기 관점에서 수익을 기대한다면 조금이라도 테마로 인해 상승했을 때 처분하겠다고 마음먹는 것이 좋다. 욕심을 부려 테마주에 빠지게 되면 많은 경우 부정한 작전세력에 의해 손해를 볼 확률이 아주 높다.

투자 지표

- 투자 적정 금액 : 100만 원 ~ 200만 원
- 투자 난이도 : 상(소문 듣고 사는 투자 방법. 기업 재무제표를 몰라도 가능. 하지만 수익을 내기가 매우 어렵다는 점에서 각별한 주의를 요한다)
- 적합한 성향 : 공격적 투자 성향(테마주 투자는 대표적인 하이리스크-하이리턴 투자다)

07
해외 주식
: 세상은 넓고 주식은 많다

핵심 요약

해외 주식 투자는 국내가 아닌 미국, 중국, 일본 등 해외 기업의 주식에 투자하는 것을 말한다. 최근 각 증권사들이 해외 주식 투자를 손쉽게 할 수 있도록 시스템을 준비 완료했기 때문에 해외 주식 투자라 해도 국내 주식 투자와 비교해 불편함이나 번거로움이 없다. 게다가 국내 주식 투자보다 더 높은 수익률을 기대해 볼 수도 있고 더 높은 배당수익도 기대해 볼 수 있기에 투자자들의 관심이 점점 올라가고 있는 상태다. 다만, 세금과 환율이라는 복병이 있기 때문에 이를 잘 따져보고 투자를 해야 한다.

해외 주식 투자가 뜨는 이유

2020년 들어 해외 주식 투자에 대한 관심이 뜨겁다. 왜 투자자들은 국내를 벗어나 해외 주식에까지 관심을 가지는 것일까? 언뜻 생각해 보면 해외 기업은 국내에 있지 않고 외국에 있기 때문에 정보를 얻기도 쉽지 않고 그 활동을 파악하기도 어려워 보인다. 하지만 이런 불리함에도 불구하고 해외 기업에 대한 투자가 늘어나는 것은 분명 무언가 이유가 있기 때문이다.

우선 해외 주식 투자를 위한 환경이 변하고 발전한 것을 그 이유로 들 수 있다. 인터넷의 발달로 정보의 비대칭성이 어느 정도 해소되었고 대한민국의 투자자들 또한 더 똑똑해졌다. 과거에는 증권사 창구에서 창구 직원이 추천해주는 주식을 맹목적으로 사던 시기가 있었다. 그때는 일반인이 기업에 대한 정보를 얻기가 힘들었기 때문에 그럴 수밖에 없었다. 하지만 이제는 정보 환경이 완전히 바뀌었다. 인터넷을 통해 투자자들 스스로 종목을 분석하고 발굴할 수 있는 지식이 쌓였고, 여기에 더해 주식 관련 각종 인터넷카페나 커뮤니티를 통해 해외 주식에 대한 정보를 얻을 수 있게 됐다. 게다가 TV 채널을 계속 돌리다 보면 CNN을 비롯한 블룸버그 등의 해외 뉴스 채널이 24시간 세계 각국의 정보를 쉴새 없이 전해주기도 한다. 해외 주식에 대한 정보를 직접적으로 얻을 수 있으니 해외 투자에 대한 낯섦과 두려움이 많이 해소된 것이다.

해외 주식시장에 있는 대기업들은 더 이상 우리에게 낯설지 않다. 오히려 한국의 어지간한 대기업들보다 해외 대기업들에 대해 더 많은 정보를 접한다. 미국의 애플, 스타벅스, 구글, 페이스북, 마이크로소프트 등은 물론이고 중국의 알리바바, 화웨이, 텐센트, 샤오미 같은 기업들도 우리에게 낯설지 않다. 미국을 비롯한 해외 글로벌기업에 대한 친숙함이 해외 주식 투자에 대한 망설임을 없애주는 것이다.

해외 주식 투자가 간편해졌다는 기술적 이유도 중요하다. 예전에는 해외 주식에 투자를 하려면 복잡한 과정을 거쳐야 해서 투자하기가 망설여졌다. 하지만 이제는 복잡한 과정 없이 국내 주식을 거래하듯 스마트폰만으로도 거래할 수 있으니 접근성에서 큰 장애물이 사라져 버렸다.

수익률 측면에서도 해외 주식 투자에 대한 욕구가 상승한 것도 큰 이유다. 국내 주식시장의 경우 장기간 횡보를 거듭하면서 주식에 대해 직접투자를 하든 간접투자(펀드)를 하든 높은 수익률을 기대하기 힘들었다. 이에 비해 해외 주식시장은 상대적으로 다이내믹한 모습을 보였다. 해외의 신생 IT 기업들이 무섭게 성장하여 주가가 로켓처럼 솟아오르는 모습들은 국내 주식 투자자들이 해외 주식으로 눈을 돌려 높은 수익률을 기대할 수 있도록 했다.

여기에 더해 우리나라 주식의 하루 변동 폭이 상한선/하한선 각 30%임에 비해 미국의 경우 그러한 제한이 없다는 점도 주식 투자자들의 흥미를 끌었다. 미국에서는 한번 상승세를 타면 하루에 50%나 100%의 수익도 가능하니 위험부담을 안더라도 큰 수익을 노리는 투자자들이 특히 미국 주식시장에 많이 몰리게 되었다. 이러한 배경을 바탕으로 해외 주식 투자, 특히 미국의 주식에 대한 투자는 더 이상 소수를 위한 투자 방법이 아닌 대중의 투자 방법으로 변모하고 있다.

실제 해외 주식 투자 거래금액의 추이를 살펴보면 시간이 지날수록 그 거래 규모가 점점 증가하는 모습을 발견할 수 있다. 한국예탁결제원 발표자료에 의하면 2015년 376억 달러였던 해외투자 규모가 2016년 613억 달러, 2017년에는 917억 달러, 2018년에는 1,097억 달러, 그리고 2019년 1,712억 달러로 급증하고 있다. 대략 5년 만에 거래

규모가 3배로 증가한 것을 알 수 있다.

해외 주식에 투자하는 방법

해외 주식 투자는 국내 주식 투자의 방법과 큰 차이는 없다. 증권사에서 계좌를 개설하고 원하는 종목을 매수와 매도하는 것이 전부다. 다만 국내가 아닌 해외라는 점 때문에 막연한 두려움과 걱정이 있을 수 있다. 주의할 것은 두 가지인데, 하나는 세금이고 다른 하나는 환율이다(이에 대해서는 마지막 유의 사항 부분에서 자세히 설명할 것이다).

해외 주식거래는 총 3단계로 나뉜다. 첫 번째 단계는 계좌개설이다. 먼저 금융기관에 해외 주식거래가 가능한 계좌를 개설하는 것부터 시작한다. 계좌를 개설하는 방법은 국내계좌를 개설하는 것과 동일하다. 증권사에 직접 방문해서 계좌를 개설한 후 '해외증권 거래'를 신청하는 방법도 있고, 굳이 영업점을 방문하지 않아도 증권사 홈페이지 또는 스마트폰 앱을 이용해 비대면으로 계좌를 개설할 수도 있다.

두 번째 단계는 입금이다. 해외 주식을 거래하기 위해서는 미리 증권사에 투자금을 입금해야 한다. 국내 주식을 거래한다면 당연히 원화를 쓰지만 해외 주식은 외화가 필요하다는 것이 차이점이다. 외화를 입금하는 방법은 두 가지다. 하나는 원화를 입금해서 해당 투자국의 통화로 환전하는 과정을 거치는 것이고, 또 다른 방법은 처음부터 해당 국가의 통화를 입금하는 것이다. 원화를 환전하는 것이 비교적 간단하고 많이 쓰이는 방법이다.

마지막 세 번째 단계는 매수 주문을 넣는 것이다. 국내의 일반 주식을 거래하듯 해외의 주식을 자유롭게 주문하고 거래하는 단계다. 이 단계에서 애플의 주식이든 페이스북의 주식이든 내가 사고자 하는 주식을 자유롭게 사면 된다. 단, 국가마다 통화가 다르고 거래시간이 다르다는 점도 미리 알아두자.

　미국 주식에서는 일명 마가MAGA 주식이 당분간 계속 인기를 끌 것으로 예상된다. 마가란 마이크로소프트Microsoft, 애플Apple, 구글 Google, 아마존Amazon의 머리글자를 딴 것이다. 미국 내에서는 '미국을 다시 위대하게 만들자Make America Great Again'라는 의미로 쓰인다. 마가 주식의 가장 큰 장점은 글로벌기업답게 전 세계에서 투자 자금이 계속 몰린다는 것이다. 여기에 국내 증시처럼 작전세력의 개입 여지도 별로 없다는 점도 장점이라 할 수 있다. 마가 주식은 기업활동이 투명하게 알려져 있기 때문에 부정을 저지르거나, 회사대표가 횡령 혐의를 받지 않는다는 점이 신뢰를 얻는다. 해외 주식 중 특히 미국 주식에 처음 입문할 계획이라면 우선 마가 주식부터 시작하기를 권한다(코로나 19가 테마로 작용하여 수혜를 입은 넷플렉스와 같은 기업들은 코로라19 이후에 움직임이 어떻게 될지 불확실성이 있기에 좀 더 지켜봐야 할 듯하다).

　추천하는 김에 추가할 것이 있다. 바로 미국 배당주인데, 앞서 배당주 투자 부분에서 설명할 때 짧게 언급했던 바와 같이 미국 배당주 투자는 주식 자체의 주가 상승으로 인한 시세차익과 안정적인 배당수익을 함께 기대할 수 있는 투자이기도 하다.

　미국의 경우 배당 성향이 특히 강하다. 기업이 주주를 위해 경영활동을 한다는 문화가 자리 잡았기 때문이다. 배당은 미국 주식의 또 다른 매력이라 할 수 있는데, 고맙게도 3개월마다 배당을 실시하는 기업들이 대부분이다. 미국 주식에 투자한다면 시세차익에 더해 배당을 통해 수익을 얻는 것도 가능하다. 미국 주식의 배당 정보는 몇 군데 사이트에서 확인할 수 있는데, 좀 더 쉽게 찾아볼 수 있는 곳이 'www.

seekingalpha.com'이다. 이 사이트에서 애플의 배당 현황을 확인하고자 한다면 맨 위 검색창에 'APPLE'을 입력하면 'AAPL Aple Inc.'로 메뉴가 안내된다. 마이크로소프트의 경우 'MSFT Microsoft Corporation'으로 안내되어 편리하다(상당수 미국 사이트들이 회사의 종목 약자를 정확히 알아야 검색할 수 있는 경우가 많아 불편한 점이 있다).

〈그림 3-11〉을 보자. 'Dividend Summary'에 몇 가지 항목이 보인다. 우선 가장 왼쪽의 'DIVIDEND YIELD(FWD)'와 'ANNUAL PAYOUT(FWD)'는 각각 연간 예상 배당수익률과 연간 예상 배당금을 가리킨다('Annual'은 '연간'을, FWD는 'Forward'의 약자로 '향후 예상'임을 나타낸다). 'PAYOUT RATIO'는 배당 성향으로 회사의 이익 중 몇 퍼센트를 주주들에게 배당으로 지급하는가를 나타낸다. '5 YEAR GROWTH RATE'는 최근 5년간 배당성장률을 가리키고, 마지막

〈그림 3-11〉 애플의 배당 성향(2020년 7월 7일 기준)

AAPL-Apple Inc.

372.75 ▲ 8.64(2.37%)

NASDAQ | 3:17 PM 7/6/20 IEX real time price

Summary Ratings Financials Earnings Dividends Value Growth Profitability Momentum Peers

Dividend Scorecard | Diviednd Yield | Yield on Cost | Diviednd Growth | Dividend History | Dividend Safety | Dividend News | Estimates

Dividend Summary				
DIVIDEND YRELD(FWD)	ANNUAL PAYOUT(FWD)	PAYOUT RATIO	5YEAR GROWTH RATE	DIVIDEND GROWTH
0.90%	$3.28	26.45%	10.49%	7Years

Last Announced Dibidend					
AMOUNT	DECLARE DATE	EX-DIVIDEND DATE	RECORD DATE	PAYOUT DATE	DIVIDEND FREQUENCY
$0.82	04/30/2020	05/08/2020	05/11/2020	05/14/2020	Quarterly

출처: www.seekingalpha.com

'DIVIDEND GROWTH'는 배당금 연속 인상 연수로서 배당금이 몇 년간 성장하고 있는지를 가리킨다.

애플을 예로 들어보면 〈그림 3-12〉에 보이는 것처럼 배당률 DIVIDEND YIELD은 1.08%이고, 연간배당액ANNUALIZED PAYOUT은 3.28달러이며, 배당 성향PAYOUT RATIO은 EPS(주당순이익)의 26.48%임을 알 수 있다. 배당 성장DIVIDEND GROWTH이라는 항목을 통해 7년간 배당액이 증가하고 있음을 확인할 수 있다.

중국 주식은 10억이 넘는 인구의 힘이 작용하여 투자에 유망한 주식이 많다. 〈그림 3-13〉에는 2020년 초 코로나19 사태 발생 전 다수의

〈그림 3-12〉 애플의 배당 현황(2020년 5월 9일 기준)

DIVIDEND YIELD	ANNUALIZED PAYOUT	PAYOUT RATIO	DIVIDEND GROWTH
1.08%	$3.28	26.48%	7 YRS
TECHNOLOGY AVERAGE 0.01%	PAID QUARTERLY	EPS $12.39	

〈그림 3-13〉 주요 기관투자자가 추천한 2020 홍콩증시 유망주

종목명	종목코드	추천 기관수
텐센트	00700	8개
중국평안	02318	8개
알리바바	09988	6개
멍뉴	02319	6개
안타스포츠	02020	4개
메이퇀뎬핑	03690	3개
중신궈지	00981	2개
양밍성우	02269	2개

외국 및 홍콩 기관들이 유망하다고 발표한 '2020 홍콩증시 유망주 리스트'다. 중국 주식에 투자한다면 참고할 만한 정보다.

기타 나머지 국가들은 각자 자료를 검색하여 옥석 가리기를 시행해 보자. 해외 주식 투자를 여러 국가에서 하게 되면 각 국가별로 거래하는 시간이 달라 제대로 잠을 못 잘 수도 있으니 우선은 관심 국가 하나에 집중해서 하는 게 좋다.

해외 주식 투자 시 유의 사항

해외 주식 투자는 많은 부분에서 국내 주식에 투자하는 것과 방식이 크게 다르지 않기 때문에 특별히 어려울 건 없다. 다만 세금과 환율에서는 국내 주식보다 신경 쓸 점이 많다.

예를 들어보자. 국내 주식은 주식매매 차익에 대해서는 별도의 세금이 붙지 않는다. 반면 해외 주식은 주식매매 차익에 대한 세율이 22%다. 그럼 한 번 계산해 보자. 1,000만 원을 주식에 투자하여 1년 후 50%의 수익을 올렸다고 해 보자. 그럼 '원금 1,000만 원+수익 500만 원'으로 총 1,500만 원이 된다. 이 경우, 국내 주식에만 투자했다면 1,500만 원이 온전히 내 몫이 된다. 하지만 해외 주식에 투자를 했다면 수익금 500만 원에 대해 세금을 내야 한다. 해외 주식의 차익에 대한 세금은 앞서 얘기했듯 22%이지만, 그 차익이 250만 원 이하일 때는 면세가 된다. 그래서 500만 원의 수익이 났을 경우 250만 원의 초과분인 250만 원에 대해서만 22%의 세금을 내면 되고, 이를 계산해 보면 55만 원의 세금을 내야 하는 것이 된다(이런 계산은 다른 양도소득세가 없는 것을 전제한 것이다).

그럼 매매 시의 세금부터 다시 한번 살펴보자. 국내 주식은 매매 시

거래대금의 0.25%만 증권거래세 항목으로 붙게 된다. 반면, 해외 주식은 양도차익에 대해 22%의 양도소득세가 발생한다(단, 앞서 설명했듯 부동산 매매 등에서 발생한 다른 양도차익과 합쳐 연간 양도차익이 250만 원이 될 때까지 양도소득세가 면제되고, 250만 원을 초과하는 양도차익에 대해서만 22%의 세금이 붙는다). 또 해외 주식을 보유하고 있으면 배당을 받을 수 있는데, 이 배당에도 세금이 붙는다. 배당에 대한 세금은 국내든 해외든 공통적으로 15.4%의 세금이 부과된다(참고로 이자/배당이 연간 2,000만 원을 넘는 경우 그 초과금액에 대해 금융소득 종합과세가 별도로 계산되는 것도 동일하다).

세금 외에 수수료도 계산해 봐야 한다. 증권사마다 고객 유치를 위해 이벤트를 많이 해서 일괄적으로 수수료율을 제시하기는 어렵지만 대략 국내 주식에는 최대 0.03%까지 수수료가 붙고, 해외 주식은 최대 1%까지 수수료가 붙는다고 보면 된다.

세금과 수수료 외에 고려할 것이 바로 환율이다. 해외 주식에 투자할 땐 원화를 현지통화로 바꿔서 투자하는 것이기 때문에 현지 통화로는 수익을 봤다 해도 이를 내 통장에 넣기 위해 환전하는 경우 오히려 손해를 볼 수도 있다. 예를 들어 미국의 애플 주식을 사는데 환율이 달러당 1,000원일 때 300달러에 1주를 산다고 가정해 보자. 그러면 애플 1주를 사기 위해 필요한 원화는 30만 원이다(1,000원×300달러=300,000원). 나중에 매수한 애플 주식이 10% 상승하여 330달러가 된다면, 원화로는 3만 원의 수익을 본 셈이다. 그런데 그동안 원화가 상승하여 달러당 1,000원에서 900원으로 내려갔다면 어떻게 될까? 330달러를 달러당 900원인 원화로 환전하면 29만 7,000원이 되니 원화로는 오히려 손해를 본 셈이 된다.

환율의 움직임은 워낙 복잡하고 예측 불가해서 이 점이 해외 주식 투자의 위험성이라 할 수 있다. 물론 해외 주식의 가격도 오르고 환율도 유리하게 작용해서, 주식 자체의 시세차익과 함께 환율로 인한 이익(환차익)을 얻는 이상적인 상황도 있을 수 있다. 하지만 그 반대의 경우도 얼마든지 가능하기 때문에 주의를 요한다.

투자 지표

- 투자 적정 금액 : 적립식 50만 원 또는 일시 500만 원
- 투자 난이도 : 중(글로벌기업에 투자하는 것이 오히려 위험성을 줄인다)
- 적합한 성향 : 보수적 투자 성향

※잠깐 상식

주식양도소득세

지금까지 주식을 거래할 때엔 0.25%의 증권거래세만 부담하면 되었기 때문에 주식거래는 비교적 세금에서 자유로운 상황이었다. 그런데 이런 상황은 2023년부터 바뀐다. 바로 '주식양도소득세'라는 완전히 새로운 개념의 세금이 부과될 예정이기 때문이다. 간략하게 내용을 정리하면 다음과 같다. 주식거래를 통해 이익을 얻게 되면 5,000만 원까지는 비과세되지만 5,000만 원 초과하는 이익에 대해서는 20%의 세금을 매기고 5,000만 원 과세표준(이익금-5,000만 원)이 3억 원을 초과하는 이익에 대해서는 즉, 주식으로 3억 5,000만 원 넘게 버는 금액에 대해서는 25%의 세금을 부과할 예정이다. 주식과 주식형펀드에 대해 과세할 예정인데, 대부분의 경우 20%의 세율이 적용될 것으로 예상된다. 정부는 증권거래세를 폐지하면서 주식양도소득세를 부과할 예정이었으나 증권거래세는 이러저러한 이유로 폐지는 어렵고 0.25%에서 0.15%로 조정해 준다는 입장이다. 내야 할 것은 20% 새로 생기고 줄어드는 것은 0.1%인 셈이다. 그럼에도 부디 성투하셔서 25%의 세율을 기분 좋게 적용받길 바란다.

금융 세제 주요 내용

	현행		개정
증권거래세 인하	0.25%	▶	0.23%(21년)/0.15%(23년)
금융투자 소득세 도입 (23년)	이자 · 배당 · 양도 소득에 대해 과세	▶	손실을 공제한 순수익만 과세 손실을 5년 동안 이월하여 공제

출처: 기획재정부

더 알아보기
공매도란 무엇인가

주식 투자와 관련된 뉴스를 보면 '공매도'와 관련된 뉴스가 많이 나온다. 공매도투자로 인해 개미들만 손해를 본다는 뉴스도 있고, 공매도를 나쁜 것으로만 봐서는 안 된다는 뉴스도 있다. 공매도는 주식시장에 많은 영향을 주는 투자 방식인데, 공매도가 법적으로 금지되지 않는 한 계속해서 등장할 것이기 때문에 공매도가 무엇인지에 대해 알아보도록 하자.

공매도의 원리

공매도는 직관적으로 이해하기 어려운 투자 방법이다. 주식이든 부동산이든 매수하였다가 값이 오르면 팔아서 이익을 얻는 것이 일반적인 수익 창출의 방법인데, 공매도는 이와 정반대 방식으로 수익을 창출한다.

먼저 공매도투자의 기본개념과 수익원리를 알아보도록 하자. 공매도란 말 그대로 '없는 것_空'을 판다는 뜻이다. 공매도를 이해하기 위해 먼저 공매도가 아닌 일반적인 경우를 보자. 만약 당신이 A라는 회사의 주식을 1,000원에 샀는데 그 주식이 1,100원으로 올랐을 때 팔게 되면 100원의 이익을 얻는다. 공매도는 이와 반대다. 즉 1,000원짜리 주식을 미리 팔아놓고, 그 주식이 900원으로 내려가면 100원만큼의 이익을 얻는 것이다. 여기서 핵심은 '미리 판다'는 것이다.

더 자세히 풀어보자. A라는 회사의 주식이 있다. 지금 그 주식은 1만 원이다. 이 주식을 공매도한다면 순서는 이렇다. 우선, A라는 회사의 주식을 1주 빌려서 현재 주가인 1만 원에 지금 판다. 그다음 주식을 1주 빌렸으니, 정해진 시점에 다시 1주 사서 갚아야 한다. 주식을 갚아야 할 시점이 되었을 때 만일 주식이 9,000원으로 하락해 있다면 어떻게 될까? 지난번에 주식을 빌려 팔았을 때의 돈은 1만 원이고, 지금 주식값은 9,000원이니 지금 시세로 주식을 사려면 9,000원만 있으면 된다. 결국 1만 원에 산 주식을 9,000원에 다시 사서 갚았으니 1,000원이 남는 셈이다. 그래서 공매도는 주식값이 떨어질수록 이익을 보는 구조다.

그럼 반대의 경우를 생각해 보자. 만일 공매도로 1만 원에 샀던 주식이 갚아야 할 시점에 1만 5,000원으로 상승했다면 어떻게 될까? 1만 원에 산 주식을 1만 5,000원으로 사서 갚아야 하니 5,000원의 손해를 보게 된다. 즉 주가가 상승하면 오히려 손해를 보는 것이다. 공매도는 우선(미리) 팔고 난 다음, 나중에 물건을 사서 갚는 방식이다. 그러니 미리 판 시점 보다 갚아야 할 시점의 가격이 낮으면 이익을 보고, 반대로 미리 판 시점 보다 갚아야 할 시점의 가격이 높으면 손해를 본다.

공매도의 장단점

경제 뉴스에서는 주가 폭락 시 시장안정을 위해 공매도를 금지한다는 이야기를 많이 접하게 되는데 공매도에 문제만 있는 것은 아니다. 공매도에는 유동성 증가, 리스크 헤지, 가격 조정 기능이라는 장점도 있다.

첫 번째 장점인 유동성 증가에 대해 알아보자. 공매도는 주식시장에서 공급을 늘리는 수단이 될 수 있다. 왜냐하면 공매도를 통해 유통 물량이 늘어나면 주식거래에 있어 유동성을 높여주기 때문이다. 어떤 상품이든 공급이 부족하면 가격이 오르는데 공매도는 주식시장에 공급이 부족할 때 유동성을 늘려줌으로써 가격 상승을 막아주는 역할을 해줄 때도 있다.

두 번째 장점은 리스크 헤지다. 헤지hedge란 '울타리'라는 의미로 손해를 막아주는 울타리 역할을 한다는 것이다. 공매도를 통해 상승장에도 투자하고 하락장에도 투자하여 상승과 하락 두 가지 상황에 모두 대비할 수 있다.

세 번째 장점인 가격 조정 기능이란 주식시장에 거품이 심해지는 경우 공매도를 통해 거품을 제거하고 가격 안정화를 기대할 수 있다는 의미다.

반면 공매도의 단점은 크게 두 가지로 나뉜다. 우선 공매도는 가격 하락으로 이익을 얻기 때문에 이익을 얻기 위해 일부러 가격을 위법한 방법으로 하락시킬 가능성이 있다는 것이다. 기관과 외국인은 공매도한 기업에 대해 악의적인 소문을 퍼뜨리거나 의도적으로 향후 전망을 부정적으로 묘사하여 해당 기업의 주가를 하락시키고자 하는 유혹을 많이 느낄 수밖에 없다. 또 다른 문제는 공매도 시장에 참여하는 주체

〈그림 3-14〉 증권사 주식대여서비스 구조

대여자
(고객)

주식대여
대여수수료

대신증권
중개기관

주식차입
차입수수료

차입자

출처 : 대신증권

가 기관과 외국인으로 제한된다는 것이다. 개인이 공매도에 투자하는 것은 이론적으로는 가능하지만 실제 조건이 까다로워 실행하기가 어렵다. 일종의 진입장벽이 있는 것이다.

　개인투자자가 공매도를 하고 싶다면 증권사가 보유한 주식을 빌려서 공매도를 해야 한다. 증권사가 공매도하고 싶은 주식을 가지고 있지 않다면 거래는 불가능하다. 게다가 증권사로부터 빌린 주식에 대해 이자(수수료)까지 내야 한다. 제한된 물량에 추가적인 비용부담까지 있기 때문에 사실상 개인에게 공매도투자는 그림의 떡일 수밖에 없다.

　기관과 외국인은 공매도를 통해 주가가 하락해도 수익을 얻는 것이 가능하지만 개인투자자는 주가 하락이 곧 손실과 연결될 수밖에 없어 불공정한 게임이다. 개인이 공매도투자를 하는 방법은 인버스 ETF 또는 인버스펀드에 투자하는 것이 거의 유일한 방법이다. 하지만 최근 개인투자자들이 공매도를 활발하게 할 수 있도록 제도 정비가 되고 있다. 2020년 5월 증권사 중에서는 키움증권, 대신증권, 신한금융투자, 유안타증권 등에서 개인에게 공매도 투자 서비스를 제공하고 있다.

공매도투자 시 유의사항

　경험 삼아 공매도를 하고 싶은 투자자가 있다면 반드시 기억해야 할 것이 있다. 공매도투자의 경우 '수익은 제한적이지만 손실은 이론적으로 무한대'라는 사실이다. 이론적으로 공매도를 통해 얻을 수 있는 수익률은 100%까지다. A사의 주식을 1만 원에 공매도한 경우 A사의 주식이 0원이 되면 1만 원으로 1만 원의 이익을 얻을 수 있으니 100% 수익이 가능하다. 문제는 반대의 경우다. 1만 원에 공매도한 주식이 10만 원이 되거나 100만 원이 된다면 주식의 상승 폭만큼 손실을 보게 된다. 그래서 손실은 이론적으로 무한대까지 가능하다. 물론 실제 이런 식으로 무한대의 손실을 입을 일은 거의 없다. 현실적으로 1만 원짜리 주식이 짧은 기간에 100만 원이 되기는 힘들다. 하지만 수익은 최대 100%인데 손실을 200%나 300% 입을 수 있다면 매우 위험한 투자임에는 분명하다. 그래서 공매도에는 담보유지비율이라는 안전장치가 있다. 증권사에서는 주식가격이 오르면 개인 고객이 추가적으로 자금을 투입하지 않는 이상 담보유지비율이라는 안전장치를 통해 '알아서' 조치를 취한다. 손실이 무한대로 커지는 것을 막는 조치라고 볼 수 있다.

주식을 거래할 때엔 0.25%의 증권거래세만 부담하면 되었기 때문에 주식거래는 비교적 세금에서 자유로운 상황이었다. 그러나 이러한 상황은 2023년부터는 달라진다. 바로 주식양도소득세라는 완전 새로운 개념의 세금이 부과될 예정이기 때문이다. 간략히 소개하면 이렇다.

주식거래를 통해 이익을 얻게 되면 5,000만 원까지는 비과세되지만 5,000만 원 초과하는 이익에 대해서는 20%의 세금을 매기고 5,000만 원 과세표준(이익금-5,000만 원)이 3억 원을 초과하는 이익에 대해서는 즉, 주식으로 3억 5,000만 원 넘게 버는 금액에 대해서는 25%의 세금을 매길 예정이다. 주식과 주식형 펀드에 대해 과세할 예정인데, 대부분의 경우 20%의 세율이 적용될 것으로 예상된다. 정부는 증권거래세를 폐지하면서 주식양도소득세를 부과할 예정이었으나 증권거래세는 이러저러한 이유로 폐지는 어렵고 0.25%에서 0.15%로 조정한다는 입장이다. 내야 할 것은 20%가 새로 생기고 줄어드는 것은 0.1%인 셈이다. 그럼에도 부디 성투하여 25%의 세율을 기분 좋게 적용받길 바란다.

4장

부동산 투자로
돈 버는 법 5가지

01
부동산 투자란 무엇인가

2020년 여름, 대한민국 정부는 실거주 이외의 목적으로 주택을 사는 투자자에 대해 불로소득을 노리는 투기꾼이라 정의 내렸다. 그래서 실거주 이외의 부동산에 대해서는 부동산을 사거나 보유할 때 그리고 팔 때까지의 세금을 모두 상향 조정함으로써 투기를 하지 못하도록 제도를 정비했다. 집값이 조금 오른다 싶은 지역은 투기지역으로 지정하여 대출을 받지 못하게 하는 식으로 세금뿐 아니라 대출 등에 있어서도 촘촘한 규제 그물망을 만들고 있다.

전통적으로 부동산은 '웬만하면 손해 보지 않는 투자 방법'으로 인식되어 왔다. 그도 그럴 것이 광복 이후 현재까지 주택은 항상 부족했고 그에 따라 가격은 계속 올랐기 때문이다. 부동산을 비롯한 모든 물건의 가격은 수요와 공급의 균형점에서 정해지는데, 아직까지도 주택은 부족한 형편이다(주택공급률 자체는 100%를 넘어섰다고 하지만 노후한 주택이 많아 신규 주택에 대한 수요를 따라잡지 못하는 형국이다).

우리나라에서는 항상 주택에 대한 수요에 비해 공급이 부족했던 것이 사실이고, 이러한 수급 불균형과 부동산 투자의 불패 신화로 인해 아직까지도 부동산 투자가 고수익 창출 방법으로 여겨지는 것이다. 부동산 투자 방법을 배우기 위해서는 우선적으로 부동산의 종류와 각종 세금에 대한 이해가 필요하다. 그 때문에 부동산 투자에 대한 개요에서는 그 부분을 중심으로 설명하겠다(부동산이란 원래 '움직여서 옮길 수 없는 재산'으로 토지나 건물 등을 포함한다. 하지만 이 책에서 토지에 대해서는 다루지 않기 때문에, 부동산 투자라 할 때 특별한 설명이 붙지 않는 이상 '부동산= 주택'임을 미리 밝혀둔다. 그리고 독자분들에게 양해를 미리 구해야 할 것이 있다. 정부의 계속된 규제에도 불구하고 부동산 가격이 계속 상승함으로써 정부는 하루가 멀다 하고 지속적으로 부동산 규제책을 내놓고 있다. 이는 이 책이 출간된 시점 이후에도 계속될 것으로 보인다. 따라서 부동산 세금이나 대출에 대한 규제는 계속해서 변화되는 내용을 주시하고, 필요하면 전문가의 상담을 받을 필요가 있다).

부동산의 구분

우리나라에서 부동산이라 하면 대부분 아파트를 생각한다. 부동산 경기가 좋다 나쁘다 등의 이야기를 할 때 특별히 상가나 오피스텔이라고 지칭하지 않는 이상 주택 시장, 그중에서도 아파트를 말하는 경우가 대부분이다. 하지만 부동산에는 아파트 외에 다른 종류도 있다. 토지도 있고 수익형부동산이라 불리는 상가나 오피스텔도 있다. 이 책에서는 토지 투자에 대해서는 다루지 않으므로 토지를 제외한 부동산의 종류에 대해 알아보도록 하자.

① 주택

주택이란 세 가지 요건을 갖추어야 한다. 첫째, 세대원이 장기간 독립적 주택 생활을 영위할 수 있는 건축물과 그 부속 토지일 것. 둘째, 영구적 건축물로 한 개 이상의 부엌과 방 그리고 독립된 출입구가 있을 것. 셋째, 소유 매매가 가능해야 할 것. 쉽게 풀어보면 사람이 살 수 있으며, 부엌과 출입구가 있어야 한다는 것이다. 이러한 기본적인 조건을 갖춘 주택은 크게 단독주택과 공동주택으로 나뉜다.

단독주택의 공통된 특징은 가구 수와 상관없이 소유주가 하나로 돼 있다는 것이다. 단독주택은 다시 세 종류로 구분되는데 단독주택, 다중주택, 다가구주택이 그것이다. 단독주택은 건축법상 면적 제한이 없고 단일가구를 위해 단독택지 위에 건축한 주택이다. 다중주택은 건물 연면적(바닥면적)이 330m²(100평) 이하이면서 독립된 방이 있고 화장실, 샤워실, 공동취사실이 있는 형태를 가리킨다. 기숙사를 생각하면 이해가 빠를 것이다. 다가구주택은 연면적이 660m²(200평) 이하로 3층 이하의 건물을 말한다. 독립적 주거 생활이 가능하고, 총 가구수가 19가구 이하인 경우를 가리킨다. 다가구주택은 겉모습은 일반적인 빌라와 비슷하지만 소유주가 나뉘어 있지 않다는 점이 다르다.

공동주택은 크게 아파트와 연립주택, 다세대주택으로 나뉜다. 공동주택은 소유주가 각 호실별로 다를 수 있다는 점에서 단독주택과 가장 큰 차이점을 보인다. 아파트는 5층 이상의 건물로써 바닥면적이 660m²(200평)을 초과하는 경우를 가리킨다. 연립주택은 다른 조건들은 아파트와 같지만 층수가 4층 이하인 것만 다르다. 다세대주택은 '빌라'라고 불리기도 하는데, 바닥면적 660m²(200평) 이하이면서 4층 이하인 건물을 가리킨다. 빌라가 4층 이하임에도 1층을 주차장으로 하

<표 4-1> 단독주택과 공동주택의 특징

단독주택	공동주택
• 단독주택 • 다중주택(연면적 330m² 이하, 3층 이하) • 다가구주택(연면적 660m² 이하, 3층 이하)	• 아파트(5층 이상) • 연립주택(1개동 연면적 660m² 초과, 4층 이하) • 다세대주택(1개동 연면적 660m² 초과, 4층 이하)

는 경우 5층으로 지을 수 있다. 대부분의 다세대주택, 즉 빌라가 5층인 것은 이런 이유 때문이다.

② 상가

상가는 법적인 구분보다는 위치 또는 특성에 따라 구분한다. 이를 기준으로 분류해 보면 단지내상가, 근린상가, 중심상업지상가, 오피스 및 주상복합, 테마상가, 지식산업센터 이렇게 6가지로 구분된다. 상가마다 장단점이 있는데 간단히 정리해 보면 이렇다.

단지내상가는 공동주택 단지 내 입주민의 편의를 위해 건축한 상가를 말한다. 입주민들이 주요 고객이 되어 꾸준하게 매출을 일으킬 수 있어 안정적이라는 장점이 있다. 다만 아파트 단지내상가를 매입하려고 할 때는 이러한 장점이 미리 반영되어 가격이 높게 형성되는 경우가 대부분이라 임대수익률 측면에서 매력적이지 못할 때가 많다.

근린상가는 거주지 주변 상가를 가리킨다. 아파트 단지내상가와 매우 비슷하다. 생활 밀접 업종들이 영업하는 곳(마트, 미용실, 학원, 병원, 약국 등)으로 보면 되는데, 장점은 거주지 주변이라 배후수요가 있기 때문에 일정 규모의 매출액을 꾸준히 얻을 수 있어 안정적인 월세 수입을 기대해 볼 수 있다는 것이다. 반면 단점은 영세업종 위주이기 때문에 주변에 대형상가 또는 쇼핑몰이 입점할 경우 세입자의 영업과 매출에 타격이 생긴다는 것이다.

중심상업지상가는 강남역 인근, 신촌, 홍대처럼 유동인구가 많고 시내중심가에 위치한 상가를 가리킨다. 유동인구가 많기 때문에 상가가격 자체도 매우 높은 편이다. 세입자 입장에서는 유동인구가 많아 영업에 있어 높은 이익을 기대할 수 있다는 것이 장점이고, 소유주 또한 안정적인 임대료 수입과 상가가격 상승이라는 이점을 얻을 수 있다는 장점이 있다. 반면 분양 또는 매매가격이 이미 상승해 있어 임대료를 받는다 해도 수익률 면에서 매력적이지 못할 수도 있다는 단점이 있다.

오피스 및 주상복합상가의 경우 오피스에 있는 직원들과 주상복합의 입주자들이 상가의 주요 이용자가 된다. 그 때문에 일정 정도의 기본적인 매출은 기대할 수 있으나 외부와의 연결성이 나쁜 경우 추가적인 매출의 기회가 없어 세입자들이 곤란을 겪는 경우가 많다.

테마상가는 크게 두 부류로 나뉜다. 첫 번째는 동대문의 의류, 용산의 전자상가처럼 상가건물에 한 가지 업종이 집중적으로 모여 상권을 형성하는 경우이고, 두 번째는 수변상가처럼 특색 있는 지점을 중심으로 상권이 형성되는 것을 가리킨다. 첫 번째 경우는 일명 편집숍 상가로 불리기도 하는데 과거 인터넷 거래가 활발하지 않던 시기에는 장점을 가졌으나 최근에는 인터넷의 발달로 인기가 시들해졌다. 두 번째 경우는 상가들이 모여 있다 해도 상권 자체가 발달하지 못하는 경우가 많아 리스크가 높다고 볼 수 있다.

마지막으로 지식산업센터는 아직 생소하게 느껴질 수 있다. 얼마 전까지 아파트형 공장이라 불리며 매입에 있어 자격요건이 엄격했기 때문에 일반에게 잘 알려지지 않았으며 이와 관련된 정보도 많지 않았다. 지식산업센터는 세입자가 일반 자영업자가 아닌 '회사'이기 때문에 연체에 대한 걱정이 상대적으로 낮다는 장점이 있다.

부동산 관련 세금

부동산은 세금을 빼고 이야기할 수 없다. 부동산 투자는 사고, 보유하고, 팔 때까지 그 자체가 세금 덩어리라 할 수 있다. 부동산 가격의 지속적 상승으로 부동산이 가장 유력한 재테크 수단이 되자 주택소유자들에 대한 세금 부담은 점점 커지고 있다. 따라서 부동산을 사거나 팔 때, 그리고 보유하고 있을 때조차도 세금에 대한 사항을 미리 확인해 두지 않으면 낭패를 볼 수 있다. 정부 정책은 부동산 가격이 안정될 때까지 지속적으로 변화될 가능성이 크고, 세 부담 또한 높아지는 추세이기 때문에 계속해서 주시해야 한다.

세금을 잘 모르는 상태에서 부동산 거래를 진행하면 아낄 수 있는 세금을 납부해야 하는 경우가 생길 수 있다. 예를 들어 다주택자인 상황에서 집을 처분해야 한다면 어떤 집부터 처분해야 하는지, 상속이나 증여를 준비하려면 어떤 부동산을 활용해야 하는지 등등에 대해 투자자 스스로 기본적인 지식을 갖춰야 하고, 그것을 바탕으로 전문가와 상담을 해 보는 것이 필요하다.

여기서는 부동산 매매와 보유 시에 알아두어야 할 가장 기본적인 세금 지식을 설명하도록 하겠다.

① 부동산 매입 시 세금 : 취득세

취득세는 부동산의 매입, 신축, 상속, 증여, 교환 등을 통하여 돈을 지불한다든지, 또는 대가가 없이 부동산을 얻게 되었을 때 부과되는 세금을 말한다. 말 그대로 부동산 취득에 따른 세금이라 할 수 있다. 취득세는 부동산 매입 금액에 따라 세금이 달라지게 되는데 간단하게 요약하면 6억 원 이하면 매입금액의 1%, 6억 원 초과 9억 원 이하의 경우에는 1.0%에서 최대 3.0%, 9억 원 초과 부동산은 3%가 적용된다. 이 내용을 표로 정리해보면 〈표 4-2〉와 같다. 참고로 이러한 세율은 2020년 발표된 '7·10부동산대책'에 의해 기존 1가구 3주택자까지 적용되던 것이 이제는 1가구 1주택자에게만 적용되게 되었다.

정리하면 취득세 자체는 거래금액의 최소 1%에서 최대 3%라고 보

〈표 4-2〉 2020년 부동산 취득세 세율표(1가구 1주택의 경우)

구분		취득세(%)	농특세(%)	교육세(%)	합계(%)
취득가액(원)	전용면적				
6억 이하	85㎡ 이하	1.00	비과세	0.10	1.10
	85㎡ 초과		0.20	0.10	1.30
6억 초과 ~ 9억 이하	6.5억	1.33	비과세	0.20	1.53
	7.0억	1.67		0.20	1.87
	7.5억 85㎡ 이하	2.00		0.20	2.20
	8.0억	2.33		0.20	2.53
	8.5억	2.67		0.20	2.87
	9.0억	3.00		0.20	3.20
	6.5억	1.33	0.20	0.20	1.73
	7.0억	1.67		0.20	2.07
	7.5억 85㎡ 초과	2.00		0.20	2.40
	8.0억	2.33		0.20	2.73
	8.5억	2.67		0.20	3.07
	9.0억	3.00		0.20	3.40
9억 초과	85㎡ 이하	3.00	비과세	0.30	3.30
	85㎡ 초과		0.20	0.30	3.50

출처 : 국세청

면 된다. 여기에 농특세, 교육세 등이 붙어 세금이 조금 추가된다. 세금이 퍼센트로 표기되다 보니 크지 않게 느껴질 수도 있지만 절대 그렇지 않다. 서울 아파트 중위 가격인 7억 원을 기준으로 계산해 보면, 32평형(106m²) 이상인 경우 취득세 1.67%가 적용되어 1,169만 원이 되고, 여기에 농어촌 특별세(0.2%)로 140만 원, 지방교육세(0.2%) 140만 원을 더 내야 해서 총 1,449만 원의 세금이 발생하게 된다. 주택이 아닌 경우 일괄적으로 전체 세금은 거래금액의 4.6%가 된다. 만약 5억 원짜리 상가를 매입하는 경우 '5억 원×4.6%=2,300만 원'의 세금이 발생하는 것이다. 여기에 등기를 위해 법무사에게 의뢰하는 경우 50만 원쯤 비용이 더 필요하고, 인지세라 하여 소소한 세금이 또 붙게 된다.

그렇다면 1가구 2주택자 이상에 대한 부동산 취득세는 어떻게 될까. 정부는 2020년 7월 10일, 부동산 투기 근절을 위한 방안으로 이른바 '7·10부동산대책'을 발표했다. 여기에는 다주택자의 부동산 취득세를 대폭 인상하는 방안이 포함되어 있다.

지금까지 취득세는 개인의 경우 3주택까지는 주택 가액에 따라 1~3%의 취득세율이 적용되고, 4주택부터는 4%가 적용되었다. 그런데 개정된 내용은, 무주택자가 주택을 취득할 경우 주택 가액에 따라 1~3%(조정대상지역 여부 무관), 1주택을 보유한 상태에서 두 번째 주택을 취득할 경우 조정대상지역이면 8%, 비조정대상지역이면 1~3%, 2주택을 보유한 상태에서 세 번째 주택을 취득할 경우에는 조정대상지역이면 12%, 비조정대상지역이면 8%를 적용받게 된다. 그리고 4주택 이상이나 법인은 무조건 취득세율이 12%로 대폭 인상되었다. 이를 정리하면 〈표 4-3〉과 같다.

<표 4-3> 2021년 바뀌는 부동산 취득세

		기존	변경	
개인	1주택	주택 가액에 따라 1~3%	변경사항 없음	
			조정대상지역	비조정대상지역
	2주택		8%	변경사항 없음
	3주택		12%	8%
	4주택 이상	4%	12%	
법인		주택 가액에 따라 1~3%	12%	

출처 : 기획재정부

단, 정부 대책 발표일인 2020년 7월 10일 이전(발표일 포함)에 매매계약을 체결하고, 법 시행일로부터 3개월(공동주택 분양계약을 체결한 경우에는 3년) 이내 취득한 경우에는 종전 세율을 적용받게 된다.

아울러 다주택자들이 부동산 관련 세 부담이 커짐에 따라 남에게 파는 대신 자녀에게 증여하는 사례가 늘어나고 있어서 증여 시 취득세율도 인상했다. 예전에는 3.5% 단일 세율이었으나 이제는 조정대상지역 내 시가표준액 3억 원 이상 주택이면 12%가 적용된다. 그 외의 주택의 경우 증여 시 취득세율은 종전과 같다. 단, 1가구 1주택자가 해당 주택을 배우자나 직계존비속에게 증여할 경우 종전의 3.5%의 취득세율이 적용된다.

② 부동산 보유 시 세금 : 재산세와 종합부동산세

부동산을 매입할 때와 마찬가지로 보유 시에도 세금이 발생한다. 흔히 보유세라고도 하며 재산세와 종합부동산세가 여기에 해당한다. 재산세는 부동산을 소유하고 있는 사람 모두에게 기본적으로 부과되는 세금이고, 종합부동산세는 부동산 가격이 일정 금액 이상인 경우에 부과되는 세금이다.

먼저 재산세는 부동산 공시가격에 일정한 세율을 곱해 과세한다. 재산세율은 부동산 가격 시세의 60% 정도를 과세표준으로 잡아 0.1~0.4%를 차등해서 적용한다. 과세표준 6,000만 원 이하는 0.1%, 6,000만 원~1억 5,000만 원은 0.15%, 1억 5,000만 원~3억 원은 0.25%, 3억 원 초과는 0.4%가 적용된다. 재산세도 소득세와 같이 누진세율을 적용하기 때문에 정해진 세율 구간에만 해당 세율이 적용된다. 즉 과세표준이 1억 원이라면 6,000만 원까지는 0.1%, 이를 초과하는 4,000만 원에 대해서는 0.15%를 곱해서 두 금액을 더한 금액이 재산세가 되는 것이다.

그러나 정부는 부동산 투기를 억제하기 위해 보유세에 큰 영향을 미치는 부동산 공시가액을 2030년까지 시가의 90%까지 현실화하기로 했다. 그렇게 되면 재산세가 대폭 늘어나게 된다. 다만, 중저가 1주택을 보유한 서민들의 재산세 부담이 늘어나지 않도록 하기 위해 1주택

〈표 4-4〉 재산세 과세표준에 따른 세율(2020년 11월 3일 개정)

과세표준금액	표준세율	특례세율	감면액	감면율
0.6억 원 이하 (공시 1억 원)	0.10%	0.05%	0~3만 원	50%
0.6억~1.5억 (공시 1억~2.5억 원)	06만 원+0.6억 원 초과분의 0.15%	3만 원+0.6억 원 초과분의 0.1%	3~7.5만 원	38.5 ~50%
1.5억~3억 원 (공시 2.5억~5억 원)	19.5만 원+1.5억 원 초과분의 0.25%	12만 원+1.5억 원 초과분의 0.2%	7.5~15만 원	26.3 ~38.5%
3억~3.6억 원 (공시 5억~6억 원)	57만 원+3억 원 초과분의 0.4%	42만 원+4억 원 초과분의 0.35%	15~18만 원	22.2 ~26.3%
3.6억 원 초과 (공시 6억 원)		-	-	-

출처 : 기획재정부

자가 보유한 공시가액 6억 원 이하 주택에 대해 과세표준 구간별 세율을 0.05%p 인하하기로 했다(〈표 4-4〉 참조).

종합부동산세는 주택 기준 공시가격 합계액이 6억 원(1가구 1주택자는 9억 원)을 초과하는 경우 발생하는 세금이다. 세액을 계산하는 방법은 '과세표준×세율'이다. 세율은 2020년 귀속분을 기준으로 했을 때 6억 원 이하까지는 0.5%, 6억~12억 원은 0.7%, 12억~50억 원은 1.4%다. 공정시장가액비율이 60%임을 감안할 때 공시가격 합산액이 6억 원을 초과한다는 것은 보유하고 있는 전체 아파트 시세가 10억 원을 넘었다는 의미다. 내가 소유하고 아파트 시세의 합이 10억 원을 넘을 경우 종합부동산세 대상이 된다고 생각하면 된다. 하지만 모두가 그런 것은 아니다. 내가 만약 1주택만 소유하고 있다면 공시가격 합산액이 9억 원을 초과해야 종합부동산세 대상이 된다. 시세 기준으로 보자면 15억 원이 넘는 집을 소유하고 있으면 종합부동산세 납부 의무가 발생한다고 보면 된다.

종합부동산세는 기존 고가 1주택 보유자와 다주택자의 세 부담을

〈표 4-5〉 주택에 대한 종합부동산세율(2021년 귀속분부터)

과세표준	2주택 이하		3주택 이상, 조정대상지역 2주택	
	현행	12.16 개정	현행	7.10 개정
3억 원 이하	0.5%	0.6%	0.6%	1.2%
3억~6억 원	0.7%	0.8%	0.9%	1.6%
6억~12억 원	1.0%	1.2%	1.3%	2.25
12억~50억 원	1.4%	1.6%	1.8%	3.6%
50억~94억 원	2.0%	2.2%	2.5%	5.05
94억 원 초과	2.7%	3.0%	3.2%	6.0%

출처 : 기획재정부

늘려 집을 팔게 하기 위해 2019년 12월 16일 한 차례 인상되었다. 인상 폭은 보유 주택 수와 지역에 따라 차등을 둬, 고가 1주택자에게 적용하는 세율을 0.6~3.0%로, 3주택자 이상 조정대상지역 2주택자 세율을 0.8~4%로 크게 올리기로 했다.

거기에 더해 정부는 2020년 '7·10부동산대책'을 통해 다주택자 대상 종합부동산세를 또다시 인상했다. 이에 따르면 개인의 경우 3주택 이상 및 조정대상지역 2주택자에 대해 과세표준 구간별로 1.2~6.0%의 세율을 적용하며, 법인은 다주택 보유 법인에 대해 중과 최고세율인 6%를 적용하기로 했다.

③ 부동산 처분 시 세금 : 양도소득세

부동산을 처분하게 될 때 시세차익을 얻게 되는 경우, 그 차익에 대해 일정 비율로 세금을 내야 하는데 그 세금이 바로 양도소득세다. 양도소득세의 계산 절차는 언뜻 보기엔 간단하다. 매도가격에서 매입가격과 필요경비를 빼면 과세표준이 되고, 그 과세표준에 대해 일정 비율의 세율을 곱하면 양도소득세가 계산된다. 그런데도 양도소득세 계산이 복잡한 것은 필요경비를 어디까지 인정하느냐부터 장기보유특별공제를 어떻게 적용하느냐, 1주택자냐 다주택자냐에 따라 세율이 다르게 적용되기 때문이다.

정부는 양도소득세 역시 '7·10부동산대책'을 통해 시세차익을 노리는 단기 보유자와 다주택자의 세 부담을 강화하기 위해 법 개정을 추진했다. 그로 인해 2021년부터는 양도소득세에 큰 변화가 일어난다. 다주택자라면 매도 전 세금 계산을 통한 비교를 반드시 해야 할 것이다.

바뀐 내용을 살펴보면 먼저, 2021년 1월 1일부터는 양도소득세 최고 세율이 기존 42%에서 45%로 상향 조정된다. 양도소득세는 과세표준 구간별로 6~42%의 기본세율이 적용되는데, 2021년부터는 과세표준 '10억 원 초과' 구간이 신설되면서 세율이 높아진다.

다음으로 1가구 1주택자 장기보유특별공제에 거주기간 공제율 요건이 추가된다. 장기보유특별공제란 3년 이상 장기 보유한 토지 또는 건물을 양도할 때, 양도차익의 일정 비율을 공제해주는 것을 말하는데, 오래 보유할수록 당연히 공제율이 높아진다. 1가구 1주택자가 2년 이상 거주한 주택을 10년 넘게 보유할 경우, 최고 80%의 장기보유특별공제를 적용받을 수 있다. 하지만 2021년부터는 보유와 거주기간별 공제율이 구분 적용되기 때문에 1주택자가 단지 주택을 오래 보유했다고 해서 최고 공제율을 적용받을 수 없다.

그리고 2021년 6월 1일부터 조정대상지역의 다주택자가 주택을 양도할 경우, 중과세율이 현행보다 10%p씩 인상된다. 2주택자는 20%p, 3주택자 이상은 30%p 중과되면서 최고 세율이 75%로 높아진다. 또 2021년 1월부터는 주택을 양도할 때, 분양권도 주택수에 포함된다.

마지막으로 2021년 6월 1일 이후 주택을 양도하는 경우, 2년 미만 단기 보유한 주택의 양도소득세율이 인상된다. 기존에 주택 및 입주권을 1년 이상 2년 미만 보유하고 양도할 때는 6~42% 기본세율이 적용됐는데 2021년부터는 60%로 일괄 중과세된다.

양도소득세는 정부 정책에 따라 수시로 바뀌고 내용이 매우 복잡하기 때문에 심지어 세무 전문가들조차도 헷갈릴 때가 있다. 그러니 반드시 전문가인 세무사를 찾아 상담을 받아야 한다. 이는 1주택자라도 마찬가지다.

지금까지 부동산 투자에 있어 가장 기본적으로 알아두어야 할 주택의 종류와 세금에 대해 간략하게 정리해보았다. 독자분들이 가장 궁금해할 것은 '그렇다면 이제 어디에 어떻게 투자해야 하는가?'일 텐데 이어지는 내용에서 그에 대한 노하우를 알려드리고자 한다. 다만 미리 당부하고자 하는 것은 서두르지 말라는 것이다. 정부 정책이 시시각각 변하고 있기 때문에 정책에 대해서는 주시할 필요가 있고, 부동산에 대한 공급과 수요 등 시장의 흐름 또한 면밀하게 살펴볼 필요가 있다. 급하게 서두르지 않고 기회를 잘 엿보다 보면 좋은 기회가 반드시 찾아올 것이다.

02
리츠
: 부동산을 주식처럼 투자한다

핵심 요약

리츠REITs란 'Real Estate Investment Trusts'의 약자로 부동산 투자회사법에 따라 다수의 투자자로부터 자금을 모아 부동산이나 부동산 관련 증권 등에 투자하여 그 수익을 투자자에게 돌려주는 부동산 간접투자다. 부동산리츠는 부동산펀드와 많은 면에서 유사하다. 다만, 부동산펀드의 경우 펀드의 형태로 투자하는 것이고, 리츠는 주식 투자 형태로 접근한다는 것이다. 어떤 부동산 자산에 투자하는가에 따라 수익과 성과가 연결된다는 점에서는 크게 다르지 않다. 리츠는 크게 자기관리, 위탁관리, 기업구조조정 부동산 투자회사 등 세 종류로 나뉘는데, 위탁관리 리츠 방식이 가장 시장에 많이 출시된 상태다. 리츠에 투자하고자 한다면 일반적인 주식 투자 방법과 동일하게 접근하거나 공모되는 리츠에 미리 선투자하는 방법이 있다.

리츠의 종류

부동산에 직접투자하려면 최소 몇천만 원에서 10억 원이 넘게 필요한 경우도 있다. 하지만 리츠는 비교적 소액으로 부동산에 투자하는 간접투자 방법이다. 리츠의 개념을 짧게 요약하면 부동산이라는 자산을 주식처럼 만들어놓고 그 주식을 매입하는 것이라 할 수 있다. 즉, 삼성전자 전체를 살 수는 없지만 삼성전자의 주식을 일부 사서 삼성의 주주가 될 수 있는 것처럼 부동산에 대해 완전한 소유권을 가지지는 못해도 주식거래를 통해 부동산에 대한 일부의 소유권을 가지는 투자 방법이 리츠인 것이다.

리츠의 사전적 의미를 보면 다수의 투자자로부터 자금을 모집하여 부동산에 투자, 운용하여 발생하는 수익(임대수입, 매각차익, 개발수익)을 투자자들에게 배당하는 부동산 간접투자 방식이며, 상법상 주식회사 형태로 설립된 명목회사라 한다. 즉 투자의 주체가 되는 회사를 만들어 그 회사가 부동산을 매입하고, 투자자들은 주식 형태로 그 회사에 대한 소유권을 갖는 것이다. 리츠는 크게 세 가지 형태가 있는데 자세히 설명하면 아래와 같다.

① 기업구조조정 리츠

기업구조조정 리츠란 다수의 투자자로부터 자금을 모집하여 기업의 구조조정용 부동산에 투자하고 그 수익을 투자자들에게 배당의 형태로 배분하는 회사형 부동산펀드를 의미한다. 외환위기 이후 부실기업의 구조조정 및 부동산시장의 활성화 대책을 위해 2001년 4월 도입되었다.

기업구조조정 리츠는 회사설립과 청산을 쉽게 하기 위하여 명목회사paper company 형태로 도입되었으며, 이에 따라 상근 임직원과 지점이 없고 자산운용업무는 자산관리회사AMC에, 주식 판매업무는 판매회사에, 일반적인 사무 업무는 사무수탁회사에, 자산의 보관업무는 자산보관회사에 위탁하게 된다.

쉽게 말해 기업구조조정 리츠란 어떤 기업에서 구조조정과 현금확보를 위해 매각하고자 하는 부동산에 투자하는 주식회사라 보면 된다. 단지 판매업무를 위해 설립된 명목회사이므로 근무하는 임직원은 없고 각 업무 분야를 사무수탁회사, 판매회사, 자산보관회사 등 각기 다른 관련 회사에서 처리한다고 보면 된다. 일반적인 리츠가 부동산을 활용하여 임대수익 또는 시세차익을 얻고자 하는 것에 비해, 기업구조조정 리츠는 기업구조조정용 부동산에 투자하는 것으로 업무가 제한되어 기업의 구조조정을 지원하는 데 초점을 맞추고 있다.

② 위탁관리 리츠

부동산 투자회사법 제2조에 보면 위탁관리 리츠에 대해 '자산의 투자·운용을 자산관리회사에 위탁하는 회사'로 정의하고 있다. 즉, 위탁관리 리츠는 부동산의 투자와 운용을 직접 하는 것이 아니라 자산관리회사에 위탁하여 관리 운용하는 형태로서, 기업구조조정 리츠와 마찬가지로 임직원이 필요 없는 명목회사라 할 수 있다.

③ 자기관리 리츠

자기관리 리츠는 투자자들의 자금으로 설립된 회사가 부동산을 매입하고 실제 부동산을 운영하는 형태를 가리킨다. 자기관리 리츠는 부동산 전반에 투자하는 실체가 있는 영속성을 지닌 상법상의 주식회사로 다수의 투자자로부터 모은 자금을 부동산에 투자한 후 그 수익을 투자자에게 배분한다. 투자자는 자기관리 리츠의 회사지분에 투자하여 배당수익과 지분 매각 시의 시세차익을 투자수익으로 확보한다. 자기관리 리츠의 지분은 증권거래소나 코스닥 시장에 등록하여 유동성을 확보할 수 있으며, 상장요건을 갖출 경우 상장하도록 의무화하고 있다. 그 때문에 투자의 관점에서 가장 부동산 리츠다운 모습을 가지고 있다.

2019년 말 기준, 리츠의 형태별로 개수와 자산총계를 보면 전체 247개의 리츠 중에 위탁관리리츠가 214개로 86%를 차지했고, 기업구조조정 리츠는 29개, 자기관리 리츠는 4개로 분포되어 있다. 금액 면에서도 전체 49조 원 중 위탁관리 리츠가 44조 원으로 90% 가까이 차지하고 있고, 기업구조조정 리츠가 4조 원, 자기관리 리츠가 0.5조 원으로 집계되었다. 자기관리 리츠가 가장 리츠의 본래 목적에 맞는다고 생각했으나 현실에서는 이와 달리 위탁관리 리츠가 대부분인 것이다(참고로 리츠 관련 통계자료는 국토교통부의 리츠정보시스템(reits. molit.go.kr)이 있어 자세한 내용과 수치를 확인할 수 있다).

리츠의 투자 방법

리츠는 일반인을 대상으로 하는 공모형과 기관투자자 등을 대상으로 하는 사모형이 있다. 그리고 다시 개인투자자 자격으로 공모형 리츠에 투자하는 방법은 크게 두 가지가 있다. 하나는 ETF 또는 일반 주식 종목에 투자하는 것과 동일하게 주식시장에 상장된 리츠 주식을 사는 방법이다. 일반 주식거래처럼 증권사를 통해 계좌를 개설한 뒤 원하는 리츠 주식에 투자하는 방법이다. 2020년 5월 상장된 리츠는

2011년에 상장된 에이리츠부터 2019년에 상장된 코람코에너지리츠까지 총 12개에 달한다. 리츠정보시스템에는 리츠마다 상장일, 현재가, 전일가, 등락 폭이 순서대로 정리되어 있다. 공모형 리츠에 투자하는 또 다른 방법은 공모리츠의 청약을 통한 방법이다. 리츠 공모 정보는 리츠정보시스템을 통해 확인할 수 있다.

　어떤 리츠에 투자해야 할지 종목을 찾는 것은 비교적 쉬운 일이다. 이미 상장되어 있는 리츠는 주식을 사듯이 투자하면 되고, 공모 리츠도 리츠정보시스템에 실시간으로 정보가 올라오기 때문에 공모 과정을 따라가면 된다. 하지만 좋은 리츠를 찾는 것은 생각보다 쉽지 않다. 그렇다면 어떤 기준을 적용해야 좋은 리츠를 찾을 수 있을까? 기본적으로 고려할 요소는 바로 '어떤 부동산 자산에 투자하는가'이다. 비슷해 보이는 리츠라 해도 어떤 부동산에 투자하느냐에 따라 수익률이 달라질 수밖에 없다. 2019년 상반기 마감 자료에 따르면 연 9.8%(리테일 분야)~32.7%(산업용 부동산)까지 비교적 넓은 범위로 수익률이 분포한다.

　2020년 5월 상장된 부동산 공모 리츠는 총 12개다. 모두투어 리츠를 보면 주요 투자자산이 호텔에 집중되어 있음을 알 수 있다. 관광산업이 호황이면 호텔에 대한 수요가 늘어나 부동산 자산의 가격이 상승할 수 있을 테지만, 최근에는 코로나19 사태로, 그 이전에는 사드 배치로 인한 중국과의 문제로 호텔에 대한 수요가 급감했다. 향후 관광산업이 원래의 자리로 되돌아오기 전까지 모두투어리츠는 당분간 하락 또는 정체를 보일 것으로 예상해 볼 수 있다. 이렇듯 리츠 선택에서 가장 중요한 것은 '어느 부동산에 투자하는가'를 핵심으로 한다.

⟨표 4-6⟩ 국내 상장된 리츠 현황(2020년 10월 31일 기준)

종목	회사명	상장일	현대가	전일가	등락폭
코람코에너지리츠	(주)코람코에너지플러스 위탁관리부동산 투자회사	2020-08-31	4,765	4,735	▲ 30
제이알글로벌리츠	주식회사제이알글로벌위탁관리 부동산 투자회사	2020-08-07	5,010	4,990	▲ 20
이지스레지던스리츠	이지스레지던스위탁관리부동산 투자회사	2020-08-05	4,760	4,705	▲ 55
미래에셋맵스리츠	미래에셋맵스제1호위탁관리 부동산 투자회사	2020-08-05	4,750	4,760	▼ 10
이지스밸류리츠	이지스밸류플러스위탁관리 부동산 투자회사	2020-07-16	4,560	4,570	▼ 10
NH프라임리츠	(주)엔에이치프라임위탁관리 부동산 투자회사	2019-12-05	4,295	4,285	▲ 10
롯데리츠	롯데위탁관리부동산 투자회사(주)	2019-10-30	5,170	5,180	▼ 10
신한알파리츠	(주)신한알파위탁관리부동산 투자회사	2018-08-08	6,800	6,870	▼ 10
이리츠코크렙	(주)이리츠코크렙기업구조조정 부동산 투자회사	2018-06-27	5,310	5,290	▲ 20
모두투어리츠	(주)모두투어자기관리부동산 투자회사	2016-09-22	2,970	2,980	▼ 10
케이탑리츠	(주)케이탑자기리부동산 투자회사	2012-01-31	778	778	-
에이리츠	(주)에이자기관리부동산 투자회사	2011-07-14	7,540	7,490	▲ 50

출처: 국토교통부

리츠 투자의 장점

리츠는 앞에서 설명한 바와 같이 소액으로 부동산에 투자할 수 있기 때문에 부동산과 금융투자의 장점을 아울러 가지고 있다. 그 장점을 몇 가지로 나눠 정리해 보면 다음과 같다.

첫 번째, 부동산 자산의 특성이 반영되어 비교적 안정적인 수익을 기대할 수 있다는 것이다. 리츠는 부동산을 통해 임대 수익을 얻는 경우가 많은데 특별히 큰 충격이 없는 이상 임대료를 못 받는 일이 거의 없다. 이를 증명이라도 하듯 국토교통부 리츠정보시스템을 보면 리츠 투자의 이유로 '리츠는 다른 주식 또는 채권의 수익 대비 장기적이고 높은 수익을 제공한다'는 점을 들고 있다. 리츠를 통해 소액으로 부동산 투자에 접근이 가능하고, 여기에다 비교적 높은 수익을 기대할 수 있다는 점은 장점이라 할 수 있다.

두 번째, 리츠가 국토교통부의 감독하에 있음으로써 사업이 투명하게 운영된다는 장점이 있다. 부동산 리츠에 대한 주요 정보들은 리츠 정보시스템에서 확인할 수 있고 인가/등록 현황까지 한눈에 볼 수 있다. 경제적 충격에 의해 수익이 줄어들거나 손실이 날 수도 있지만, 적어도 리츠 자체의 부정不正 때문에 투자자들이 선의의 피해를 입을 가능성은 적다는 뜻이기도 하다.

세 번째, 인플레이션 헤지 효과다. 리츠는 실물자산에 투자하기 때문에 임대료 상승도 기대할 수 있고, 부동산 가치 상승의 수혜도 기대해 볼 수 있다. 특히 코로나19 사태 이후 세계 경제가 양적완화를 지속하여 화폐의 유통이 양적인 면에서 증가하게 될 때 낮아지는 화폐가치를 방어할 수 있는 역할이 가능하다. 즉 인플레이션 상황을 대비하는 헤지hedge 효과가 있는 것이다.

네 번째, 부동산을 직접 소유하는 것에 비해 세금 부담이 적다. 다주택자인 경우 추가적인 양도소득세율이 적용되는 환경에서 부동산에 투자하는 것은 상당한 세 부담을 초래한다. 리츠는 이러한 세 부담에서 비교적 자유롭다. 투자 대상은 부동산이지만 본질은 주식인 까닭에 부동산의 보유나 매매에 따르는 세금(보유세, 양도세)이 없는 것이다. 다만, 2023년부터는 주식 거래에 양도소득세를 내야 한다.

리츠 투자 시 유의사항

리츠 투자는 부동산과 연계되어 있기 때문에 부동산 투자 시의 유의사항과 유사하다. 우선 가장 큰 유의사항은 임대수익 변동이다. 경제 충격이 강력한 경우 임대수익과 부동산의 매매가격이 함께 하락하여 손실이 더욱 커질 수 있다. 그래서 경제 충격이 오더라도 버티는 힘, 즉 하방경직성이 강한 부동산 자산을 가지고 있는 리츠에 투자하는 것이 현명하다. 특히 코로나19 이후 전 세계 경제의 흐름이 언택트 산업을 중심으로 재편되고, 기존의 오프라인 매장이나 오피스들이 온라인에 의해 밀려나는 흐름이 본격화되고 있다는 점도 고려해야 한다. 결국 부동산 리츠는 임대수요와 임대수익에 의해 수익률이 결정되는 것임을 잊지 말자.

투자 지표

- 투자 적정 금액 : 적립식 30만 원 또는 일시 300만 원
- 투자 난이도 : 중(주식과 부동산을 함께 알아야 시작할 수 있다)
- 적합한 성향 : 중립적 투자 성향(주식의 변동성을 부동산의 안정성이 보완해줌)

03
갭 투자
: 전셋값 상승 시장을 주목하라

핵심 요약

갭 투자는 주로 아파트 매입에 활용되는 방법으로 매매가격과 전셋값의 차이(이것을 '갭gap'이라고 한다)만을 부담하여 비교적 소액으로 부동산에 투자하는 방법이다. 매입 후 전셋값 상승과 부동산 가격 상승의 두 가지 조건이 다 충족된다면 괜찮은 수익을 올릴 수 있지만, 반대로 전셋값과 매입가격이 동시에 하락하면 이중고를 겪을 수도 있다. 정부의 부동산 투기수요 억제 정책에 따라 다주택자에 대한 세금부담도 많아지고, 특히 양도소득세는 강화되고 있는 정책 방향을 고려할 때 지금 당장 갭이 작다고 해서 접근할 것이 아니라 향후 세금부담까지 감당할 수 있을지 미리 염두에 두어야 한다. 특히 정부의 정책을 통한 부동산 규제가 다주택자들을 타깃으로 하고 있기 때문에 향후 갭 투자는 보다 신중해야 할 것으로 보인다.

갭 투자 방법

갭 투자는 매매가와 전세가의 차이, 즉 갭을 이용한 투자 방법을 가리킨다. 예를 들어 매매가격 5억 원인 아파트의 전세가가 4억 원이라면 투자자는 1억 원의 갭(매매 가격 5억 원/전세 가격 4억 원)만 부담하여 5억 원짜리 주택을 매입할 수 있다. 만일 갭 투자를 통해 아파트를 매입한 후 아파트 가격이 5억 원에서 5억 5,000만 원으로 상승한다면 투자자는 1억 원의 투자 자금으로 5,000만 원의 시세차익을 얻게 되니 수익률을 따져보면 50%를 얻는 셈이다. 매입한 아파트의 가격만 오른다면 엄청난 투자 수익을 올릴 수 있는 셈이다.

갭 투자는 주택투자 방법 중에서 비교적 쉽게 접근할 수 있는 방법이라 할 수 있다. 전세를 안고 매매하면 끝이기 때문이다. 하지만 모든 투자가 그러하듯 방법이 쉽다는 것과 수익을 얻는다는 것은 다른 문제다. 주식 투자의 경우에도 주식을 매매하는 것은 비교적 쉽고 간단하지만 수익을 얻는 것은 힘들지 않던가. 부동산 투자에서 갭 투자도 비슷하다. 전문적인 지식이나 분석력이 없어도 돈만 있으면 아파트를 매수하는 것은 어렵지 않다. 문제는 수익이다. 만일 주택을 매입한 후 그 주택 가격도 떨어지고 전셋값도 떨어진다면 어떻게 될까? 만일 전셋값이 떨어진 상태에서 세입자에게 보증금을 돌려줘야 한다면 빚을 내야 하거나, 심할 경우 주택이 경매로 넘어갈 수도 있다. 여기에 더해 세금 문제도 고려해야 한다. 다주택자들에 대한 세금 부담이 점점 강화되는 추세이기 때문이다.

갭 투자는 전세보증금을 활용하여 아파트에 투자하는 형태라 할 수 있다. 이러한 관점에서 보면 실거주를 하지 않는 아파트 매수는 모두 갭 투자가 될 수 있다. 갭 투자는 대체로 '소액 갭 투자'를 의미한다.

여기서 소액이 얼마인가를 판단하는 문제가 있는데, 서울의 경우 2억 원 미만, 지방의 경우 1억 원 미만을 가리키는 것이 대부분이다.

갭 투자에서 강조되는 것이 있는데 바로 '레버리지'다. 지렛대라는 뜻을 가지고 있는 레버리지는 적은 돈으로 큰 효과를 얻는 투자방식을 가리킨다. 부동산 투자에서의 레버리지는 대출금이나 타인의 자금을 활용한 투자 방법인데, 갭 투자야말로 레버리지 투자의 전형적인 예다. 앞의 예를 다시 풀어보자. 5억 원짜리 아파트가 있다고 하자. 이 아파트를 내 돈 5억 원을 주고 샀는데, 1년 후 5억 5,000만 원으로 상승했다면 차익은 5,000만 원이 되고, 수익률은 10%가 된다. 하지만 5억 원짜리 아파트를 4억 원이라는 전세를 끼고 내 돈 1억 원만 들여 샀다면, 차익 5,000만 원은 똑같으나 수익률은 무려 50%나 된다. 레버리지를 활용한다는 것은 결국 전세금이나 대출금을 활용하는 것인데, 갭 투자는 이렇게 본질적으로 레버리지를 활용한 투자방식인 것이다.

갭 투자자는 다른 사람(세입자)의 자금을 활용하면서 별도의 이자를 내지 않아도 되니 추가적인 자금 부담이 없다는 장점이 있다. 만약 은행에서 4억 원을 빌리고자 한다면 이자율을 연 3%만 적용해도 1년에 무려 1,200만 원의 이자 비용을 부담해야 한다. 하지만 전세보증금을 활용하면 이러한 이자 부담이 사라지는 것이다.

갭 투자는 전세제도가 널리 퍼져 있는 우리나라만의 독특한 투자방법으로 무이자로 다른 사람(세입자)의 돈을 활용하는 것이다. 전세는 다른 나라에는 없는 독특한 우리나라 고유의 계약 형태로, 심지어 영어로 번역을 해도 'Jeonse(전세)'라고 할 정도다. 외국에는 전세의 개념 자체가 없기 때문이다. 우리나라를 제외한 다른 나라들은 월세 거주 또는 자가 거주, 이렇게 두 가지 형태만 있는데, 우리나라는 월세, 자가에 더해 전세가 있는 것이다.

매수자 입장에서는 별도의 이자 없이 전세보증금을 활용하여 주택을 매입하여 소유주가 될 수 있고, 전세 거주자 입장에서는 월세로 지출되는 비용 없이 목돈을 맡겨놓았다가 계약 기간이 끝나면 다시 고스란히 돌려받을 수 있기에 소유자와 거주자의 이해관계가 잘 맞아떨어지는 형태라 할 수 있다. 다만, 2020년 서울은 갭 투자가 거의 불가능할 정도로 아파트 가격들이 상승했다. 갭 투자 수요가 많은 서울 노원구의 경우에도 매매가와 전세가의 차이가 최소 3억 원인 경우가 대부분이다. 더 이상 갭 투자는 소액으로 접근하기 힘든 상황이 돼 가고 있다.

갭 투자의 기본 조건

갭 투자의 기본적인 조건 중 가장 중요한 것은 부동산 가격 상승이다. 전세를 안고 매입한 아파트의 가격이 상승하면 레버리지 효과까지 얻을 수 있어 높은 수익률을 얻을 수 있기 때문이다. 2016년 강북구 길음동 모 아파트는 매매가격 3억 5,000만 원인데 전셋값이 3억 4,500만 원이었다. 500만 원만 있으면 전세금 3억 4,500만 원을 레버리지로 활용하여 시세가 조금만 올라도 높은 수익을 얻을 수 있었다. 실제 해당 아파트는 시세가 4억 원까지 올랐었는데, 500만 원을 들여 시세차익을 5,000만 원 얻은 셈이니 무려 1,000%의 수익을 얻은 셈이다.

물론 갭 투자가 항상 이런 식으로 높은 수익을 얻게 해주지는 않는다. 부동산 시장이 조금만 하락 국면으로 전환되면 갭 투자를 해놓은 소유주들이 버티지 못하는 경우도 많다. 2018년 3월 경제 뉴스 중에는 경기도 화성 동탄신도시 아파트 48채가 한꺼번에 경매로 나왔다는 뉴스가 있다. 어떤 투자자가 한 채당 1,000만 원~2,000만 원 정도를 갭 투자하여 해당 지역의 아파트들을 대규모로 매입했는데 인근 동탄2신도시에 아파트가 대규모로 공급되면서 전셋값이 낮아져 이를 버티지 못하고 경매로 나온 것이다.

갭 투자는 두 가지 조건을 만족해야 하는 투자 방법이다. 첫째는 전세가 상승이고, 둘째는 매매가 상승이다. 특히 전셋값은 아파트의 가치를 가장 잘 보여주는 척도라는 점에 주목해야 한다. 투자 수요가 아닌 실제 거주 수요에 의해 전세가가 정해지기 때문이다.

은마아파트를 예로 들어보자. 은마아파트는 서울 강남의 대표적 재건축 예정 아파트로 2020년 6월 31평형 매매가격이 19억~20억 원을 형성하고 있다. 하지만 전셋값은 5억~6억 원에 불과하다. 그렇다면 실제 은마아파트의 거주 가치는 최대 6억 원 정도라 할 수 있다. 전세를 끼고 은마아파트를 매수하고자 한다면 불가능한 것은 아니지만 무려 15억 원이라는 자금이 필요하다. 게다가 매매가격이 1억 원 상승한다 해도 15억 원이라는 거금을 투자했기 때문에 수익률은 7%(1억 원/15억 원)로 그다지 높지 않다. 여기에 취득세, 재산세, 종합부동산세, 양도소득세까지 고려하면 수익으로 얻는 것은 거의 없다고 할 수 있다.

갭 투자는 전셋값이 매매가격에 근접하게 접근해서 자기자본을 최소화하고 레버리지 효과를 최대화하는 것이 효율적이다. 이러한 점에서 보면 전셋값이 매매가격의 70~80%에 형성되어 있는 아파트들이 기본조건을 만족한다고 할 수 있다. 재건축 투자용 아파트는 현재 전셋값은 낮고 매매가격만 올라있는 상황이니 갭 투자용으로는 적절하지 않다고 볼 수 있다. 결국 은마아파트의 전세가율은 30%를 넘지 못하는 상황이니 재건축 투자를 바라보고 매입한다면 모르되 갭 투자로서는 적절하지 않다고 볼 수 있다.

갭 투자는 잘 돼서 수익을 얻을 때에는 적은 돈으로 큰 수익을 낼 수 있는 방법이지만 반대로 손실을 입을 때에도 손실률이 급격히 높아질 수 있다는 것도 유의해야 한다. 그렇다면 전세가와 매매가 상승이라는 갭 투자의 조건을 만족시키는 아파트들이 앞으로도 계속 출현할까? 이는 정부의 부동산 정책에 따라 답이 달라질 수 있다. 문재인 정부처럼 부동산 시장 안정화를 지향하는 정부라면 부동산에 대한 세금 부담과 각종 규제를 통해 많은 제약을 하게 될 것이니 시간이 지날수록 갭 투자가 어려워지거나 수익률이 낮아질 수 있다.

다만 정부 정책이라는 것이 고정돼 있지 않고 부동산시장의 상황 또한 계속 변하기 때문에 일정한 조건이 형성되면 갭 투자를 다시 시작할 수 있다. 아이러니하게도 '앞으로 부동산 시장은 값이 오르지 않을 것이다'라는 인식이 퍼질 때가 오히려 갭 투자를 하기에 좋은 타이밍이 될 수도 있다. 그 이유는 무엇일까?

2010년경 부동산 투자자들은 IMF 경제위기 이후로 부동산 시장이 꾸준히 상승할 줄 알았는데 2008년의 금융위기로 언제든 부동산이 다시 하락할 수도 있고, 강남불패 또한 신화에 불과하다고 생각했다. 그 결과 2008년 미국발 금융위기와 이에 이어진 세계 경제의 불황으로 2014년 초반까지 대한민국의 부동산 시장은 하락 및 침체기를 겪었고 부동산 시장의 투자 매력 또한 떨어진 상태였다. 인구 감소로 인한 거시경제적 요인 등도 당시 부동산 시장에 대한 부정적인 전망과 주장에 설득력을 더해 주었다.

상황이 이렇다 보니 아파트를 매매하기보다는 하락에 대비해 안전하게 전세로 거주하겠다는 수요가 증가했다. 즉 전세에 대한 공급은 그대로인데 수요가 늘어나게 된 것이다. 당연히 수요-공급의 법칙에 따라 전세에 대한 수요가 늘어나자 전셋값도 올라갔다. 그리고 다시 전셋값의 상승은 매매가격의 상승을 촉발하는 요인이 됐다. 2015년 경 '미친 전셋값' 등의 표현이 경제 뉴스를 장식했는데, 그 이전 집값의 60% 내외이던 전셋값이 심한 경우 90~95%까지 올랐기 때문이다. 이에 전세거주자들은 오른 전셋값을 감당하는 것이나, 은행의 대출을 받아 집을 사는 것이나 크게 다를 것이 없다는 판단을 하게 됐고, 결국 이는 매매가격의 상승으로 이어졌다.

요약하면 이렇다. '부동산 시장이 오를 것 같지 않다'는 전망은 전세 수요 증가를 촉발하고, 전세 수요의 증가는 다시 전셋값 상승과 매매 가격 상승을 촉발한다. 아이러니하게도 '부동산 가격이 오를 것 같지 않다'는 생각이 결국에는 부동산 가격 상승으로 이어지는 것이다. 그런 관점에서 본다면 부동산 시장에 대한 하락 예상이 많아질수록 오히려 갭 투자에 좋은 타이밍이 다가오고 있다는 의미가 된다.

갭 투자자가 반드시 알아야 할 세 가지

갭 투자의 기본원리는 전세와 매매대금의 차이만큼만 부담해서 은행 대출 없이 투자하는 것이다. 이때 신경 써서 해야 할 것이 있는데 바로 전셋값 관리다. 전셋값이 오르면 그만큼 투자금을 회수하기도 쉽고, 이는 또한 매매가격의 상승에 동력을 제공하기 때문이다. 갭 투자를 하고 나서 전셋값 관리를 제대로 하지 못하는 경우가 많은데, 이는 투자 수익률을 더 높일 수 있는 기회를 잃어버리는 것이기 때문에 주의가 필요하며, 전셋값을 잘 관리하기 위해서는 다음의 세 가지를 잘 숙지하고 있어야 한다.

① 묵시적 갱신

주택임대차보호법에 따르면 "임대차 기간이 끝나기 6개월 전부터 1개월 전까지의 기간에 임차인에게 갱신거절의 통지를 하지 아니하거나, 계약조건을 변경하지 아니하면 갱신하지 아니한다는 뜻의 통지를 하지 아니한 경우에는, 그 기간이 끝난 때에 전 임대차와 동일한 조건으로 다시 임대차한 것으로 본다"라고 돼 있다. 표현이 좀 어렵게 들릴 수 있는데, 쉽게 풀어보면 계약기간 만료 전 6개월에서 1개월 사이에 (2020년 12월 10일 이후 새로 계약하거나 갱신된 계약은 6개월 전부터 2개월 전까지) 임차인과 임대인이 전세가를 조정하거나 종료시키겠다는 의사를 전달하지 않으면 자동으로 계약이 연장된다는 의미다.

여기서 갭 투자자가 반드시 알아두어야 할 것이 있으니, 전셋값을 올리고자 한다면 반드시 6개월에서 1개월 전(또는 2개월 전)에 세입자에게 통지해야 한다는 것이다.

묵시적 갱신은 임차인 즉 세입자를 보호하기 위한 장치다. 집주인이 이 조항을 잘 숙지하지 않고 '아직 보름 정도 계약 기간이 남았으니 이제 이야기해도 되겠지'라고 생각한다면 위법한 행위를 하는 셈이 된다. 묵시적 갱신(자동연장) 후 세입자가 나가겠다는 의사 표현을 한 경우엔 3개월 후 나갈 수 있다. 집주인에게는 묵시적 갱신이 불리해 보일 수 있지만 그 법의 목적 자체가 세입자를 보호하는 것이기 때문에 받아들여야 한다. 그러니 전셋값을 올려받고자 할 경우 반드시 계약만료 전 6개월에서 1개월 전에 임차인에게 문서나 문자로 통보해야 한다는 사실을 잊지 말자. 혹시 모르니 무조건 만기 3개월 전에는 통보해야 한다고 기억하면 좋다.

② 임대인의 의무

갭 투자를 해서 세입자를 받고 그 세입자가 집을 있는 그대로 잘 쓴 다면 문제 될 것이 없다. 하지만 사람이 살다 보면 전등이 망가질 수도 있고, 욕조의 물이 샐 수도 있으며, 수도꼭지가 고장 날 수도 있다. 그렇 다면 집주인은 어디까지 집수리를 해줘야 하는 것일까? 이에 대해서 도 법에 잘 정리돼 있으므로 갭 투자자는 이를 잘 숙지해 둬야 한다.

민법에 보면, "임대인은 목적물을 임차인에게 인도하고 계약 존속 중 그 사용, 수익에 필요한 상태를 유지하게 할 의무를 부담한다"고 규 정하여 임대인에게 수선의무를 지우고 있다. 이러한 임대인의 의무와 동시에 임차인(세입자)의 의무도 있는데, 임차인에게는 "임차물의 수리 를 필요로 하거나 임차물에 대하여 권리를 주장하는 자가 있는 때에 는 임차인은 지체없이 임대인에게 이를 통지하여야 한다. 그러나 임대 인이 이미 이를 안 때에는 그러하지 아니하다"고 규정하여 통지의무를 부여하고 있다. 이를 간략하게 정리하자면 임대인은 임차인이 집에서 안정적으로 살 수 있게 해주어야 하고, 임차인은 집에 하자가 발생하 면 임대인에게 알려야 한다는 뜻이다.

법령을 쉽게 풀어 설명하자면, 중대한 문제는 집주인이 해결하고 소 소한 문제는 세입자가 해결하라는 것이다. 형광등, 수도꼭지, 문고리 등 과 같은 작은 문제들은 세입자가 해결하는 것이 맞고, 벽 균열, 누수, 보일러 고장 등과 같은 큰 문제들은 집주인이 해결해 주는 것이 맞다 고 보면 된다. 조금 더 깊게 들어가면 통지의 의무를 어떻게 이행했는 가에 따라 비용부담 책임이 달라지는 경우도 있다. 세입자가 집주인에 게 미리 수리비 견적을 보여주고 집주인이 그 견적대로 진행하자고 하 면 문제 될 것이 없다. 하지만 세입자가 집주인에게 이야기도 하지 않고 알아서 수리한 다음 비용 청구를 하게 되면 분쟁이 발생한다. 그 때문에 집주인 입장에서는 집수리에 대한 문제가 발생했을 경우 세입자에게 반드시 알려달라고 미리 숙지시켜 둘 필요가 있다.

③ 전세 관련 세금

이제까지 갭 투자의 장점 중 하나는 월세를 받지 않기 때문에 별다른 소득신고를 할 필요가 없었다는 점이다. 하지만 이제는 월세가 아니더라도 전세를 많이 임대하고 있으면 그 규모에 따라 '간주임대료'라는 세금이 붙게 된다. 간주임대료는 갭 투자에 필요한 비용으로 생각하면 되는데 그 금액이 크지는 않지만 과세 대상이 되기 때문에 반드시 알아두어야 한다. 예를 들어 주택 전세 계약의 경우 3주택 이상 보유하는 동시에 전세보증금 합계가 3억 원을 넘는 경우가 이에 해당한다. 고가주택일지라도 보유 주택 수가 한 채뿐이라면 비과세 대상이 된다. 간주임대료는 아래와 같은 계산식에 의해 계산을 한다.

$$\text{(전세 금액 총계 − 3억 원)} \times 60\%$$
$$\times 2.1\%\text{(국세청에서 발표하는 정기예금이자율)}$$

예를 들어 전세보증금으로 받은 금액이 총 10억 원이라고 가정해서 간주임대료를 계산해 보면, '(10억 원 − 3억 원) × 60% × 2.1% = 882만 원'이 된다. 여기서 882만 원은 세금이 아니라 과세 대상이 되는 금액이다(2020년 7월 현재, 국회에서는 3주택자부터 계산이 시작되는 '간주임대료'를 2주택자부터 적용하는 법안을 준비하고 있다).

갭 투자 시 유의사항

갭 투자를 하는 방법 자체는 어려운 것이 아니다. 다만 '세금' 영역에서 접근하면 갭 투자는 상당히 복잡한 계산과 의사결정이 필요하다. 문재인 정부 들어 기존과 달리 다주택자에 대해 엄격하게 세금이 부과되고 다주택자를 위한 주택임대사업자 혜택도 지속적으로 축소되고 있기 때문이다. 그 때문에 갭 투자를 생각하고 있다면 반드시 세금에 대해서도 생각해봐야 한다. 세금에 대한 생각 없이 덤벼들었다가는 오히려 세금 때문에 큰 손실을 볼 수도 있다.

간략하게 세금 부담을 살펴보면 이렇다. 먼저 부동산 매입에 따른 취득세가 있다. 지금까지는 개인의 경우 3주택까지는 주택 가액에 따라 1~3%, 4주택부터는 4%가 적용되었는데, 2020년 7월 10일 개정된 취득세법에 따르면, 비조정대상지역 2주택자까지는 기존과 같이 1~3%가 적용되지만, 조정대상지역 2주택자부터 4주택자까지 8~12%로 대폭 상향 조정되었다. 법인 역시 무조건 12%로 변경되었다. 따라서 현재 무주택이거나 1주택자인 경우(비조정대상지역 2주택자 포함)에는 영향이 없으나 2채 이상을 가진 다주택자라면 갭 투자를 할 때 대폭 늘어난 취득세 부담도 꼭 고려해야 한다.

보유세도 마찬가지다. 2019년 '12·16부동산대책'과 2020년 '7·10부동산대책'을 통해 2주택자 이상에 대한 재산세와 종합부동산세 부담을 대폭 강화했다. 보유세에 가장 큰 영향을 미치는 부동산 공시가액을 2030년까지 90%까지 현실화한다든지, 2주택 이상에 대한 종합부동산세를 지속적으로 올린다든지 하는 것들이 대표적이다. 이처럼 보유세 부담이 대폭 상승함에 따라 갭 투자에 대한 위험 부담률은 더욱 커졌다고 봐야 한다.

마지막은 양도소득세다. 집이 많을수록 더 많은 세 부담을 지게하는 정부의 정책을 고려해봐야 한다. 2020년 5월 30일까지는 2주택자일 경우 양도소득세율에 추가 10%p, 3주택자 이상은 추가 20%p가 적용되지만, 법 개정으로 인해 2021년 6월 1일부터는 2주택자의 경우 추가 20%p, 3주택자 이상은 양도소득세율에 추가 30%p로, 10%p씩 인상될 예정이다. 집값이 안정되지 않을 경우 다주택자에 대한 양도소득세는 계속 올라갈 수 있다(부동산 세금에 관해서는 218~226쪽을 참고하길 바란다).

혹시 정권이 바뀌거나 해서 정책 기조가 바뀔 것으로 기대할지도 모르지만, 애석하게도 세금에 대해서는 정권이 바뀌어도 완화되는 일은 기대하기 어렵다. 세금은 한 번 정해지면 더 강화되는 것은 가능해도 완화되는 일은 별로 없기 때문이다. 정부 입장에서는 세율이 높다는 것은 그만큼 세수를 확보할 수 있다는 뜻이기 때문에 굳이 세율을 낮춰 부자 감세 비판을 받으면서까지 세수를 줄일 이유가 없는 것이다.

매매가와 전세가의 차이가 별로 없을 경우 갭 투자를 통해 대부분 수익을 보던 시절은 이제 지났다. 갭 금액이 많냐 적으냐 보다는 매입한 집의 가격이 오를 수 있느냐, 그에 따른 세금을 감당할 수 있느냐를 먼저 살펴야 한다.

투자 지표

- 투자 적정 금액 : 서울 2억 원 이내, 수도권/지방 1억 원 이내
- 투자 난이도 : 상(매입 방법은 쉽지만 투자 대상 선정이 어려움)
- 적합한 성향 : 보수적 투자 성향(급격한 등락 없이 매입 후 보유하는 것으로 충분)

※ 잠깐 상식

임대차 3법

2020년 7월 30일 임대차 3법이 국회를 통과했다. 주요 내용과 핵심은 아래와 같다.

1. 전월세 신고제 [2021년 6월부터]

임대차계약 당사자(임대인/임차인)는 보증금 또는 임대료 등을 계약 체결일부터 30일 이내에 주택 소재지의 시·군·구청에 신고하여야 하는 의무 발생

2. 전월세 상한제 [2020년 7월 31일부터 시행 중]

- 임대차계약 갱신 시 임대료 증액 상한을 기존 임대료의 5% 이내로 제한
- 임대차계약 또는 최종의 임대료 등을 증액한 후, 1년 이내에 증액청구 불가
- 법에서 정한 5% 범위 내에서 시·도지사가 조례를 통해 별도 상한 설정 가능
  - 지자체가 별도로 정하지 않으면 5% 이내 적용

3. 계약갱신 청구권 [2020년 7월 31일부터 시행 중]

- 세입자가 원할 경우 기존 2년 계약이 끝나면 한 차례 연장해 최대 4년(2년+2년) 보장(계약만료 1~6개월 전에 계약연장에 대한 의사통보 필요)
- 법 시행 이전 임대차계약도 계약갱신청구권 1회(+2년) 인정
- 집주인 또는 직계 존·비속이 2년간 실거주하는 경우 거부 가능
  - 세입자는 집주인에게 실거주 사유 증명 요구 가능

04
수익형 부동산
: 입지 선정이 돈을 부른다

핵심 요약

오피스텔과 상가는 임대수익을 기대하는 수익형부동산의 대표적인 상품이다. 매입하는 것은 복잡한 지식이나 어려운 절차를 거쳐야 하는 것은 아니지만 좋은 매물을 매입하고자 한다면 공부가 필요하다. 특히 상가는 업종의 향후 전망에 따라 공실의 위험 유무가 달라진다는 점도 미리 알아 두어야 한다. 오피스텔의 핵심은 임대수익이고 상가 투자의 핵심은 세입자의 업종이다. 위험성 높은 분양형 호텔이나 신도시상가는 피하는 것이 좋다. 아직 다른 곳에 좋은 오피스텔이나 상가가 많이 있기 때문이다.

수익형 부동산 투자 방법

수익형부동산이란 임대수익을 얻기 위한 부동산을 뜻한다. 그 대표적인 것으로 상가와 오피스텔이 있는데 일정 금액의 보증금과 월세를 받음으로써 임대수익을 얻을 수 있다. 개념상 수익형부동산의 맞은편에는 차익형부동산이 있다. 차익형부동산이란 시세차익을 얻고자 하는 부동산인데, 아파트를 비롯한 주택이 대부분 차익형부동산이다. 전세를 안고 매입하는 갭 투자, 재건축이나 재개발 예정 빌라에 투자하는 것들은 월세 수익보다는 향후 시세가 오르기를 기다려 시세차익을 노리는 투자 방법이다. 정리하면 수익형부동산은 임대수익을, 차익형부동산은 시세차익을 기대하는 투자이라 할 수 있다.

물론 이러한 구분이 절대적인 것은 아니다. 같은 주택(아파트)라도 어떤 목적으로 투자하느냐에 따라 어떤 사람에게는 수익형부동산이 될 수도 있다. 예를 들어 아파트에 월세를 놓으면 수익형부동산이 되는 것이고, 전세를 안고 매입하면 차익형부동산이 되는 것이다. 특히 공유경제가 활성화된 최근에는 에어비엔비 등으로 수익을 얻기 위해 아파트를 임대 목적으로 매입하는 경우도 있다. 이때 에어비엔비용 아파트는 수익형부동산이라 할 수 있다(참고로 에어비엔비는 아직 법으로 제도화되지는 않은 회색지대이기는 하다).

그럼에도 불구하고 수익형부동산과 차익형부동산으로 구분하는 경우가 많다. 주로 재건축 예정 아파트, 주변에 개발 호재가 있어 시세차익을 기대할 수 있는 신축이나 일반 아파트, 재개발 예정 지역의 낡은 빌라 등이 차익형부동산으로 분류되고, 상가나 오피스텔 등 월세를 받을 수 있는 부동산은 수익형부동산으로 분류되는 것이 보통이다.

수익형부동산은 월세 수익을 기대하여 투자하는 것이기 때문에 매매가격의 상승에 대해서는 크게 신경 쓰지 않아야 한다. 특히 오피스텔은 특별한 경우가 아니면 매매가격이 잘 오르지 않는다. 오피스텔은 일정 기간 지나면 건물이 낡게 되고 주변에 더 깨끗한 오피스텔이 지어져 공급되기 때문에 가격 상승은 기대하기 힘들다. 하지만 비록 가격 상승을 기대할 수는 없지만, 오피스텔은 매년 5% 정도의 임대수익을 얻을 수 있으니 그만큼 가격이 상승한 것으로 생각하면 된다.

예를 들어 매매가 2억 원의 오피스텔을 매입해서 보증금 1,000만 원에 월세 70만 원 정도의 임대수익을 얻을 수 있다고 해 보자. 이것을 수익률로 계산해보면 연간 수익률이 자기자본 대비 대략 4.5% 정도인데, 이를 역으로 생각하면 오피스텔 가격이 1년 동안 840만 원 정도 오른 것으로 볼 수 있다. 오피스텔의 가격은 잘 오르지 않는다는 것을 염두에 두고 이제부터 각각의 수익형 부동산 투자에 있어 기본적으로 알아두어야 할 내용을 살펴보기로 하자.

① 오피스텔 투자

오피스텔은 접근이 가장 쉬운 수익형부동산이다. 보증금과 월세가 일정하게 형성되어 있고 주택으로 사용하는 오피스텔의 경우 부가가치세를 계산하고 납부해야 하는 번거로움이 덜하다는 장점도 있다. 공실의 염려도 크지 않은 편이다. 서울 오피스텔의 경우 일반적으로 방 한 개에 거실 하나로 구성되고 매매가격은 2억 원 내외에서 형성된다. 임대료는 보증금 1,000만 원에 월세 70만 원 내외가 보통이다. 대출을 활용하지 않고 순수하게 자기자본 1억 9,000만 원(2억 원에서 보증금 1,000만 원을 뺀 금액)을 들여 매입하게 되면 세전 수익률은 4.42%(840만 원/1억 9,000만 원) 정도가 된다. 만약 연 3% 이자율로 1억 원을 대출받아 매입하게 되면 연간 이자는 300만 원이 되므로 세전 수익률은 5.4%가 된다((840만 원-300만 원)/(1억 9,000만 원-9,000만 원)).

대출을 활용하면 수익률이 올라가게 되는데, 이는 임대수익률이 은행의 대출이자율보다 높기 때문에 가능하다. 쉽게 말해 더 낮은 이율로 자금을 조달하여 더 비싼 이율로 임대수익을 얻게 된다는 뜻이다. 물론 반대의 경우도 있다. 이자율이 3%인데, 임대수익률이 2.5%에 불과하다면 더 비싸게 돈을 빌려 더 낮은 임대수익을 얻는 것이니 이때는 대출이 독이 된다. 임대수익률을 높이려면 적어도 임대수익률보다 더 낮은 이자율로 대출을 받아야 한다.

오피스텔 투자는 임대수익만을 기대하는 상품이다. 이 점을 망각하는 투자자들은 가격이 오를 만한 오피스텔을 찾는 경우가 많다. 오피스텔 홍보물들을 보면 주변에 무슨 개발 호재가 있어 미래가치가 높다는 식으로 투자자에게 희망을 심어주는데 냉정하게 이야기하자면 오피스텔은 신축을 분양받아 등기하는 순간부터 가격이 떨어지는 상품이라 보면 된다. 이는 중고자동차를 생각하면 이해가 쉽다. 고객이 새로 차를 사서 운전석에 앉는 순간부터 중고차가 되지 않던가? 오피스텔도 이와 비슷하다. 신축이 완료되는 시점부터 오피스텔은 더 이상 신축이 아니다. 시간이 지남에 따라 감가상각이 적용되어 가치가 낮아지게 된다.

여기에 더해 오피스텔은 대체재가 많다. 즉, 오늘은 내가 가진 오피스텔이 인근에서 가장 새 상품이라 해도 2~3년 지나면 근처에 더 예쁘고 더 새롭게 잘 지은 오피스텔이 공급된다. 아파트는 30년 지나면 안전진단도 받고 재건축도 추진해 볼 수 있다. 향후 재건축을 기대할 수 있다는 기대감은 주택의 가격을 상승시키는 원동력이 되는데, 오피스텔은 이러한 기대감을 가지기가 힘들다.

2020년 5월까지 제대로 재건축된 오피스텔이 없다는 것이 어떤 의

미인지 생각해봐야 한다. 오피스텔은 투자용 부동산, 차익형부동산이 아니다. 오로지 임대수익을 안정적으로 얻을 목적의 부동산이다. 임대수익용 부동산에 대해 시세차익을 바라고 매입하면 안 된다는 뜻이다. 오피스텔의 가격 상승 가능성을 무시한다면 선택할 수 있는 폭이 넓어진다. 군이 유망한 서울 중심가의 오피스텔이 아니어도 된다는 뜻이다. 서울 강남의 오피스텔은 겉으로는 화려해도 가격 상승은 기대하기 힘들고 이미 높은 분양가로 인해 임대수익률도 높지 않다. 오피스텔은 오로지 임대수익만 따져야 하는 부동산상품이라는 점을 인식하고 지역과 관계없이 수익률 좋은 오피스텔을 찾는 것이 가장 투자를 잘하는 방법이다. 군이 서울이 아니어도 좋다. 수도권이나 지방에서 수익률 좋은 오피스텔을 찾으면 된다.

투자수익 좋은 오피스텔 고르는 방법

오피스텔은 앞서 설명했던 바와 같이 '수익률'을 가장 중요한 기준으로 놓아야 한다. 교통망이 앞으로 좋아진다든가 배후수요가 든든하다는 식의 '가격 상승' 요인은 모두 잊어버리는 것이 좋다. 오피스텔의 가격이 비슷하다면 서울이나 지방을 구분하지 말고 가장 수익률이 좋은 곳을 고르는 것이 정답이다. 물론 지역적으로 너무 멀리 떨어져 있다면 임대계약을 위해 불필요하게 시간과 비용을 들여야 하는 일이 있을 수 있으니 그 점도 감안해서 지역을 선택해야 한다.

서울에 매매가 2억 원에 보증금 1,000만 원, 월세 80만 원 받을 수 있는 A 오피스텔이 있고, 수원에 매매가 2억 원에 보증금 1,000만 원, 월세 90만 원 받을 수 있는 B 오피스텔이 있다면 당연히 선택은 B 오피스텔이 되어야 한다. 그래도 서울이어야 좋지 않겠느냐고 생각할지도 모르는데, 그런 생각 때문에 낭패를 볼 수도 있다.

오피스텔을 분양하는 업체들은 당신의 그런 생각을 이용해서 서울의 홍대, 이화여대 인근의 오피스텔에 대해 과다한 분양가를 책정하여 투자자들에게 손해를 입힌다. 입지가 어떠하고 교통이 어떠하고 하는 것들은 결국 임대료에 반영이 된다. 만약 수원이나 분당에 위치한 오피스텔이 서울 핵심지역의 오피스텔보다 임대료를 더 받는다면 그것은 그 지역의 오피스텔이 더 나은 거주환경을 제공한다는 뜻이다.

매매가격은 거짓말을 할 수 있지만 임대가격은 거짓말하지 않는다. 수요와 공급의 원칙이 가장 실시간으로 나타나는 시장이 오피스텔 임대 시장이기 때문이다. 오피스텔 거주자는 같은 값에 더 나은 오피스텔이 있으면 미련 없이 이동한다. 따라서 오피스텔 투자에 있어 집중해야 하는 것은 미래의 가격이 어떻게 될 것인가가 아니다. 지금 임대료가 얼마냐 하는, 현재가치가 중요할 뿐이다. 미래가치는 아파트를 매입할 때 생각하는 개념이고, 오피스텔은 현재의 임대료만 봐야 한다.

②상가 투자

상가는 오피스텔과 비슷하다. 오피스텔이 주거를 목적으로 하는 세입자에게 임대수익을 얻는 것처럼 상가는 사업을 목적으로 하는 자영업자들에게 임대수익을 얻는다. 과거 상가는 다른 층은 몰라도 1층만큼은 불패신화를 가지고 있었지만 최근의 모습은 1층도 공실이 날 수 있다는 것을 보여주고 있다. 상가는 임대수익을 주목적으로 하는데 웬만한 상가는 이제 임대수익 자체를 얻을 수 없는 상황이 되어 가고 있다.

얼마 전까지만 해도 식당은 1층이나 2층인 경우가 대부분이었다. 이러한 상황에서 '배달의 민족'이라는 앱은 식당이 굳이 1층에 있지 않고 지하에 있거나 공유주방에 있어도 괜찮도록 변화를 일으켰다. 은행도 비슷하다. 과거 은행은 지점의 수가 영업력이었고 자존심이었다. 하지만 이제 은행은 인터넷으로, 스마트폰으로 들어가 버렸다. 은행 점포를 입점시키면 지속적으로 높은 임대수익을 올릴 수 있다는 것이 얼마 전까지의 상식이었으나 이제는 그 상식이 무너지고 있다.

배달앱을 통해 맛집도 줄을 서서 먹을 필요가 없어졌고 치킨집이 건물 지하에 있어도 무방한 시대가 되었다. 인터넷과 스마트폰으로 세상이 그렇게 변해버린 것이다. 음식점뿐만이 아니다. 옷집을 보자. 옷은 입어 보고 사야 한다는 것이 상식이었는데 이제는 옷도 인터넷에서 산다. 자신의 치수만 알고 있다면 PC나 스마트폰으로 자유롭게 주문이 가능하고, 혹시 옷이 마음에 들지 않는다면 교환이나 반품도 가능하다. 인터넷을 통한 전자상거래가 옷집들의 몰락을 가져오고 있는 셈이다.

심지어 신선도가 생명인 음식들도 저녁에 주문하면 새벽에 배송해준다. 게다가 많이 주문해야 하는 것도 아니다. 배송비만 내면 한두 개의 소량물품도 배달해준다. IT와 AI의 발달로 소비자들이 직접 상가를 방문하지 않아도 필요한 물품을 구할 수 있는 시대가 된 것이다. 코로나19 사태로 인해 이러한 흐름은 앞으로 더욱 가속화될 것으로 보인다.

이런 이유로 상가에 투자한다고 계획을 세울 땐 세입자가 어떤 업종을 영위하고 있는지 꼼꼼하게 살펴봐야 한다. 스마트폰앱이나 쿠팡과 같은 인터넷쇼핑으로 대체될 수 있는 업종은 가급적 피하는 것이 좋다. 수요가 계속 줄어들 것이기 때문이다.

오피스 건물도 공실이 늘어나고 있다. 기업들의 실적 악화로 임차한 건물에 계속 머물러 있을 자금이 부족해지기도 했고, 공유경제의 영향으로 패스트파이브, 위워크 같은 업체들이 오피스를 비교적 저렴하게 공급하고 있기 때문이다. 앞으로 새로 창업하는 업체들은 큰 오피스를 필요로 하지 않을 것으로 보인다. 상가의 매력이 앞으로 계속 떨어질 수밖에 없는 이유다.

투자수익 좋은 상가 고르는 방법

상가는 임대수익을 바라보고 매입하는 것이 기본이지만 건물 자체의 가치 상승도 기대해 봐야 한다. 이것이 오피스텔과의 차이점이다. 오피스텔은 인근에 유사한 오피스텔이 많이 생겨날 수 있지만 상가는 그와 달리 공급이 항상 제한되어 있다. 비록 수요가 줄어드는 상황이라서 1층도 안심할 수 없지만 입지가 좋은 곳은 지하 1층도 임대료를 높게 받을 수 있다.

상가는 세입자의 역량이 중요하게 작용하기 때문에 좋은 상가를 고르는 것은 좋은 세입자를 만나는 것과도 연결된다. 좋은 세입자란 임대료를 밀리지 않고, 계약 기간이 끝날 때쯤이면 임대료를 올려줄 수 있을 정도로 영업을 잘하는 세입자다.

먼저 앞으로 좋은 세입자가 되기 힘든 업종들을 먼저 살펴보자. 첫째, 여행 관련 업종이다. 기존의 여행사는 주요 수익모델이 단체관광이었는데 최근의 여행은 단체로 깃발 들고 가는 여행이 아닌 각자 테마를 정하는 여행으로 트렌드가 변하고 있다. 여행사의 도움을 받지 않고 각종 앱을 통해 숙소를 예약하고 비행기를 예약할 수 있으니 여행사의 수익모델이 점점 줄어들고 있다. 여행사가 단체관광 외에 눈에 띌

만한 비즈니스 수익 모델을 찾지 않는 이상, 여행사에 세를 주는 것은 공실 위험이 있다.

프랜차이즈가 아닌 소규모 헬스장이나 피트니스 센터도 경쟁력이 약해져서 공실 발생의 위험이 있다. 최근의 흐름은 헬스장도 프랜차이즈화되어 각 회원이 여러 지점을 이용할 수 있도록 경쟁력을 강화하고 있는 상황이다. 헬스장은 그 특성상 넓은 곳을 임차해서 영업하는데 혹시라도 헬스장이 영업 부진으로 철수하게 되면 그 공백을 금방 채우는 것이 쉽지 않다. 상가에 투자할 때 임차인으로 헬스장이 있다면 가급적 피하는 것이 좋다.

입시학원이 아닌 초등생을 대상으로 하는 취미 학원들도 향후 업계 전망이 어둡다. 아이들의 인구가 줄어드는 데 반해, 코로나19 사태로 언택트 콘텐츠는 늘어나고 있기 때문이다. 입시학원은 어쩔 수 없이 성적 유지를 위해 다녀야 하니 당분간 현 상태가 유지된다 해도 초등생 대상의 취미 학원들은 어려움을 겪을 것으로 보인다.

반면 앞으로도 수익이 꾸준할 것으로 예상되는 업종이 있다. 대표적인 것으로 편의점을 들 수 있다. 앞으로 베이비붐세대의 지속적인 은퇴는 편의점 창업의 증가로 이어질 것이다. 이미 편의점이 많다고는 하지만 편의점의 경우 운영이 어려워지면 다른 프랜차이즈 업체의 편의점이 간판만 바꿔서 입점하는 경우가 많다. 즉 편의점 자리는 한 번 정해지면 계속 편의점으로 운영될 가능성이 크기 때문에 투자자 입장에서는 임대수익 창출에 큰 도움이 된다. 미용실과 세탁소 역시 안정적인 업종이라 볼 수 있다. 인터넷과 모바일이 아무리 발전해도 머리는 계속 자라고 옷은 항상 세탁해야 한다. 인터넷으로 대체하기 어려운 업종은 앞으로도 계속해서 임대수익 창출에 도움이 될 것이다.

수익형 부동산 투자 시 유의 사항

오피스텔, 상가 등과 같은 수익형부동산은 눈에 보이는 상품을 거래하는 것이기 때문에 거주자 또는 세입자를 잘 만나는 것이 중요하다. 그러나 누가 들어오고 나가는지 잘 알 수 없는 수익형부동산도 있다. 예를 들어 분양받아 투자자는 수익만 누리면 된다고 광고하는 분양형 호텔이나 신도시에 새로 조성되는 상가는 활성화 시기를 가늠하기 어렵기 때문에 투자를 피하는 것이 좋다. 아래에 분양형 호텔과 신도시 상가 투자 시 유의해야 할 점을 정리해 보았다.

① 분양형 호텔

분양형 호텔이란 호텔의 객실 한 개를 분양받아 전문업체가 운영하여 이익을 발생시킨 후 그 이익을 투자자에게 돌려주는 방식의 수익형부동산이다. 계획대로만 호텔 운영이 잘 된다면 높은 수익도 얻고 소유주 자격으로 무료로 숙박도 할 수 있다. 하지만 아직 그렇게 잘 운영되는 호텔은 드물다. 호텔 전문 업체가 운영하는 것이 아니라, 호텔을 그냥 지어놓고 어설프게 모집한 직원들로 운영하는 경우가 많다. 그 경우 운영이 잘 안 되니 투자자에게 돌려줄 수익은 당연히 줄어들거나 없고, 심한 경우 오히려 관리에 필요한 비용을 투자자에게 내라고 하는 경우도 있다. 분양형 호텔은 나중에 투자금을 회수하려 해도 호텔 관리업체의 허가를 받아야 하는 경우가 있을 수 있어 유동성과 환금성 면에서도 상당히 불편하다. 분양형 호텔에 대해 법적 분쟁이 많은 것은 다 이유가 있다.

② 신도시 상가

새로 조성되는 신도시의 상가는 상가가 활성화되기까지의 기간을 가늠하기 어렵다. 일반적으로 아파트 입주로부터 2년의 기간을 상가 활성화의 기간으로 산정하는 경우가 많은데 지역마다 특성이 달라 모두가 그렇다고 말하기 힘들다. 예를 들어 서울 강서구의 마곡지구를 보자. 외양을 보면 각종 대기업의 R&D 박사급 고급 인력이 모이고, 기업의 본사가 들어서서 유동인구가 늘어나 상가들이 금방 활성화될 수 있을 것으로 보였다. 하지만 2018년 건물이 다 들어서고 3년이 지나도 아직 공실이 많다. 매매가격도 향후 상가의 활성화를 전제로 책정되었기 때문에 불필요하게 높다. 그래서 신도시 상가 투자는 가급적 피하는 것이 좋다. 그 상가들이 나빠서 아니라 활성화 여부가 불확실하기 때문이다. 상가는 전국에 얼마든지 있으니 다른 곳을 찾아보도록 하자.

투자 지표

- 투자 적정 금액 : 5,000만 원 이내(수익률 상승을 위한 대출 활용도 바람직)
- 투자 난이도 : 상(세입자의 업종과 향후 업종 전망을 파악해야 함)
- 적합한 성향 : 보수적 투자 성향 또는 공격적 투자 성향(오피스텔은 보수적 투자 성향인 투자자에게 적합하지만, 상가는 공실의 위험까지 감수할 수 있는 공격적 투자 성향의 투자자에게 적합함)

05
재개발
: 멀리 보고 기다려라

핵심 요약

재개발 투자는 20년 차에 들어선 오래된 투자 방법이지만 재개발사업의 특성상 장기간이 소요되기 때문에 현재까지도 투자처로써 많은 관심을 받고 있다. 재개발 투자의 핵심은 재개발 대상 지역에서 좋은 물건을 찾아내는 것과 찾아낸 물건이 과연 아파트로 분양받을 수 있는 입주권의 대상이 되는가를 확인하는 것이다. 가성비 좋은 물건을 찾는다면 아직도 재개발 투자를 통한 수익은 얼마든지 가능하다. 하지만 최근 재개발에 대한 정부 규제가 강화되고 있고, 지역마다 수익성에 있어서 차이가 있을 수 있기 때문에 면밀한 계산이 필요하다.

재개발 투자 방법

재개발사업은 낡고 노후화된 주택이 모여 있는 지역에 새로 아파트를 짓는 것으로 이해하면 된다. 하지만 이러한 과정에서 각종 어려운 용어가 나오고, 뉴타운, 재정비촉진지구, 전략정비구역, 유도정비구역 등 새로운 개념들이 소개되기도 하고, 반대로 사장되기도 하면서 재개발사업이 어렵게 느껴지는 것도 사실이다. 투자의 관점에서는 어느 때 사고 어느 때 팔아야 가장 수익이 극대화되는 것이냐에 관심을 가지면 되지만, 전체적인 재개발사업의 절차를 파악하여 단계별로 어떠한 사항이 있는가를 알고 있어야 제대로 된 투자를 할 수 있다. 2020년 기준으로 서울시에만 대략 300여 개의 재개발사업이 진행 중이기 때문에, 절차에 대해 꼼꼼히 학습해 둔다면 앞으로 투자 기회는 얼마든지 있다.

재개발사업은 다음과 같은 순서로 진행된다. ①기본계획 수립 ②정비구역 지정 ③조합설립 추진위원회 구성 및 승인 ④조합설립 인가 ⑤사업시행 인가 ⑥관리처분계획 인가 ⑦착공 및 분양 ⑧사업의 완료. 만일 재개발지역에 투자하겠다고 하면 개발 예정지를 미리 사 두고 시간이 지나 사업이 진행될 때 중간에 매도하여 수익을 보거나, 아니면 사업 중간에 투자하여 다 지어진 아파트에 입주까지 하겠다고 하는 목표를 세워야 한다. 막연히 '재개발구역이니까 돈이 되겠지' 하는 생각을 가지고 투자한다면 사업단계 진행 과정에서 가격이 아래로 흔들릴 경우 심리적인 불안감 때문에 급매 처분 등으로 손실을 볼 수도 있다.

실제로 아현뉴타운의 경우 처음 구역지정이 되고, 이후 2010년 관리처분까지 가격이 널뛰기를 해서 투자자들을 헷갈리게 만들었다. 처음에는 가격이 폭등 수준으로 올랐다가 이후 3~4년 정도 지루한 횡보를 거듭했고, 이에 따라 횡보에 지친 투자자들이 실망 매물로 급매 처분을 하기도 했다. 이후 다시 관리처분계획 이전에 반짝 가격이 올랐으나 관리처분계획 이후에는 가격이 다시 내려가기도 했다. 이런 가격의 부침은 마치 놀이공원의 롤러코스터를 타는 것과 비슷하다. 하지만 분양이 본격화된 2020년 이후부터 아현뉴타운은 서울에서 가장 인기 있고 가격이 높게 형성된 신축아파트가 되었다. 폭등과 하락을 겪으면서도 결국 신축아파트를 향한 단계가 진행되었던 것이다.

재개발을 하는 인접된 두 지역이 있다고 하자. A라는 지역의 물건은 대지지분의 평당 가격이 1억 원이고, B라는 지역의 물건은 대지지분의 평당 가격이 5,000만 원이라고 할 때, 어떤 물건이 더 좋은 물건일까? 언뜻 생각하기에 평당 5,000만 원인 물건이 더 싸게 살 수 있으니 좋을 거 같다. 하지만 이는 잘못된 생각이다. 중요한 것은 현재의 평당 가격이 아니라 나중에 아파트를 지었을 때 배정받을 수 있는 평수가 어떻게 되느냐이기 때문이다. 만일 A라는 지역에서 평당 1억 원인 5평짜리 물건이 32평형을 배정받는 것이 확실하고, B라는 지역에서 평당 5,000만 원인 10평짜리 물건이 25평형을 배정받는 것이라면, 같은 5억 원을 투자할 경우 A라는 지역에서는 32평형 배정을 배정받고, B라는 지역에서는 25평형을 배정받게 된다. 그렇다면 결과적으로 평수만 놓고 본다면 5억 원을 투자하여 32평형을 배정받는 것이 낫다. 물론 입지조건도 따져보아야 하고, 비례율이라던가 추가분담금이 어떠한가를 종합적으로 계산해 보아야 하겠지만, 기억해야 할 것은 평당 가격이 높다고 해서 무조건 나쁜 물건도 아니고, 평당 가격이 낮다고 해서 무조건 좋은 물건도 아니라는 사실이다.

부동산 중개업소에서 물건을 추천을 받을 때 무조건 평당 가격이 낮다는 것이 강조되는 경향이 있는데 이러한 기준은 위험하다. 큰 평형에 배정받을 수 있는 물건이면서 감정평가도 높게 받을 수 있는 물건이라면 평당 가격이 비싸더라도 충분히 투자할 만한 가치가 있는 것이다.

재개발지역에서의 투자 물건은 재건축과는 조금 다르게 평가해야 한다. 재건축 투자의 경우에는 비교적 간단하게 몇 평형 배정인지, 추가분담금이 어느 정도인지 예측할 수 있다. 아파트들이 평형별로 일정하게 표준화되어 있기 때문이다. 하지만 재개발에 있어서는 건축물의 상태, 도로와의 접근성 등이 함께 고려되어야 하기 때문에 조금 더 복잡한 기준이 적용된다. 그럼 이제부터 어떤 재개발 물건이 좋은 것인지 알아보도록 하자.

① 전체적인 투자 금액은 적을수록 좋다

대치동 은마아파트, 잠실주공5단지. 이러한 아파트들이 투자대상으로 좋다는 것은 누구나 알고 있다. 그런데도 막상 투자를 하려면 최소 10억~15억 원 이상이 필요하기 때문에 자금 여력이 많지 않으면 좋은 것을 알면서도 투자를 못 하게 된다. 재개발 투자에 있어서도 비슷하다. 아무리 물건이 좋다 하더라도 전체적인 가격이 높으면 투자하기 어려워진다. 부동산 투자를 통해 수익을 본다는 것은 내가 매입한 부동산을 다른 사람이 내가 매입한 금액 이상으로 사 주어야 한다는 것인데, 살 때의 가격이 너무 커지면 다음 사람에게 팔기가 힘들어진다.

재개발구역 지정이 되고 난 후 거래가 활발해질 때 준비해야 할 현금 규모는 대체로 적게는 2억 원에서 많게는 4억~5억 원 정도가 되는 것이 일반적이다. 아무리 좋은 물건이라도 내가 5억 원을 들여 투자한다면 다음 사람이 그 금액 이상으로 매수하기가 힘들어진다. 투자수익을 얻기 위해서는 다음 사람이 과연 이 물건을 살 수 있을 것인가를 생각해야 한다. 내가 1억 원을 들여 산 물건을 다음 사람에게 1억

3,000만 원에 매도하는 것은 크게 어렵지 않다. 하지만 내가 10억 원을 들여 산 물건을 다음 사람에게 13억 원에 매도하는 것은 매우 어렵다.

정리해 보자. 재개발 투자에 있어서는 대략 2억 원 내외로 살 수 있는 물건이 있다면 좋은 투자 물건이라고 볼 수 있다. 다음 사람이 사는 데 부담스러운 가격이 아니기 때문이다. 재개발 물건에 투자를 할 때는 항상 매수한 후에 빠져나갈 수 있는 출구 전략을 생각해야 한다. 이러한 점에서 전체적인 투자 금액은 적으면 적을수록 좋다.

② 평당금액이 적을수록 좋다

같은 조건의 물건, 즉 같은 평형에 배정되는 것이고 건물의 상태도 양호한 경우 평당금액은 적을수록 좋다. 물론 앞서 설명했던 것처럼 평당금액이 절대적인 기준은 아니다. 하지만 투자의 수익성 측면에서는 평당금액이 적을수록 좋다.

어떤 재개발지역에서 소형지분의 일반적인 시세가 평당 3,000만 원이라고 하면 적어도 10% 이상 낮은 평당 2,700만 원에 물건을 구입해야 한다. 그래야 나중에 시세대로만 매도한다고 해도 10%의 매매차익을 기대할 수 있기 때문이다. 재개발지역은 개발현황이나 기대감이라는 요소에 의해 가격이 상당히 출렁이는 특징이 있다. 만약 해당 지역의 개발이 늦어진다는 소문이 돌면 평당금액이 하락 전환할 수도 있다. 따라서 현재 시세보다 낮은 가격으로 나온 급매 물건을 잡거나 해서 리스크를 최소화해야 하고, 나중에 혹시 평당금액이 떨어지더라도 손해를 보지 않을 수준으로 매수를 해야 한다.

③ 전셋값은 높을수록 좋다

재개발지역의 전셋값은 실제의 주거 가치를 의미한다. 다시 말해 전셋값이 높다는 것은 실제 거주하기에 가치가 높다는 것이다. 이러한 재개발지역에서의 높은 전셋값은 향후 감정평가를 높게 받을 수 있는 기초적인 조건이 된다. 물론 전셋값 자체가 감정평가 시 고려되는 항목은 아니다. 하지만 전셋값이 높은 부동산인 경우 그만큼 거주의 가치가 높다는 것이기 때문에 감정평가를 높게 받을 수 있도록 영향을 미친다. 따라서 같은 조건인데 한쪽은 전세가가 5,000만 원이고, 또 다른 한쪽은 7,000만 원이라면 당연히 7,000만 원인 쪽에 투자하는 것이 옳다.

전셋값이 높은 곳에 투자해야 하는 또 다른 이유는 실투자금을 줄일 수 있기 때문이다. 앞서 좋은 투자 매물의 조건 중 첫 번째가 전체적인 투자 금액이 적어야 한다는 것이었다. 전셋값이 높다는 것은 내 주머니에서 나가야 할 투자 금액이 그만큼 줄어든다는 의미기 때문에 첫 번째 조건도 동시에 만족시킨다. 나아가 내가 적은 금액을 들여 투자할 수 있다면 다음 사람도 적은 금액을 들여, 내가 매입한 물건을 사 갈 수 있기 때문에 처분이 쉬워진다는 장점도 있다.

재개발 투자 시 유의사항

재개발에 있어 가장 유의해야 할 사항은 바로 분양 자격이 있는가, 즉 입주권을 받을 수 있는가를 따져 봐야 하는 것이다. 분양 자격은 가장 많은 분쟁이 발생하고 가장 많은 위험이 있는 문제다. 같은 재개발지역에 투자를 해도 누구는 조합원이 되어 입주권을 받을 수 있지만, 누구는 조합원 자격에 미달하여 공시지가 정도만 보상받는 경우도 있다.

정상적으로 토지와 건물을 소유하고 있는 경우에는 입주권을 받을 수 있다. 즉 낡았거나 새로 지었거나 상관없이 온전히 집 한 채를 소유하고 있으면 입주권을 받을 수 있는 것이다. 문제는 토지만 가지고 있거나 건물만 가지고 있는 경우, 또는 집이 아닌 상가를 가지고 있는 경우다. 아래에 정상적인 조합원이 될 수 있는 경우의 수를 정리해 보았다. 꼼꼼히 숙지하고 물건을 거래할 때 반드시 현지 부동산 중개업소에서 확인받아야 한다.

① 주택 및 대지를 소유한 경우 : 분양 자격 인정됨

주택과 대지를 동시에 소유하고 있다면 분양 자격이 인정된다. 즉 입주권을 받을 수 있다는 것이다. 다만 분양 자격을 얻을 때 몇 평을 받느냐 하는 것이 중요한데, 차후에 설명할 권리가액이 어느 정도인가에 따라 어떤 사람은 32평형 이상의 분양 자격을, 또 어떤 사람은 25평형 이하의 분양 자격을 얻게 된다.

② 주택만 소유한 경우

이 경우 최초 등기 시부터 토지와 건물의 소유가 다르거나, 2003년 12월 30일 이전에 토지와 건물을 분리 소유한 경우에는 각각 분양 자격 인정된다. 일반적인 상황에서 집을 매입한다는 것은 집을 사면서 동시에 집이 가지고 있는 대지지분, 즉 땅을 산다는 말인데 주택만 소유하는 경우가 드물게 있다. 이러한 경우는 두 가지로 나뉜다. 첫 번째, 최초 등기 시부터 토지와 건물의 소유가 다른 경우로서 처음부터 땅주인과 건물주인을 다르게 했던 경우다. 일반적인 경우는 아니지만 그런 경우가 있다. 두 번째, 2003년 12월 30일 이전에 토지와 건물을 분리 소유한 경우다. 즉 땅과 건물을 하나로 가지고 있던 주인이 현금이 급하여 땅만 다른 사람에게 팔거나, 다른 사람에게 빌린 돈을 갚지 못하여 경매로 땅 혹은 건물만 넘어가거나 하는 경우다.

③ 다세대주택(빌라)

2008년 7월 29일 이전에 건축허가를 받은 다세대는 전용면적 규모에 제한 없이 각각 분양 자격 인정되며, 2008년 7월 30일 이후 건축허가를 받은 다세대주택은 건축물대장의 주거 전용 총면적이 60제곱미터를 초과할 때에만 분양 자격이 인정된다. 이는 일명 빌라에 대한 사항으로, 빌라는 대지지분도 비교적 작고, 전세를 안고 매입할 경우 투자 금액도 크지 않기 때문에 분양 자격만 된다면 큰 수익을 올릴 수 있다. 빌라는 아파트처럼 대지지분당 가격도 일정하게 형성되어 있어 개발 지역의 주요 투자 상품이다.

④ 분리다세대주택

2003년 12월 30일 이전 다가구주택에서 다세대주택으로 전환 등기한 경우, 전용 60제곱미터 이하는 전용 60제곱미터 이하 또는 임대주택에 배정되거나 청산되며, 전용 60제곱미터 초과는 전용 60제곱미터 이상의 중대형 분양 자격 인정된다. 분리다세대라는 것은 원래는 다가구주택이었는데, 다세대주택으로 변경한 것을 가리킨다. 쉽게 표현하면, 원래 주인이 한 사람이던 집에 대해 이런저런 방법을 동원하여 여러 명으로 소유주를 나누었다는 뜻이다. 얼마 전까지는 다가구를 몇 개의 요건을 갖추어 다세대주택으로 바꾸는 것이 가능했다. 소유주 입장에서는 하나의 큰 집을 여러 개의 작은 집으로 나누어 팔 수 있으니 자금회수에도 용이하고, 가격도 다가구일 때보다 높게 받을 수 있다는 장점이 있기 때문에 다가구주택을 다세대주택으로 나누어 파는 일명 분리다세대 물건이 시장에 나온 것이다.

⑤ 다세대주택 제도 도입 이전 다가구주택 구분소유 건물

처음에 지었을 땐 소유주가 하나이면서 여러 가구가 한 집에 사는 다가구주택이었는데 1997년 1월 15일 이전에 다가구주택을 다세대주택으로 전환한 분할 빌라의 경우에는 면적 규모에 상관없이 분양 자격이 인정된다는 것이다.

⑥ 다가구주택제도 도입 이전 단독주택 구분소유 건물 의제

주택 자체는 단독주택이지만 사실상 다가구주택이고, 1997년 1월 15일 이전에 구분등기되어 주인이 각각 다른 경우에는 각기 다른 소유주들에게 면적 규모에 제한 없이 분양 자격을 부여한다.

⑦ 기존 무허가건축물(일명 뚜껑)

무허가 건축물이라고 하면 거부반응을 일으키는 경우가 많다. 불법 건축물로 인식하기 때문이다. 하지만 무허가 건축물이라고 무조건 불법인 것은 아니다. 무허가 건축물이라는 것은 조금 더 정확히 표현하면 '허가제도 이전 건축물'이다. 등기제도나 건축물대장이 만들어지기 전부터 이미 있었던 주택에 대해서는 나라에서 대대적으로 작업하여 무허가건축물대장이라는 것을 만들었다. 그리고 무허가건축물이라는 것은 이렇게 무허가건축물대장에 등재된 주택을 말한다. 대부분의 경우 이러한 주택은 개인 소유 토지보다는 국가나 지자체 소유의 토지에 지어진 경우가 많다. 그래서 주택은 개인 소유인 것이 맞는데, 땅은 국가나 지자체 소유가 된다. 그래서 위에 덮는 뚜껑만 있는 것과 같다 하여 부동산 중개업계에서는 속어로 '뚜껑'이라 불린다. 기존 무허가 건축물의 경우 1981년 12월 31일 현재 무허가건축물대장에 등재되어 있어야 하고, 1982년 4월 8일 항공사진 촬영된 사실상의 건축물이어 야 분양 자격이 인정된다.

⑧ 근린생활시설(근생지분)

분양 자격을 얻기에 가장 어렵고 힘든 경우다. 다른 기준은 객관적 인 문서로 확인할 수 있는데 비해 근린생활시설은 투자에 있어서 함정 이 많기 때문이다. 2008년 7월 29일 이전에 주민등록 전입신고를 통 해 확정일자를 받고 사실상 주거용으로 사용하고 있음을 증명할 수 있으면 분양 자격이 인정된다. 가급적 피해야 할 매물이다.

⑨ 토지만 가지고 있는 경우

2003년 12월 30일 이전 분할 또는 공유지분 등기가 완료되어 있어 야 하며 90제곱미터 이상의 토지를 보유하고 있는 경우 주택 유무, 지 목 현황과 관계없이 분양이 자격 있다.

토지를 27.3평 이상 보유한 경우

토지를 가지고 있는데 만일 그 면적이 90제곱미터, 즉 27.3평 이상 이라면 분양 자격에는 전혀 문제가 없다. 가장 간단하면서도 가장 확 실한 방법이라 하겠다. 토지가 나대지이든 주차장이든 상관없다. 일단 무조건 27.3평 넘으면 분양 자격을 얻을 수 있다고 보면 된다. 다만 아쉬운 것은 개발지역에 이런 식으로 토지를 27.3평 이상 가지고 있기가 어렵다는 것이다. 아쉽게도 토지를 25평만 가지고 있다면 부족한 2.3평을 추가로 매입하여 기본적인 면적 조건을 채우거나, 다른 사람이 면적 조건을 채울 수 있도록 매도하는 것도 방법이다.

토지를 9.1평 이상 27.3평 미만으로 소유하고 있는 경우

만일 토지를 9.1평에서 27.3평 미만으로 소유하고 있다면 다음 4가지의 까다로운 조건을 만족시켜야 한다. ① 2003년 12월 30일 이전 분할 또는 공유지분으로 등기가 완료되어 있어야 하고 ② 무주택자 신분이어야 하며 ③ 단독 필지인 상태에서 ④ 지목이 도로가 아니어야 하고 실제 사용현황도 도로가 아닌 경우다. 이 4가지를 모두 충족시켜야 분양 자격을 인정받을 수 있다. 만일 이러한 조건들을 만족시킬 수 없는 상황이라면 토지를 추가적으로 매입하여 27.3평을 넘게 소유하거나, 아니면 분양 자격을 얻을 수 있는 다른 사람에게 매도하는 것이 좋다.

투자 지표

- 투자 적정 금액 : 1억 원 이내
- 투자 난이도 : 상(사업단계, 분양 자격 등을 확인할 수 있어야 하기에 어려운 투자 방법임)
- 적합한 성향 : 공격적 투자 성향(장기적인 관점이 필요하며, 사업 시행이 늦어져 지속적인 비용이 발생해도 감당할 수 있어야 함)

06
재건축
:정책 방향을 파악하라

핵심 요약

재건축 투자는 낡은 아파트를 허물고 새로 짓는 것을 가리키는데 사업의 추진 방법이나 진행 단계 등에서 재개발 투자와 매우 유사하다. 차이가 있다면 재개발은 낡은 주택들을 아파트로 신축하는 것인데, 재건축은 아파트만을 대상으로 허물고 다시 짓는 것을 뜻한다는 점이다. 재건축아파트는 상당히 유망한 투자처이기 때문에 투자의 위험성은 크다고 하기 어렵지만, 정부의 각종 규제가 직접 영향을 주고, 최근 규제가 강화되는 추세여서 시장이 아닌 정부의 움직임을 예의 주시해야 할 필요가 있다.

재건축 투자 방법

잠실 주공아파트, 대치동 은마아파트 등으로 인해 재건축에 대해서는 온 국민이 이미 익숙해져 있다. 그런데 이들 아파트를 보면 일반인이 보기에는 도저히 이해가 안 될 정도로 가격이 형성돼 있다. 아무리 강남이라고 하지만 40년이나 된 아파트가 20억 원씩 하는 건 상식적으로 이해하기 힘들 수도 있다. 주거 환경이 불편할 뿐만 아니라 주차 환경도 좋지 않은 아파트값이 왜 그리도 비싼 걸까. 이유는 재건축 가능성 때문이다. 재건축아파트는 투자의 불확실성을 회피하고자 하는 투자자들에게는 상당히 매력 있는 투자처이고, 잘만 하면 상당한 투자 수익도 기대할 수 있기 때문이다. 그럼 지금부터 재건축아파트에 투자할 때 확인해야 할 사항과 투자 포인트를 살펴보도록 하자. 먼저 재건축의 수익성과 관련해서는 다음 두 가지 용어를 알아두어야 한다.

① 용적률

건물을 지을 때 수익성에 가장 큰 영향을 미치는 것은 어느 정도로 많이 지을 수 있는가이다. 이것은 재건축에 있어서도 마찬가지다. 다시 말해 수익률에 가장 큰 영향을 미치는 것은 바로 건폐율과 용적률인데, 건폐율이란 대지 면적에서 건축물의 바닥면적이 차지하는 비율을 말하고, 용적률이란 대지 면적에서 그 건물바닥 면적 전체의 합계(연면적)가 차지하는 비율을 말한다. 실무적으로 볼 때 건폐율은 재건축 사업에서 큰 영향을 미치지 않는다. 아파트를 재건축할 때에는 바닥을 얼마나 차지하는가보다 얼마나 높이, 많이 지어서 수익을 남기느냐 하는 것이 중요하기 때문이다. 재건축의 사업성은 기존 아파트가 저층일수록, 용적률이 클수록 좋다. 사업성이 좋다는 것은 이익을 많이 남길 수 있다는 의미다. 개포주공과 같은 저층 단지들은 이제 재건축이 마무리돼 가고 있고, 대치동 은마아파트처럼 10층~15층 사이의 아파트 단지들이 향후 재건축에 들어갈 것이다. 하지만 일명 중층 아파트라고 불리는 아파트 단지들은 용적률이 획기적으로 좋아지지 않으면 수익성이 그다지 좋지 않을 수도 있다.

② 무상지분율

원래 있던 아파트를 새 아파트로 재건축하여 분양받을 때 기존 아파트 소유주가 무상으로 받을 수 있는 아파트의 평형을 가리킨다. 수익성과 직결되는 항목이기 때문에 무상지분율은 재건축 투자의 수익률 분석에 있어 가장 핵심적인 사항이 된다.

재건축 사업은 진행 절차가 상당히 복잡하다. 그 때문에 재건축에 투자할 때는 어떤 절차가 진행되고 있는지 꼼꼼히 점검할 필요가 있다. 재건축 사업의 진행 절차를 정리해 보면 다음과 같다.

① 도시 및 주거환경정비 기본계획수립(시장)

주택재건축사업을 진행하기 위한 첫 단계는 준공연도 이후 몇 년이 지났는가를 따지는 것이다. 즉 '재건축 연한'이 핵심인데 2020년 현재 아파트 준공 후 30년이 지나면 재건축을 추진할 수 있는 기본 조건을 만족한다고 본다. 참고로 재건축 연한은 정부의 부동산 규제 강화 또는 완화 의지에 따라 유동적일 수 있다.

② 주택재건축 정비구역 지정

주택재건축 대상은 대지면적 10,000제곱미터 이상, 기존건축물 200세대 이상, 건립 예정 세대수 300세대 이상이며, 이 기준에 미치지 못할 경우 주택재건축 정비구역대상이 아닌 일반 재건축으로 추진할 수 있다. 입안은 구청장 이하며 지정은 시장이 한다.

③ 조합설립 추진위원회 승인

조합을 설립하기 위한 위원회 즉, 조합설립위원회도 시장·군수의 인가를 받아야 한다. 물론 재건축추진위원회가 설립된다는 것은 안전진단을 받아 재건축을 진행하기 위한 성격을 가지고 있으므로 특별히 조합에 문제가 없다면 조합설립추진위원회 승인까지는 쉽게 진행된다.

④ 공동주택의 안전진단 여부 결정

재건축에 필요한 안전진단을 하는 단계다. 재건축 대상 아파트가 재건축을 해야 하는가를 결정하는 가장 중요한 단계이기도 한데, 진단검사를 통해 등급이 A, B, C등급이면 재건축이 불가하다. 이 세 가지 등급은 건물이 아직 튼튼하니 재건축을 군이 할 필요가 없다는 뜻이다. 만일 D등급을 받으면 조건부 재건축, E등급을 받으면 재건축 진행이 가능하다. 2020년 5월 말 기준으로 서초구 방배삼호, 구로구 오류동 동부그린, 양천구 목동6단지, 마포구 성산시영아파트 등은 모두 D등급을 받아 조건부 재건축이 가능하고, 올림픽선수촌 아파트는 C등급을 받아 당분간 재건축 추진이 보류된 상태다. 현실적으로 아파트가 내일이라도 당장 무너질 것 같지만 않으면 안전진단에서 D등급을 받을 확률이 높다. 재건축 안전진단 E등급을 받는 단지가 생긴다면 재건축 사업 진행에 대한 기대감으로 가격이 상승한다. 다만, 2021년 서울시장 재보궐 선거로 새로운 시장이 취임하기 전까지는 서울에서는 어떠한 아파트도 재건축 안전진단 E등급을 받을 수 없을 것으로 보인다.

새로운 시장이 집권당 소속이라면 4년을 더해 2025년까지는 안전진단 통과를 기대하기 어려울 것으로 보인다.

⑤ 조합설립 인가 신청

주민 동의 4/5 이상이 필요하며, 조합의 정관 및 조합원의 적합 여부를 검토한 후 구청장은 조합설립을 인가한다.

⑥ 주택재건축 사업시행인가

주민 동의를 거쳐 조합 정관 규정이 제출되어야 하며 관련 부서 협의 후 30일간 주민공람을 하고 주택재건축 사업시행 인가를 처리하며 고시한다.

⑦ 주택재건축 사업시행 시공자 선정

주택재건축 사업시행 인가 후 조합에서 시공자를 선정하며 공개 경쟁입찰을 하여야 하고, 시공자는 시공보증서를 제출하여야 한다. 이 과정에서 일부 조합장들이 저지르는 비리와 횡령으로 인해 주민 분쟁이 심화되고 사업 추진에 걸림돌이 되는 사례가 있다.

⑧ 관리처분계획 인가

조합은 관리처분계획수립 및 조합원 총회를 거쳐 결의하며, 관리처분에 대한 주민공람은 30일간 조합이 하는데, 구청장은 관리처분계획의 적법성을 검토한 후 관리처분계획 인가 및 고시를 한다.

⑨ 기존 건축물 및 지장물 철거

조합에서는 구청의 관리처분 인가를 득한 후 조합원 이주 및 지장물을 철거한다.

⑩ 주택재건축 착공 및 일반 분양

착공 신고 후 조합원 분양분을 제외하고 관리처분 계획에 따라 조합원 배정 물량 이외의 물량은 일반 분양을 하게 된다.

⑪ 주택재건축 사업시행 준공 인가 및 공사 완료 공고

구청에서는 조합의 주택재건축 완료의 사업시행 준공 인가가 접수되면 사업시행 인가 조건사항 이행 여부를 정밀 검토하고, 검토가 완료되면 사업시행 준공 인가가 처리돼 공사 완료 사항을 공고하게 된다.

⑫ 소유권이전 및 등기

주택재건축 사업시행 준공 인가 후 확정 측량을 실시하여 조합원에게 대지 지분을 분배하며, 대지 및 건축물의 소유권 보존등기를 하게 된다.

⑬ 조합해산 및 청산

소유권이전 고시 후 청산금의 징수 또는 교부를 함으로써 최종적인 마무리 절차를 실시한다.

재건축 투자 시 유의 사항

재건축아파트 투자는 부동산 시장의 흐름에 따라 수익성이 결정된다. 주변 아파트 시세가 상승해야 재건축아파트 투자도 수익을 얻을 수 있는데, 여기에 더해 종합부동산세, 재건축초과이익환수제 등의 각종 부동산 규제도 유의해야 한다. 여기서는 유의 사항을 세 가지로 정리해 보겠다.

① 주변 아파트 시세

기존의 아파트를 새로 재건축하게 되면 시세가 어떻게 형성될까? 그에 대한 실마리는 주변 아파트의 시세를 통해 가늠해 볼 수 있다. 예를 들어 지금 A라는 재건축 대상 아파트의 13평형 매물이 있는데 무상지분율로 계산해보면 재건축 후 32평형을 추가분담금 없이 받을 수 있다고 해 보자. 그 경우 주변 32평형 아파트의 시세가 10억 원이라면 해당 재건축 대상 아파트의 가치는 10억 원이라고 볼 수 있다. 만약 A의 현재 시세가 5억~7억 원 사이라면 3억 원의 시세차익을 기대할 수 있으니 매수를 해야 하고, 8억~9억 원이라면 1억~2억 원 정도의 수익이 가능하다. 재개발아파트의 경우 일반분양 가격은 인근의 가장 시세가 높은 단지의 로열층을 기준으로 정해진다. 반면, 재건축아파트는 인근 시세 대비 로열층이 아닌 평균 가격이 적용된다. 재건축은 일반분양분이 많지 않기 때문에 일반분양을 통해 사업성을 높이기는 어렵고, 인근 아파트 시세에 따라 수익이 작아지거나 커지는 구조라 할 수 있다.

② 재건축초과이익환수제

재건축초과이익환수제는 재건축아파트 투자에 있어 직접적인 영향을 주는 정부의 세금정책이다. 재초제라고도 불리는 재건축초과이익환수제란, 재건축으로 조합원이 얻은 이익이 집값 상승분 등을 제외하고 1인당 평균 3,000만 원을 넘을 경우, 초과 금액의 최고 50%를 세금으로 환수하는 제도를 가리킨다. 2020년 9월, 서울 서초구 반포주공1단지 3주구(이하 반포 3주구) 조합원들의 재건축 부담금이 4억 200만 원으로 초과이익환수제 시행 이후 최고치를 기록하기도 했다.

③ 분양가 상한제

분양가 상한제 역시 재건축아파트 투자의 위험 요인으로 인식되고 있다. 분양가 상한제란 아파트 가격의 안정화를 위해 택지비(토지비)와 건축비를 합산하여 계산한 후 지자체 분양가 심사위원회의 승인을 받아 재건축아파트의 가격을 정하는 것을 뜻하며, 이를 통해 아파트를 원가 수준으로 분양하도록 하는 제도다. 재건축은 분양가격이 높아야 조합원들의 이익이 많아지는 사업구조이기 때문에 원가에 가까운 금액만 받고 일반분양을 하는 것은 재건축아파트 투자에 있어 수익성을 악화시키는 요인이다.

④ 실거주 요건

2020년 6월 17일 정부가 발표한 부동산 대책에 따르면 투기과열지구의 재건축아파트 소유자들은 분양공고일 현재 소유하고 있는 건축물에서 2년 이상 거주한 경우에만 조합원 분양을 신청할 수 있다. 반드시 연속해 2년 이상을 거주할 필요는 없고, 기간 합산을 통한 총 거주기간이 2년 이상인 경우이면 분양 신청할 수 있다. 그리고 특히 주의할 것이 있는데, 재건축 아파트를 거래할 때 다주택자에게서 아파트를 사면 입주권을 받을 수 없다는 점이다. 이 사항은 2017년 6.19부동산 대책으로서, 재건축 추진 단지에서 1주택자의 집을 사면 새 아파트의 입주권을 받을 수 있지만, 다주택자의 집을 사면 조합원 입주권이 나오지 않게 된다는 내용이다. 이 점도 매우 주의해야 한다.

투자 지표

- 투자 적정 금액 : 2억 원 이내(서울 강남은 10억 원~20억 원 필요)
- 투자 난이도 : 중(비용은 많이 들지만, 비교적 안전한 투자임)
- 적합한 성향 : 보수적 투자 성향(가격방어가 잘되는 투자 방법이며, 환금성도 좋아 안전한 투자를 희망한다면 접근해볼 가치가 있다)

5장

대체 투자로
돈 버는 법 5가지

01
대체 투자란 무엇인가

　대체 투자alternative investment란 주식과 채권 등 전통적인 투자 traditional investments와 비교하여 사용하는 상대적인 개념으로, 주식과 채권을 제외한 모든 투자 상품들에 대한 투자를 가리킨다. 투자 방법으로는 뮤추얼펀드, 헤지펀드, 부동산, 사기업투자펀드, 벤처캐피탈, 원자재투자펀드, 인프라펀드 등이 있다고 할 수 있다. 그리고 일반인들의 재테크와 연관짓는다면 금 투자, 달러 투자, 국제원유 투자 등의 제도권 대체 투자와 P2P, 스니커테크 등 신기술이 접목된 새로운 대체 투자를 생각해 볼 수 있다.

　대체 투자는 아직 일반투자자들에게 익숙하지는 않다. 지금까지는 주식이나 채권 등의 전통적인 투자 방법이 주요 자산증식의 방법이었기 때문이다(우리나라에서는 예외적으로 투자자들의 지속적인 관심을 받아 왔다). 우리나라에 재테크라는 용어가 들어온 것이 20년 정도의 짧은 역사를 가지고 있었다는 점도 고려해봐야 한다. IMF 경제위기 이전까지 재테크는 그저 은행에 꼬박꼬박 예금을 넣고 적금을 붓는 것이 유일했기 때문이다. 부동산 투자 역시 과거에는 '복부인'이라는 경멸 섞인 명칭으로 폄하된 것도 사실이다. 재테크라는 말이 정착된 것이 불과 20년이니 대체 투자가 생소한 것은 어쩌면 자연스러운 일인지도 모른다. 대체 투자에는 많은 종류가 있기 때문에 여기서는 책에서 다룰 대체 투자들에 대해 전체적으로 살펴보기로 하자.

금 투자

금은 생소하지 않은 투자 대상이다. 과거에는 금반지, 금목걸이 등의 장신구 형태로 가지고 있다가 생활비가 급할 때 현금으로 바꾸는 용도로 많이 활용되었던 것에 비해, 최근에는 금값의 움직임에 따라 수익률이 결정되는 금융상품도 다양하게 출시되어 투자자의 관심을 끌고 있다. 금을 실물로 직접 소유·보관하는 투자도 제도권의 범위 안에서 가능한데 순도가 보장된 금을 100g, 500g 등의 단위로 시세에 따라 매입할 수 있다. 금은 경제 상황이 악화되면 수요가 늘어 값이 오르는 특징을 가지고 있는데, 미국과 중국의 무역분쟁이나 코로나19 사태의 장기화 등 경제에 악재가 겹치는 동안에는 지속적으로 가격이 상승하는 경향을 보인다.

금은 화폐와 유사한 환금성을 가지고 있다는 점, 어느 나라에서나 사용할 수 있다는 점이 가장 큰 장점이다. 또 금을 실물로 소유하고 있으면 별도의 양도소득세가 없어서 상속이나 증여를 고민하는 자산가들이 선호하는 상품이기도 하다. 하지만 금을 실물로 소유할 경우 도난 방지를 위해 안전한 보관 장소를 마련해야 한다는 것, 경기가 회복

되거나 활황에 접어들면 금값은 반대로 하락한다는 단점이 있다. 금 가격이 언제 오를지, 혹은 내릴지 판단하는 것은 쉬운 일이 아니다. 그 때문에 금 투자는 단기적으로 수익을 보려하기보다는 안전자산을 보유한다는 목적으로 하는 것이 좋다.

달러 투자

세계에서 가장 안전한 화폐를 고르라면 당연히 달러다. 세계 각국의 화폐가치는 그 나라의 국력으로 결정되는데 지금 미국은 세계 최고의 패권국이기 때문에 미국의 달러 또한 가장 안전하게 여겨지는 것이다. 한때는 G2라고 하여 중국이 미국과 어깨를 나란히 한 듯이 보였지만 미국 트럼프 대통령이 등장하여 미국의 힘을 과시하고 미국이 중국에 비해 우위에 있다는 걸 확실히 보여주었다.

달러 투자의 가장 큰 장점은 안정성이다. 미국의 달러는 세계의 기축통화다. 기축통화란 세계 각국의 금융거래에서 기본으로 삼는 통화를 의미한다. 영화를 보면 국제적인 범죄 조직에서 불법적으로 거래되는 상품에 지급되는 화폐는 대부분 달러. 그것은 그만큼 달러의 가치가 안정적이기 때문이다. 기축통화는 경제위기가 와도 그 가치가 쉽게 꺾이지 않는다. 오히려 경제위기로 다른 나라의 화폐가치가 하락할 때 기축통화의 가치는 상대적으로 상승하는 경향을 보이기도 한다. 이러한 이유로 자산가들은 자신의 자산에 보다 안정성을 부여하려고 할 경우 달러를 선택한다.

달러 투자를 통해 수익을 내는 건 환차익을 통해서다. 예를 들어 달러에 대한 원화 환율이 1달러당 1,000원이었을 때 100달러를 사 두었다고 하자. 그러면 10만 원을 달러에 투자한 셈이 된다. 그러다 두 달후 환율이 1달러당 1,200원이 되어 가지고 있던 100달러를 원화로 바꾸면 12만 원이 된다. 10만 원에 주고 산 100달러를 12만 원에 팔았으니 2만 원의 수익이 생긴 셈이고 수익률은 20%가 된다. 만약 100달러가 아니라 1만 달러(1,000만 원)를 투자했다면, 200만 원의 수익이 생기는 셈이니 결코 적지 않은 돈이다. 하지만 환율의 방향은 예측하기가 쉽지 않기 때문에 달러 투자는 신중해야 할 필요가 있다.

원유 투자

금이나 달러와 마찬가지로 원유가격의 움직임을 예측하여 수익을 내려는 투자 방법이 원유 투자다. 금과 달러는 실물로 소유하는 것이 가능하지만, 개인이 원유를 실물로 소유하는 것은 힘들기 때문에 주로 금융상품을 통해 원유 투자를 한다. 굳이 실물로 투자하고자 한다면 방법이 없는 건 아니다. 과거 자산가들이 사용하던 방법으로 주유소 저장 탱크를 임차하여 원윳값이 낮을 때 사서 가격이 오르면 인근 주유소에 판매하는 것이다. 해외의 경우 베네수엘라는 산유국답게 원유값이 거의 무료에 가까운데, 이 점을 이용하여 중국의 자본가들이 큰 배를 빌려 베네수엘라의 원유를 싣고 바다에 띄워놓은 다음 국제원유가격이 오르기를 기다리는 경우도 있었다.

하지만 일반 개인투자들은 금융상품을 이용하는 것이 원유 투자의 일반적인 방법이다. 원유 관련 펀드, ETF, ETN에 투자하는 것이다. 하지만 원유 또한 가격의 흐름을 예측하는 것은 쉽지 않다. 수요와 공급이 단순히 경제 논리로만 움직이지 않고 국제관계와도 얽혀 있기 때문이다. 그래서 원유에 대한 투자는 큰 수익을 보려 하기보다는 자산 포트폴리오 중 하나쯤으로 생각하여 투자하는 것이 좋다.

P2P 투자

P2P 투자는 쉽게 말해 과거 우리 부모님 세대가 하던 '계'나 '일수' 등의 사금융을 IT 기술을 통해 업그레이드한 것이라 할 수 있다. 현재 은행의 금리가 너무 낮기 때문에 은행보다 조금 더 높은 이자를 받고자 하는 사람과 은행보다 이자가 조금 더 높아도 돈을 빌리고자 하는 사람을 IT 기술을 통해 이어주는 서비스인 것이다. P2P를 통해 돈을 빌려주는 대여자는 대략 10% 내외의 수익을 기대할 수 있고, 돈을 빌리는 대출자는 고금리를 피해 대출을 받아 사업을 할 수 있다. IT기술의 발달로 대여자, 대출자는 직접 대면하지 않고 인터넷이나 어플을 통해 서비스를 이용할 수 있다.

하지만 P2P 투자의 경우 대출해간 사람이 대출금 상환을 연체하거나 파산할 경우 원금손실을 볼 수도 있다는 단점이 있다. 모든 투자가 그렇지만 은행보다 비싼 이자를 주는 만큼 원금손실의 가능성도 존재하는 것이다. 따라서 P2P 투자는 큰 금액을 무리해서 투자하기보다는 소액으로 투자해서 소소한 이익을 보는 것 정도로 접근하고, 나중에 투자 안목이 생겼을 때 금액을 차츰 늘려가는 것이 좋다.

스니커테크

〈TV 쇼 진품명품〉이라는 프로그램이 있다. 그 프로그램을 보면 짧게는 몇십 년 전 물건부터 길게는 몇백 년 전 물건이 등장하고, 적게는 몇십만 원에서 많게는 몇억 원에 이르는 가격이 매겨진다. 옛날 물건들에 대해 전문가들이 값을 매기는 기준은 무엇일까? 여러 가지 기준이 있겠지만 그 가운데 가장 중요한 기준은 희귀성이다. 아무리 멋져 보이는 물건이라 하더라도 누구나 가지고 있는 물건이라면 그 가치(값)가 크지 않다. 하지만 세상에 딱 하나밖에 없는 물건이라면 가격은 천정부지로 솟구친다.

이렇게 희귀성을 토대로 한 재테크가 바로 스니커테크다. 스니커테크란 운동화의 한 종류인 스니커즈와 재테크라는 단어가 합쳐진 말로 희귀한(한정판) 운동화를 미리 사두고 나중에 리셀링(되팔기)함으로써 이윤을 남기는 것이다. 희귀한 물건을 구입해놓고 재테크를 하는 것으로는 운동화 말고도 미술품, 명품백, 시계, 옷 등도 있다. 샤넬의 경우 클래식 가방부터 최근의 가방까지 그 가치가 떨어지지 않고 오히려 상승하는 경우가 많아 패션과 명품에 안목 있는 사람이면 충분히 많은 수익을 얻을 수 있는 방법이기도 하다.

재테크는 최종 목적은 자산증식이다. 이 점을 고려하면 전통적인 투자방식인 주식, 채권, 부동산에 재테크를 한정 지을 필요는 없다. 돈을 벌 수 있는 곳은 돈이 모이는 곳이다. 금이든, 달러든, 원유든, 운동화든 사람들이 돈을 들고 몰려드는 곳에 수익이 기다리고 있다. 그러니 굳이 주식이나 채권, 그리고 부동산에만 제한을 둘 필요는 없다. 검은 고양이든 흰 고양이든 쥐만 잘 잡으면 되듯이, 돈이 몰리는 곳을 주시하고 그곳에 투자할 필요가 있다. 물론 투자는 빨라야 한다. 이미 누구나 알고 많은 사람들이 모인 상태라면 수익을 내기가 힘들어지기 때문이다. 앞으로 10년, 20년 후에는 또 다른 대체 투자 방법이 등장할 것이다. 그때쯤이면 지금 소개한 대체 투자 역시 전통적 투자 방법으로 분류돼 있을지 모른다.

02
금
: 불황기에 빛을 발한다

핵심 요약

금 투자는 현물로서의 금에 직접투자하는 방식과 지수를 활용하여 금값의 흐름에 투자하는 간접투자 방식으로 나뉜다. 금은 대표적인 안전자산으로 금값은 경제가 어려워질 때 오르는 경향이 있다. 이 점을 고려한다면 경제가 좋으면 금값이 낮게 형성되어 매입에 좋은 시점이 되고, 경제가 어려워질 땐 금값이 올라 매도에 좋은 시점이 된다고 할 수 있다. 금에 투자하는 것은 세금과 수수료를 감안하여 최소 15% 이상은 상승해야 수익이 가능하기에 어떤 종류의 금 투자 상품에 투자하느냐와는 상관없이 향후 금가격이 상승할 것이냐를 미리 따져봐야 한다.

금 투자 방법

원소기호 Au, 원자번호 79인 금은 투자대상으로뿐만 아니라 장신구로써도 인기 있는 광물이다. 사전에 따르면 빛나는 노란색의 무른 금속이라 하는데 인류에게 금은 단순한 금속이 아니다. 유사 이래 금은 모든 인류에게 다른 어떤 금속보다 소중한 금속이었으며 세계 어디서나 환영받아왔다. 금본위제라 하여 금의 가치를 바탕으로 한 화폐제도가 있었을 만큼 금은 화폐의 근간이기도 했다. 이러한 금에 투자하는 방법에는 무려 7가지가 있는데 크게 나눠 보면 현물로서의 금에 직접투자하는 방법과 금을 토대로 한 금융상품에 간접투자하는 방법으로 나뉜다. 직접투자하는 방법에는 골드뱅킹, KRX 금거래소, 골드바, 금은방 직접 매매 등이 있고 간접투자하는 방법에는 금펀드, ETF, DLS 등 세 가지가 있다.

① 골드뱅킹

골드뱅킹이란 금통장에 원화를 입금하면 국제 금시세 및 원달러 환율을 적용하여 금으로 적립한 후, 고객이 출금 요청 시 출금할 때의 국제 금시세 및 환율로 환산한 원화로 지급해 주는 금 적립계좌다. 예를 들어 금값이 1g에 7만 원이라 했을 때 골드뱅킹에 7만 원을 입금하면 통장에는 '금 1g 적립'으로 처리된다. 나중에 금값이 올라 1g당 10만 원이 된다면 통장에 있는 1g의 금을 인출할 때 10만 원이 적용된다. 이 경우 금을 통장에 보관만 하고 있어도 금값의 상승에 따라 3만 원의 수익을 얻을 수 있는 것이다.

물론 반대의 경우도 있을 수 있다. 금값이 하락하면 하락하는 비율만큼 골드뱅킹에서도 손실을 입을 수 있다. 골드뱅킹을 통해 금에 투자하는 것은 금 현물에 투자하는 것과 같기 때문에 결국 금값의 움직임에 따라 직접적인 영향을 받는다. 골드뱅킹의 장점은 0.01g 단위로 거래가 가능하여 소액으로도 투자가 가능하다는 것과 금을 은행에 보관하는 방식이기 때문에 도난의 위험이 없다는 것이다. 다만 매매차익에 대해서 15.4%의 배당소득세가 발생한다. 은행의 예금상품이지만 예금자 보호가 되지 않는다는 점도 고려해야 한다.

② KRX 금거래소

KRX 한국거래소(www.krx.co.kr)를 통해서도 금을 거래할 수도 있다. 이는 두 가지 장점이 있는데, 금을 주식처럼 거래할 수 있으며, 한국조폐공사가 금의 순도(99.99%)를 보증하여 믿을 수 있다는 것이다. 금을 1g 단위로 거래할 수 있어 소액으로도 금 투자가 가능하며 적립식으로도 투자가 가능하다. KRX로 거래한 금은 한국예탁결제원을 통해 실물로 인출할 수도 있다. 이 경우 골드바(금괴)로 지급된다. 골드바는 100g 혹은 1kg 단위로 인출 가능하다. 인출시에는 수수료(골드바 1개당 2만 원 내외)와 부가가치세(10%)가 부과된다. 단점은 이러한 서비스들이 무료가 아니라는 것이다. 매매, 출고, 보관 등 각 거래단계마다 수수료가 조금씩 붙고 금거래를 통한 매매차익에 대해서는 비과세 되지만 금을 출고할 땐 10%의 부가가치세가 붙는다는 것도 염두에 둬야 한다.

③ 골드바

금을 직접 가지고 있는 것도 금에 투자하는 방법이다. 골드바 형태가 대표적인데, 한국조폐공사, 우체국, 은행 등에서 실물로 된 금을 직접 구입할 수 있다. 골드바 형태로 현물 보관하는 것도 금 투자 방법이기는 하나 추천할 만한 방법은 아니다. 보관의 어려움이 있고 매입할 때에 10%의 부가가치세와 5% 내외의 거래수수료도 붙기 때문이다. 통장에 숫자로 찍힌 금액을 보는 것에 비해 시각적인 만족감과 심리적인 안정감을 얻기에는 좋은 방법이지만 도난에 대한 불안감이 더 커질 수도 있다. 여기에 더해 매입은 쉽지만 매도하여 현금화하려면 금거래소나 금은방을 직접 방문해야 하는 번거로움도 있다. 그런데도 본인의 소득을 노출시키기 꺼려하는 경우 골드바를 많이 이용한다. 골드바 형태로 가지고 있으면 부동산과 달리 보유에 대한 별도의 세금은 붙지 않고 소득세도 붙지 않기 때문이다.

④ 금은방 이용

목걸이, 귀걸이 등 장신구 형태로 금을 가지고 있는 것도 금 투자라 할 수 있다. 장점은 손쉽게 접근할 수 있다는 점과 장신구로 이용할 수 있다는 점이고, 단점은 골드바와 마찬가지로 10%의 부가가치세가 붙고 금값 이외에 제작비용이 붙는다는 것이다. 금은방에서 무료로 금세척을 해줄 때 미세하게 금손실이 발생한다는 점도 고려해야 한다.

⑤ 금펀드

금 관련한 펀드에 투자하는 것도 금 투자의 방법이다. 일반 펀드와 투자 방법은 같으며 투자대상이 되는 기업은 금 관련 기업에 집중된다. 금값이 오르면 금 관련 기업의 주식가격이 오를 것이니 수익을 볼 수 있을 것으로 기대해 볼 수 있다. 하지만 문제가 있다. 금값의 상승이 금펀드의 수익률 상승과 직결되지는 않는다는 점이다. 금값의 고공행진에도 금펀드의 수익률이 부진한 경우도 있다. 물론 반대의 경우도 있다. 금값은 하락해도 금펀드의 수익률이 상승하기도 한다. 이유는 간단하다. 금펀드는 금에만 투자하는 것이 아니라 금과 관련된 회사에도 투자하기 때문이다. 즉 금값의 직접적인 영향이 아닌 간접적인 영향을 받기 때문에 금값의 등락에 관계없이 수익을 달라질 수 있는 것이다. 물론 금값이 오르면 금관련 회사에 대한 기대도 커지기 때문에 금펀드의 수익률이 개선되는 경우가 대부분이다.

예를 들어 보자. 금펀드 중에서 IBK골드마이닝펀드와 블랙록월드골드펀드가 있다. 이들 펀드는 '금'에만 직접적으로 투자하는 것이 아니라 프랑코 네바다, 뉴몬트그룹, 바릭골드, 뉴크레스트마이닝 등 세계 금광업 분야의 회사 주식에도 투자한다. 금값이 오르면 이들 회사의 수익성이 좋아질 것이라는 기대가 생겨 펀드의 수익률이 좋아질 수도 있지만, 각 회사의 수익성에 따라 펀드의 수익률이 생각보다 좋지 않을 수도 있다. 물론 반대의 경우도 가능하다. 금값이 떨어짐에도 개별 회사들의 재무구조가 좋아졌거나 신상품을 개발해서 주가가 오를 수도 있다. 핵심은 금펀드들이 무조건적으로 금값에만 영향을 받는 것은 아니라는 사실이다. 여기에 더해 금펀드는 환율 요인도 감안해야 한다. 해외의 금 관련 회사에 투자하는 경우 특히 그러한데, 해당 회사의 주식이 달러화로 거래되는 경우, 달러화를 다시 원화로 바꾸어 환매할 때 환율의 움직임에 따라 수익이나 손실 폭이 더 커지거나 작아질 수 있다.

⑥ ETF

ETF란 특정자산의 움직임에 따라 수익률이 연결되도록 설계된 상품으로 거래소에 상장되기 때문에 주식처럼 거래할 수 있는 상품이다(ETF에 대해서는 앞서 주식 투자 파트에서 설명한 내용이 있기 때문에 개념과 투자 방법에 대해서는 그 부분을 참고하시기 바란다). 금 ETF는 투자대상이 금이라는 점이 특징이다. KODEX골드선물은 금값의 움직임에 따라 수익률이 직결된다. 금펀드의 경우 금값의 등락이 펀드 수익률에 그대로 직결되는 것은 아님에 비해 금 ETF에 투자하면 금값의 흐름이 곧 수익률 증감으로 직결된다. 여기에 더해 인버스, 레버리지가 더해진 금 ETF 상품도 있다. 금 인버스 ETF는 금값과 반대 방향, 레버리지는 금값 움직임의 2배로 수익과 손실이 결정된다. 예를 들어 KODEX인버스는 금값이 오르면 손실을 보고 금값이 내려가면 오히려 수익을 본다. 레버리지 상품인 KODEX골드선물은 금값 움직임의 2배로 수익과 손실이 결정된다.

금 ETF는 금을 실물로 가지고 있지 않은 상태에서 금값의 움직임에 따라 수익률이 결정되기 때문에 금융상품으로 금 투자를 하는 좋은 방법이라 할 수 있다. 다만 금값의 움직임과는 별개로 환율의 영향이 있다는 점을 감안해야 한다. 금값이 올라 수익률이 오른 경우에도 환율의 등락에 따라 수익률이 변할 수 있다. 다시 말해 금값은 올랐어도 환율 때문에 실제로는 손해를 볼 수도 있다는 말이다. 물론 반대로 금값이 오른 데다가 환율로 인한 수익까지 더해질 수도 있다.

⑦ ETN

금에 대한 투자는 ETN으로도 접근할 수 있다. ETN이란 'Exchange Traded Note'의 약자로 상장지수증권 또는 상장지수채권이라 한다. ETN은 ETF와 비교했을 때 상품의 개념과 속성은 상이하지만, 투자자 입장에서는 99%가 동일하고 1%만 다르다. 99%가 동일하다는 것은 ETF처럼 금이나 원유와 같은 기초자산의 움직임에 따라 수익률이 결정되고, 1주 단위로도 거래 가능하다는 점에서 같다고 볼 수 있고, 1% 다른 점은 ETN의 경우 채권의 성격을 가지고 있다는 것이다. 즉, ETF가 주식의 성격으로 거래소에서 거래 가능한 것에 비해 ETN은 증권사가 자신의 신용으로 발행하는 채권이다. 지수의 움직임에 따라 증권사가 투자자에게 수익을 지급하는 상품이기 때문에, 최악의 경우 증권사가 파산하게 되면 ETN에 투자한 금액에 대해 전액 손실이 발생할 수도 있다. ETN에 대해 '상장지수증권권' 또는 '상장지수채권'이라 부르는 이유가 여기 있다. 기본적인 성격은 거래소를 통해 거래가능한 증권의 성격을 가지고 있지만 엄밀히 따지면 채권상품이라는 의미다.

각 증권사에서는 금선물 ETN, 레버리지 금선물 ETN, 인버스 2X 금선물 등의 상품을 출시하는데, 각 상품은 금값의 움직임에 대해 수익률이 1:1로 대응되거나(금선물 ETN), 2배로 대응하거나(레버리지 금선

〈표 5-1〉 ETN과 ETF 비교

구분		ETN (Exchange Traded Note)	ETF (Exchange Traded Fund)
정의		① 증권회사가 ② 자기신용으로 ③ 지수수익률을 보장하는 ④ 만기가 있는 파생결합증권	① 자산운용사가 ② 자산운용을 통하여 ③ 지수수익률을 추적하는 ④ 만기가 없는 집합투자증권(펀드)
발행자	주체	증권회사	자산운용사
	신용위험	있음	없음
기초 지수	구성 종목수	5종목 이상	10종목 이상
	자산운용제한	없음(운용재량)	있음(운용제약)

출처:한국거래소

물 ETN) 또는 −2배(인버스 2X 금선물)로 대응한다. 금값의 향후 움직임에 대한 상승 방향으로 투자할 것이냐, 하락 방향으로 투자할 것이냐에 따라 다양한 상품이 준비되어 있다.

⑧DLS

DLS는 ELS와 수익구조가 같으며 ELS는 주가지수를 기초자산으로 하고, DLS는 금, 원자재 등의 자산을 기초자산으로 한다는 점에서 차이가 있다(더 자세한 내용은 펀드투자 파트의 ELS 부분을 참고하시기 바란다). DLS 상품들은 연수익률을 8~10% 사이로 설정하는 경우가 많다. 금 DLS는 금값이 일정 가격 이하로 하락하지 않으면 수익을 배분하는 상품이다. 아쉬운 점은 금값만을 기준으로 하는 DLS 상품은 거의 없고, 대부분의 DLS는 국제유가를 기초자산으로 한다는 점이다. 여기에 금을 기초자산으로 한다 해도 두 개의 기초자산을 설정하는 경우가 많아 금값이 단독 기초자산이 되는 경우는 거의 없다. 따라서 금 투자의 방법이기는 하지만 투자의 기회가 많지 않다는 점이 아쉽다.

금 투자의 시기

금은 달러, 엔화와 함께 대표적인 안전자산으로 꼽는다. 즉 경제 상황의 불확실성이 증가하거나 코로나19 사태처럼 전세계의 경기가 불황을 겪게 되면 안전한 투자를 위해, 그리고 자산가치 보호를 위해 선택하는 투자 상품이다. 각 국가들이 화폐를 발행함에도 따로 금괴를 보관하는 이유도 국가가 발행한 화폐는 그 가치가 떨어질 수 있지만 금은 항상 일정한 가치를 유지할 수 있다는 믿음이 있기 때문이다.

금값은 역설적으로 경제가 어려워질 때 오르는 경향이 있다. 이 점을 고려한다면 경제가 좋으면 금값이 낮게 형성되어 매입에 좋은 시점이 되고, 경제가 어려워질 땐 금값이 올라 매도에 좋은 시점이 된다고 할 수 있다. 경제 상황과 반대로 금값이 움직인다고 가정하면 금을 매입하거나 투자하기 좋은 시기는 경제가 활황기일 때이고, 금을 현금화하기에 좋은 시기는 경제가 불황기일 때라 할 수 있다.

물론 금값이 경제 상황에만 영향을 받는 것은 아니다. 경제 상황 이외에도 금값을 결정하는 요인은 많이 있다. 특히 달러화 가치가 금값에 영향을 미친다. 국제 금값은 달러화로 표시되기 때문에 달러 가치의 변동에 따라 금값이 달라진다. 달러화가 강세인 경우는 같은 1g의 금이라도 값이 내려간다. 달러화의 구매력이 커졌기 때문에 금값이 하락하게 되는 것이다. 반대로 달러화가 약세라면 다른 요인이 없더라도 금값은 올라가게 된다. 또 수요-공급의 원리도 금값에 영향을 미친다. 금의 주요 수요처인 미국, 중국의 수요량에 따라 금값이 변동할 수 있는 것이다.

정리해 보면 금은 가격이 낮을 때 사서 높을 때 팔아 수익을 보는 다른 상품과 다를 바 없다. 다만 세계 경제가 호황과 불황을 반복하면서 발전해 나간다고 가정할 경우, 금값 또한 지속적으로 상승할 가능성이 크다고 볼 수 있다. 또 금 인버스 ETF 같은 상품에 투자하면 금값이 하락해도 수익을 볼 수 있으니 금 투자의 시기를 특정할 필요는 없고, 세계 경제의 상황 변화에 따라 투자 시기를 결정하면 된다.

하지만 단기적인 투자를 통해 수익을 얻고자 한다면 미국의 기준금리가 본격적으로 하락하고, 환율의 움직임이 원화 가치 하락(원화 상승)일 때가 좋다. 미국의 기준금리의 하락은 달러화 가치의 약세와 연결되는데, 국제 금값 시세가 달러로 표시되는 점을 고려하면 달러화 약세는 금값 상승의 신호가 된다. 또 환율의 움직임도 금 투자 타이밍에 영향을 주는데, 이는 국제 금값이 달러를 기준으로 하기 때문이다. 같은 1g의 금을 골드뱅킹으로 소유하고 있다면, 달러화가 약세를 보일 때 더 많은 수익을 올릴 수 있다(달러화 약세란 원화 강세를 의미하기 때문이다). 가장 이상적인 경우는 원달러 환율이 낮을 때 사서 높을 때 매도하는 것인데, 환율은 변수가 많아 예측하기 힘들기 때문에 주의를 필요로 한다.

금 투자의 장점

금 투자는 다른 투자자산과 다른 독특한 특징을 가지고 있다. 금을 현물로 보관하려는 수요가 있고 전 세계에서 동일하게 거래될 수 있다는 점이 그러하다. 이러한 특징들은 금 투자에 있어 몇 가지 장점을 가지게 한다. 우선, 투자 수익률 방어 효과를 기대할 수 있다. 주식이나 펀드에 투자하면서 동시에 금에 투자한다면 경제 상황이 악화되는 경우 주식이나 펀드에서 손실을 보더라도 금 투자를 통해 수익률을 방어할 수 있다. 금 투자는 경제가 불황에 접어들 때 오히려 가격이 올라 수익을 보는 경우가 많기 때문이다. 따라서 투자 포트폴리오를 구성할 때 금 관련 상품인 골드뱅킹이나 금 ETF를 포함시키는 것은 수익률 보호를 위한 좋은 방법이라 할 수 있다. 현물 보관이 가능하다는 점도 장점이 될 수 있다. 주식이나 펀드는 눈에 보이는 가시적인 상품은 아니다. 계좌를 통해 확인 가능하다. 하지만 금은 현물로 바꿔 실물을 직접 소유할 수 있다. 눈에 보이고 손으로 만져볼 수 있는 투자 상품이라는 점에서 주식과 펀드에 비해 상대적으로 더 높은 만족감을 얻을 수 있다.

금 투자의 단점

금 투자의 단점은 금값이 '불확실성'이라는 엔진을 탑재한 자동차 같다는 점이다. 세계 경제가 불황에 들어서면 수요가 증가한다는 특징이 있지만, 이를 반대로 해석다면 세계 경제가 불황을 극복하고 활황으로 들어서면 금값이 하락한다는 뜻이다. 여기에 더해 금값이 달러화로 표시된다는 점도 고려해 봐야 한다. 달러화 강세 또는 약세라는 상황에 따라 환율리스크도 있다는 의미다. 예를 들어 달러화가 강세를 보여 원/달러 환율이 1,000원에서 1,200원으로 되는 경우엔 금 투자자는 환율로 인한 이익, 즉 환차익을 20% 볼 수 있다. 하지만 반대로 원/달러 환율이 1,200원에서 1,000원으로 된다면 그 비율만큼 환차손(환율로 인한 손해)을 보게 된다. 누누이 강조한 바와 같이 환율은 그 움직임을 예측하기가 힘들다. 국제 금값이 상승한다 해도 환율의 움직임에 따라 손해를 볼 수도 있다는 점을 미리 염두에 두어야 한다.

금 투자 시 유의사항

재테크 포트폴리오를 구성할 때 금 투자는 수익률 방어를 위해 일부의 비중만 차지하도록 해야 한다. 금 투자에 대부분의 투자자산을 집중시키면 높은 변동성으로 인해 손실을 볼 가능성이 높기 때문이다. 경제가 어려워지면 금 수요가 증가하고 값이 올라간다는 것을 반대로 해석하면 경제가 호황이고 금 수요가 감소하면 금값이 떨어진다는 말이 된다. 금값은 변동성이 크고 원금의 개념도 없다. 2020년 상반기에 코로나19 사태로 국제원유 가격이 마이너스가 되기도 했다는 점을 고려하면, 금값 역시 폭락하지 않으리라는 보장이 없다. 따라서 금값의 변동성은 득이 될 수도 독이 될 수도 있다는 점을 유의하자.

여기에 더해 금 투자 시 발생하는 각종 비용도 고려해 봐야 한다. 실물로 거래하고 인도받을 때 부가가치세 10%가 기본으로 붙는다는 것은, 다른 말로 하면 금시세가 적어도 10% 이상 올라야 매도 시 손해를 피할 수 있다는 뜻이다. 여기에 목걸이 귀걸이 등으로 금을 소유할 경우 세공비 등 기타 수수료도 감안해야 한다. 금융상품으로 거래하는 경우에도 배당수수료 등 세금과 수수료가 발생한다. 따라서 현물과 금융상품으로서의 금 투자는 적어도 시세가 15% 이상은 올라야 수익이 가능하다는 점을 감안하도록 하자.

투자 지표

- 투자 적정 금액 : 100만 원~1,000만 원
- 투자 난이도 : 중(가격 변동성이 크고 원금 보장이 안 됨)
- 적합한 성향 : 보수적 투자 성향(금은 안전 추구 투자자에게 적합한 상품임)

03
달러
: 환율의 움직임을 내 편으로

핵심 요약

달러 투자는 달러화의 강세에 따라 관심이 높아지고 있으며 관련 상품도 증가하는 추세다. 달러에 투자하는 방법은 달러 현물을 사거나 달러예금을 통해 직접투자하는 방법도 있고, 금융상품 중에서 달러화에 직접 연동되는 상품이나 달러로 표시되는 파생상품에 간접투자하는 방법도 있다. 달러 투자의 가장 큰 위험 요소는 바로 달러화의 움직임이다. 환율은 쉽게 예측 가능한 영역이 아니기 때문에, 뜻하지 않은 환율의 변동으로 인한 손실도 가능하다는 점을 미리 알고 있어야 한다.

달러에 투자하는 방법

달러는 세계 경제의 기축통화로 전 세계 어디서나 사용이 가능하다. 심지어 북한에서도 달러화가 사용 가능하다고 하니 달러화의 위력이 대단하다는 것은 부정할 수 없다. 달러화는 경제 위기 시에는 안전자산으로 수요가 증가하기도 한다.

달러는 미국이 자국의 경제가 좋지 않을 때 양적완화, 초저금리 등의 방식으로 거의 제한을 두지 않고 발행 유통함에도 일정한 가치를 계속 유지한다. 수요와 공급의 원리를 생각해 보면 미국이 달러화를 마구 찍어내면 그 가치가 떨어져야 하는데 그렇지 않은 것은 달러가 세계의 기축통화이기 때문이다. 즉 국제적 거래에서 사용되는 공용통화가 달러인 까닭에 달러는 일정한 가치를 유지할 수 있으며, 전 세계 각국이 달러화를 보유하려는 수요가 항상 존재하는 것이다. 심지어 미국과 무역 마찰 등으로 갈등을 겪고 있는 중국조차도 미국이 발행한 채권을 세계에서 두 번째로 많이 보유하고 있다는 사실만 보더라도 달러의 수요는 전 세계적이고 지속적임을 알 수 있다. 2020년 3월 말 일본이 1조 2,000억 달러의 미국 국채를 보유하고 있으며, 중국은 1조 1억 달러를 보유하여 두 번째로 많이 달러화를 보유하고 있다. 우리나라는 대략 1,200억 달러 규모의 미국 국채를 보유 중이다.

달러화가 웬만해서는 그 가치를 잃지 않는다는 것 때문에 달러에 대한 투자 수요가 생긴다고 볼 수 있다. 예를 들어 달러당 원화가치가 1,100원일 때 100달러를 사 두었는데, 1개월 후 달러당 1,200원이 된다면 '(1,200원-1,100원)×100달러'로 약 1만 원의 수익이 생긴다. 만약 1만 달러를 사 두었다면 수익이 100만 원이 된 셈이니 적지 않은 금액이다. 이를 환차익이라고 하는데 달러 투자는 이렇게 환차익을 통해 이익을 얻는 방법도 있고, 달러화를 기초자산으로 한 파생상품에 투자하여 이익을 얻는 방법도 있다.

앞서 보았던 금 투자가 직접투자와 간접투자로 나뉘듯, 달러도 그와 비슷하게 직접투자와 간접투자로 나뉜다. 달러에 직접투자하는 방법으로는 달러 직접 보유와 달러예금이 있고, 간접투자하는 방법으로는 달러 ELS, 달러 ETF/ETN이 있다. 그 외에 외화통화선물 거래와 같은 방법도 있으나 투기적인 성격이 강하고 레버리지 활용으로 위험성이 높아 이 책에서는 다루지 않는다.

① 달러 현금 보유

달러를 현금으로 보유하는 방법을 통해 달러에 투자할 수 있다. 해외여행 때 환전한 달러를 그대로 가지고 있는 것도 방법이고, 명동의 사설환전소를 찾아가 원화를 달러화로 바꾸는 것도 방법이다. 은행에서 소유 목적으로 환전하는 경우 환전금액이 건당 미화 1만 달러(원화로 대략 1,000만 원~1,200만 원)을 초과하는 경우 세관에 신고해야 하고, 국세청에 통보된다는 점을 감안해야 한다. 달러를 현금으로 보유하는 것 또한 달러 투자의 방법이긴 하지만 실익은 크지 않다. 원화를 달러화로 바꿀 때 환전수수료가 발생하고, 달러 가치가 상승해서 원화로 바꿀 때도 환전수수료가 발생하기 때문이다. 환전수수료 절감을 위해 사설환전소를 이용하거나 은행 모바일앱을 통해 우대수수료를 적용받는다 해도 살 때와 팔 때 이중으로 발생하는 수수료는 피할 수 없다. 보유에 따른 세금은 없다 해도 수수료 지출로 수익이 줄어드는 것을 감안하면 달러를 현금으로 보유하는 것은 번거롭기만 하고 실제 이익은 크지 않은 방법이다.

② 달러 예금

달러 예금은 골드뱅킹과 매우 유사하다. 골드뱅킹이 원화를 입금하고 그 액수만큼 금을 통장에 넣어주는 방식인 것처럼, 달러 예금은 원화를 입금하면 환율을 적용하여 달러를 통장에 넣어주는 방식이다. 차이가 있다면 골드뱅킹은 이자도 없고 예금자 보호도 받을 수 없는 반면, 달러 예금은 이자를 받을 수 있고 예금자보호법이 적용되어 5,000만 원까지 원금과 이자를 보호받을 수 있다는 점이다(달러 예금의 금리는 정기예금 수준이 적용되어 높지는 않다).

달러 예금의 장점은 이자수익과 더불어 달러화 가치의 상승에 따른 수익도 기대해 볼 수 있다는 점이다. 달러당 1,100원일 때 1,000달러를 달러 예금에 넣고 1년이 지났을 때 달러당 1,200원이 되었다고 해 보자. 이자수익은 대략 20달러 내외가 되고 환차익은 달러당 100원이니, 이자 2만 4,000원에 환차익 10만 원을 얻어 총수익은 12만 4,000원이 된다. 원화 정기예금을 들었더라면 이자수익 2만 2,000원에 그쳤을 것이니 달러 예금이 같은 값으로 더 큰 수익을 얻는 결과를 낼 수 있다(물론 달러 가치가 올랐을 경우다). 게다가 환차익에 대해서는 별도의 소득세가 붙지 않기 때문에 절세효과도 얻을 수 있다.

다만, 항상 이렇게 달러 예금이 이익을 보장해주는 것은 아니다. 만약 달러당 1,200원인 상태에서 달러에 예금하여 1,100원으로 하락하는 경우 환차손(환율을 통한 손실)이 발생하여 원금손실이 발생할 수 있다. 반복해서 강조하는 바와 같이 환율은 예측하기 어렵기 때문에 쉽게 생각해서는 안 된다.

외화예금의 종류로는 수시입출금이 가능한 외화입출금 상품, 적금처럼 할 수 있는 외화적금 상품, 그리고 목돈을 한꺼번에 넣어두는 외화정기예금이 있다. 개인의 상황과 성향에 따라 선택하면 된다.

③ 달러 ELS

달러 ELS는 상품의 결제화폐가 달러로 이루어지는 달러결제 ELS 상품을 뜻한다. 예를 들어 설명해 보자. 'KB able ELS 제1163호'라는 상품은 2020년 2월 말에 발행되어 2023년 3월에 만기 예정이다. 이 상품은 기초자산을 삼성전자, 중국항생지수, 유로스탁50지수 이렇게 3개로 설정하고 최초 기준가격에서 만기 시까지 25% 밑으로 하락하지 않으면 연 6.6%의 수익을 지급하는 상품이다. 기초자산이 45% 이상 하락하면 최대 100%까지 손실이 발생하는 원금비보장형 초고위험 상품이기도 한데, 해당 상품은 달러화로 투자된다. 최상의 경우는 기초자산들이 하락하지 않아 연 6.6%의 수익을 얻으면서 동시에 달러화의 변동으로 추가이익을 얻는 경우라 할 수 있다. 즉, 1달러당 1,100원에 시작했는데 수익을 얻는 시점에서는 1달러당 1,200원이 된다면 ELS 자체의 수익과 함께 환율에 의한 환차익도 가능한 것이다. 물론 반대의 경우라면 최악의 경우가 생길 수도 있다.

달러표시 ELS는 기초자산의 움직임과 달러의 움직임이라는 두 개의 움직임을 통해 수익과 손실의 가능성을 가지게 된다. 보통의 경우 달러표시 ELS는 기초자산의 움직임으로는 수익을 얻어도 환율의 움직임으로 손해를 보게 되어 전체적으로 손해를 보는 경우가 많다. 이 점을 참고해서 신중하게 달러 ELS에 접근해야 한다. 특히 달러가 강할 때 들어간다면 3개월, 6개월 후에 달러가 더 강해져야 수익을 얻을 수 있으므로 신중해야 한다. 환율은 예측이 쉽지 않은 영역이기 때문에 투자자가 원하는 대로 환율이 움직여주지는 않는다는 사실을 명심하고 투자에 임해야 한다.

④ 달러 ETF/ETN

달러의 움직임을 기초로 해서 수익이 결정되는 ETF와 ETN 상품이 있다. ETF와 ETN은 정해진 지수 또는 상품의 움직임에 따른다는 공통점이 있다. 다른 점은 ETF의 경우 기초자산을 추종하기 위해 포트폴리오에 직접투자하여 기초자산의 움직임을 추종하는 데 비해, ETN은 증권사가 채권의 형태로 발행하는 상품이라는 사실이다. 즉 ETN은 포트폴리오에 직접투자하지 않고 증권사가 기초자산의 움직임에 따라 채권을 발행하는 것뿐이다. 즉 ETN은 실물자산을 직접 소유하지 않고 신용거래를 하는 것이다(ETN에 대해서는 직전 챕터인 '금 투자' 파트의 설명을 참조하기 바란다)

중요한 것은 달러 ETF와 ETN 공통적으로 달러의 움직임에 따라 수익이 결정된다는 것이다. 여기에도 인버스가 있고 레버리지가 있다. 예를 들어 'KODEX 미국달러선물레버리지'의 경우 '달러의 움직임×2'가 수익(손실)이 된다. 즉 달러가 10% 상승하면 수익은 20%, 10% 하락하면 손실이 20%가 된다. 'KOSEF 미국달러선물인버스'는 달러의 움직임과 1:1로 매칭되어 반대로 수익이 나도록 설계된 ETF 상품이다. 달러가 오르면 그만큼 손실이 발생하고, 달러가 내리면 수익이 발생하게 된다.

⑤ 기타 방법

달러에 투자하는 방법으로 달러종신보험, 달러연금 등의 상품을 이용할 수도 있다. 이러한 상품들은 보험상품에 납입하는 화폐가 달러라는 특징을 가진다. 달러로 투자해서 달러로 연금을 받거나 보험금을 받도록 설계돼 있다. 다만 보험상품이라는 특성상 투자의 개념이라기보다는 인플레이션에 대비하여 수익을 조금 더 얻을 수 있는 장치 정도로 이해하면 된다. 생명보험을 투자로 인식하기에는 무리가 있기 때문이다. 또 미국 주식을 직접 사는 것도 일종의 달러 투자로 볼 수 있다. 미국 기업의 주식을 매입했는데 주가가 상승하고 달러 가치도 올랐다고 해 보자. 그 경우 매매차익에 더해 환차익까지 기대할 수 있다.

달러 투자 시 유의사항

달러 투자에 있어 가장 위험한 요소는 바로 환율의 움직임이다. 이 움직임은 예측이 매우 어려운데, 일반적으로 경제 상황이 어려워지면 안전자산인 미국 달러화에 대한 수요가 늘어나 달러화는 강세를 보인다. 하지만 미국은 기준금리를 낮춰 대규모로 달러를 공급할 경우 평소보다 달러 공급이 늘어나 달러화가 약세 전환될 가능성이 높아지기도 한다. 비슷한 경제 상황인데도 달러는 상승할 이유, 하락할 이유가 동시에 작용하기도 한다. 환율을 예측하는 것의 위험성이 바로 여기에 있다. 미국과 중국이 무역분쟁을 일으킨다거나 코로나19로 인해 미국의 경제가 위축된다거나 하는 정보를 통해 환율을 예측하는 것이 불가능한 것은 아니지만 그 예측이 들어맞을 가능성은 아무도 알 수 없다. 따라서 100% 달러를 기초자산으로 하거나 재테크의 주요 자산으로 편입하는 것은 위험할 수 있다. 금 투자와 마찬가지로 포트폴리오에서 수익률 하락에 대비하거나 감당할 수 있을 정도의 금액만 투자하는 자세가 필요하다.

투자 지표

- 투자 적정 금액 : 100만 원~500만 원

- 투자 난이도 : 상(상품의 수익률과 환율의 변동을 동시에 감안해야 한다)

- 적합한 성향 : 공격적 투자 성향(환율 변화로 손실이 예상되어도 투자할 수 있어야 함)

04
원유
: 대체 투자계의 ETF

핵심 요약

원유 투자는 말 그대로 원유 가격을 기초로 하는 투자를 가리킨다. 투자 방법은 크게 금융적인 방법과 실물투자 방법이 있는데, 개인투자자들의 경우에는 금융적인 방법을 이용하는 것이 일반적이다. 금융적인 방법으로는 ETF 또는 ETN을 이용하여 국제유가의 흐름을 수익률에 연계시키는 방법이 있고, 국제유가 관련 펀드에 투자하여 원유를 비롯한 석유 관련 산업의 주식에 투자하는 방법이 있다. 국제원유 가격에는 변수가 많다. 산유국 개별국가들의 경제 상황은 물론이고 산유국들간의 정치적인 상황도 고려해야 하기 때문이다. 여기에 더해 석유의 대체품인 셰일가스 역시 고려해야 한다. 검은 황금이라는 석유는 투자에 있어서도 황금의 역할을 할 수도 있지만 그 반대로 손실만 안겨줄 수도 있다. 석유가격을 예측하는 것은 환율을 예측하는 것만큼이나 어려울 수 있다. 포트폴리오 차원에서 투자한다는 마음가짐으로 접근하는 것을 추천한다.

원유 투자 방법

국제원유 시장은 수요와 공급이 실시간으로 이루어지는 시장이며 심지어 그 변화가 극적이기까지 하다. 수요는 국제경제의 상황이 반영되며, 공급에는 미국과 산유국간 치열한 신경전의 결과가 포함된다. 또한 '셰일가스'라는 석유 대체재가 있어 그 움직임에 따라 실적 상승과 하락으로 이어지기도 한다. 국제유가의 흐름은 복잡하게 얽혀 있는 실타래 같다.

투자자 입장에서는 앞으로 국제유가가 오를까 내릴까에 대해 판단을 해야 하는데, 환율의 움직임만큼이나 알기 힘든 것이 바로 국제유가의 흐름이다. 수요와 공급이 단순한 경제논리에 그치는 것이 아니라 국제관계와 국가간 자존심 싸움에까지 얽혀 있기 때문이다. 그런데도 투자대상으로 국제원유는 참으로 흥미로우면서도 매력적이다. 심지어 실물자산의 가격이 마이너스로 떨어지기도 하기 때문이다. 2008년 봄, 국제유가는 배럴당 120달러까지 오르기도 했다. 그런데 그렇게 귀하던 석유가 2020년 코로나19 사태 때는 마이너스가 되기도 했으니 또 앞으로 어떤 가격의 흐름을 보일지 관심이 갈 수밖에 없다.

국제원유 가격의 흐름은 우리의 실생활에도 직결된다. 바로 각 주유소의 휘발유, 경유가격이 국제유가에 연동돼 있기 때문이다. 그럼 이제 우리의 실생활에도 연결된 국제원유에 대한 투자 방법으로 어떤 것이 있는지 살펴보자.

① ETF 투자

원유와 관련하여 가장 쉽게 접근할 수 있는 방법이 바로 ETF투자다. ETF는 객관적으로 지수가 산출될 수 있거나 금, 달러처럼 국제적으로 통용될 수 있는 상품이라면 무엇이든 연결 지어 상품으로 만드는 요술지팡이 같다. 국제유가도 ETF투자가 가능하다. 'KODEX WTI 원유선물(H)' 상품처럼 국제유가의 흐름을 추종하는 ETF상품에 투자하면 향후 국제유가 상승 시 이에 비례해서 수익을 얻을 수 있다. 상승에 대한 믿음이 매우 강하다면 레버리지 ETF에 투자해 볼까 하는 생각도 들 수 있겠지만 아쉽게도 현재는 금융투자법상 원유ETF는 1배만 추종하게 되어 있고, 2배 이상의 레버리지는 상품은 만들 수 없게 되어 있다. 단, 인버스 ETF는 가능하다. 'KODEX WTI 원유선물 인버스(H) ETF'는 국제유가의 흐름에 1:1의 비율만큼 역으로 가도록 설계되어 있다. 즉 국제유가가 10% 상승하면 인버스 ETF는 10% 손해를 보고, 국제유가가 10% 하락하면 인버스 ETF는 10%의 수익을 얻는 방식이다. ETF투자는 현재로서는 국제유가의 흐름에 대해 정의 1배수 또는 역의 1배수만 가능하다.

② ETN 투자

ETN에 대해서는 앞에서 자세히 설명한 바가 있으니 여기서는 국제원유 투자를 중심으로만 설명해 보도록 하자. ETN은 상품의 수익구조는 ETF와 동일하다. 즉 기초자산의 가격 흐름과 연동되어 수익/손실이 결정되는 상품이다. 국제유가 관련 ETN 상품은 ETF와 달리 레버리지가 가능하다. 코로나19 사태로 국제유가가 하락하여 마이너스까지 갔을 때 원유ETN에 대한 투자가 열풍을 넘어 광풍이었던 이유가 바로 여기에 있다. 레버리지를 이용하여 상승분의 2배 수익을 기대했기 때문이다. 이러한 광풍으로 인해 증권회사와 금융회사들이 손을 댈 수 없을 정도로 ETN 가격이 과열되기도 했다. 이러한 과열을 진정시키기 위해 원유 레버리지 ETN은 몇 번에 걸쳐 거래정지가 되기도 했다. 나중에 따로 유의사항에서 설명하겠지만 ETN투자에 갑자기 투자 수요가 몰리면 기대했던 수익률 이하의 수익률을 얻게 되거나 원유 가격이 오른다 해도 손실을 보는 이상한 결과를 얻을 수도 있다. 투자 수요가 일시적으로 몰리거나 투자 광풍이 불게 될 때 ETN투자는 기초자산 가격의 상승이 무조건 수익과 연결되지는 않는다. 우선은 이 점만 유념하도록 하고 자세한 것은 유의 사항 부분에서 설명하도록 하겠다.

③ 원유 관련 펀드

ETF/ETN처럼 직접적으로 원유에 투자하는 방법에 더해 간접적으로 펀드를 통해 투자하는 방법도 있다. 특히 원유가격의 급격한 변동이나 각 산유국간의 자존심 경쟁으로 위험요인이 발생하는 것이 싫은 경우라면 펀드를 통한 투자를 고려해 볼 만하다.

국제원유 관련 펀드는 두 종류로 구분된다. 우선 국제원유 관련 펀드들에 투자하는 펀드가 있다. '한화 천연자원 증권자투자신탁'이 이에 해당되는데, 이 상품은 국제원유에 모든 자산을 투자하지 않고 에너지 부분으로 묶어 석유 및 광산, 금속 등 기타 원자재들도 묶어서 투자한다. 이런 까닭에 국제유가의 흐름에 직접적인 영향을 받지 않는다는 것을 장점으로 하고 있다. 다만 국제유가가 상승세로 전환되어도 수익으로 직접 연결되지 않는다는 단점도 있다.

또 다른 국제원유 관련 펀드는 석유를 정제하고 유통시키는 기업들에 투자하는 펀드다. '블랙록월드 에너지 증권자투자신탁'이 이에 해당되는데, 이 상품은 국제원유에 직접투자하는 것이 아니라 에너지 관련 기업에 투자하는 펀드다. 국제유가의 상승이 에너지 기업들의 수익성을 개선시켜 주가 상승과 연결되리라 기대하는 펀드라 할 수 있다. 국제유가의 흐름이 하락한다 해도 에너지 기업들에게는 재료비 인하라는 호재로 작용할 수도 있기 때문에 국제유가의 흐름이 직접적인 영향 요소는 아니라 할 수 있다. 이 점은 앞서 보았던 천연자원 펀드와 동일하다. 앞으로 국제원유 가격이 어떤 흐름을 보일지는 아무도 모른다. 오히려 석유를 생산하고 가공하는 기업이 꾸준한 수익을 통해 지속적인 수익을 얻게 해줄지도 모르는 일이다.

④ 원유 직접투자

개인투자자가 접근하기 쉬운 방법은 아니기에 참고만 하실 수 있도록 설명한다. 자금 여력이 되는 경우 앞으로 국제유가가 지속 상승할 것으로 예상되면 큰 저장고를 하나 빌려 그 안에 휘발유를 가득 넣고 기다리는 것도 원유 관련 투자라 할 수 있다. 실제 2008년 국제유가의 흐름이 배럴당 100달러를 넘었을 때 이런 식으로 휘발유를 보관하는 자산가들이 많았다. 그런데 매도 타이밍을 잘 잡아 수익을 많이 얻은 투자자도 있었으나, 적절한 매도 타이밍을 잡지 못해 손해만 본 투자자들도 많이 있었다.

원유 투자 시 유의사항

가장 첫 번째로 유의할 사항은 국제유가의 흐름은 언제든 변할 수 있다는 점이다. 2020년 코로나19 사태로 4월에 국제유가가 배럴당 마이너스 27달러를 기록했는데 이 정도까지는 아니더라도 국제유가는 언제든 폭락(폭등)할 수 있다. 국제유가가 마이너스라는 것은 원유를 돈을 받고 파는 것이 아닌 돈을 주고 처분한다는 것인데 이 사실이 매우 놀랍기는 하지만 이와 비슷한 일이 다시 생기지 않으리라는 법은 없다. 이와 유사한 사례로 마이너스 금리를 생각해 보자. 국제경제가 금융위기에 처했을 때 몇몇 나라는 마이너스 금리를 단행했다. 그런데 이제 이런 일이 유럽과 일본에서는 더 이상 놀라운 일이 아니다. 원유 가격도 그렇게 될 수 있다. 대체재인 미국 셰일가스 업체들의 움직임도 국제유가에 영향을 미친다는 점도 참고할 필요가 있다. 과거에 비해 석유 가격이 많이 떨어진 것 같으니 앞으로 오를 일만 남았다는 식의 접근은 위험할 수도 있다는 의미다.

두 번째 유의사항은 환율이다. 원유의 결제가 달러로 이루어지기 때문에 환율의 움직임에 따라 원유가격이 올라도 손해를 볼 수도 있다(물론 반대의 경우도 가능하다). 환율 역시 원유와 마찬가지로 수많은 변수에 의해 움직이기 때문에 예측하기에는 무리가 있고, 펀드의 경우 환매하고자 할 때 원달러 환율이 어떤 흐름을 보이고 있는지를 기초로 판단할 수밖에 없다.

마지막 유의사항은 정부의 규제다. 2020년 9월부터 시행되는 제도에 의하면 레버리지 수익률로 설계되는 국제유가 ETN은 주식시장에서 사실상 퇴출된다. 정부에서 보기에 레버리지 ETN은 건전한 투자가 아닌 단기간의 수익만을 노리는 투기라 보기 때문이다.

투자 지표

- 투자 적정 금액 : 50만 원~100만 원

- 투자 난이도 : 중(대상이 국제유가인 점을 제외하면 일반 ETF/ETN투자
와 방식이 같음)

- 적합한 성향 : 공격적 투자 성향(가격 급등락의 반복에도 견딜 수 있는
투자자여야 함)

05
P2P
: 소액으로 안전하게

핵심 요약

P2P 투자란 기존의 은행 역할을 플랫폼업체가 대체하여 투자자와 대출자를 연결시켜주는 투자라 할 수 있다. P2P 투자자는 은행보다 높은 금리를 받으면서 자신이 원하는 곳에 투자할 수 있다는 장점이 있고, 대출자는 이자 부담을 중금리 수준으로 줄일 수 있다는 장점이 있다. 하지만 은행보다 이자가 높은 대신 대출자의 연체나 파산으로 인해 투자원금이 손실될 가능성도 있다는 점이 단점이다. 이런 위험이 있기 때문에 P2P 투자를 하고자 할 경우 처음에는 소액으로 시작을 하는 것이 좋고, 일정 정도 경험이 쌓였을 때 투자금을 늘려가는 것이 좋다.

P2P 투자 방법

P2P는 'Peer to Peer'란 영어의 약자다. 여기서 'peer'는 동료라는 뜻을 가지고 있으니 풀어보자면 동료와 동료를 연결해준다는 의미로 이해할 수 있다. 즉 돈이 필요한 '동료'와 돈을 빌려줄 '동료'가 연결되는 것이다. 얼마 전까지 이러한 역할의 수행은 금융회사의 전유물이다시피 했으나 이제는 플랫폼 업체들이 인터넷이나 앱 등을 통해 동료들을 직접 연결시켜주게 되었다.

P2P 투자의 이해관계는 이렇다. 돈을 빌려주고자 하는 투자자의 경우 은행보다 더 높은 수익을 얻고자 원하는 것이고, 돈을 빌리고자 하는 대출자의 경우 낮은 금리로 은행에서 대출을 받을 수 없어 높은 금리를 지급하고서라도 돈을 빌리고자 하는 것이다. 이들을 연결시켜주는 P2P회사는 투자자와 대출자를 연결해주고 중간에서 수수료를 받는 구조다.

예를 들어 연 8%의 수익을 원하는 투자자가 있고, 연 10%의 이자를 지급하더라도 대출받고자 하는 대출자가 있을 경우 P2P업체는 대출자와 투자자를 연결해주고 중간에서 2%의 수수료를 받는다. 참여자 모두의 이해관계가 맞아떨어지기에 윈-윈하는 계약이라 할 수 있다. P2P를 이용하는 대출자들은 선택의 폭이 넓어진 셈이다. 과거 제1금융권인 시중은행을 이용하지 못하면 저축은행이나 대부업체 등에서 연 20% 내외의 높은 금리를 지급해야 했기 때문이다. 투자자 입장에서도 선택의 폭이 넓어졌다고 할 수 있다. 과거 은행을 이용할 때에는 낮은 금리를 감수해야 했고 자신이 예금한 자금이 어디에 투자되는지 전혀 알 수도 없었지만 P2P는 어떤 상품에 대출할지 투자자 스스로 결정할 수 있고 이자도 높게 받을 수 있기 때문이다.

P2P 투자의 장점

P2P 투자의 가장 큰 장점은 8~10% 내외의 높은 수익률이라 할 수 있다. 은행의 예금금리가 1~2%인 상황이고, 수익형부동산인 오피스텔이나 상가 또한 그 수익률이 5%를 넘기 힘든 상황이다. P2P 투자 통계를 제공하는 미드레이트에 따르면 전체 141개 P2P업체들의 평균 수익률은 12.95%로 집계되었다. 평균값이니 이보다 더 높을 수도 있고 낮을 수도 있지만 대략 연 10%의 수익을 기대해 볼 수 있다는 점은 분명 매력적이라 할 수 있다.

P2P 투자의 또 다른 매력은 소액으로 접근이 가능하다는 점이다. 1만 원만 있어도 투자가 가능하다. 이 정도 금액이라면 경험삼아 접근해 보기 적당하다. P2P 투자는 연체의 위험도 있고 원금손실의 위험도 큰 상품이기에 큰돈을 넣는 것은 부담스러운 투자 상품이지만, 1만 원으로도 접근할 수 있으니 소액으로 조금씩 투자해 볼 수 있다는 점은 장점이다.

마지막 매력은 다양한 상품 선택이 가능하다는 점이다. 앞서 잠깐 보았듯 P2P업체가 140여 개나 되고 각 업체들이 여러 가지 다양한 투자 상품을 내놓고 있어 상품의 선택에 있어 폭이 상당히 넓다. 초기 P2P 투자는 개인신용대출 위주여서 위험부담이 있었으나 최근에는 부동산담보대출, 소상공인대출 등으로 범위가 넓어졌다. P2P대출은 상품의 종류와 상관없이 원금과 이자를 대출받고자 하는 대출자가 있으면 상품화할 수 있기에 앞으로 투자대상의 범위는 더욱 넓어질 것으로 기대할 수 있다.

그렇다면 P2P 투자에 대한 세금은 어떻게 될까? 소득이 있는 곳에 항상 따라오는 것이 세금이기 때문에 P2P를 통해 수익을 얻는 경우 당연히 세금을 납부할 의무가 생긴다. 2019년까지 P2P 수익에 대한 세금은 로또 당첨에 적용되는 세금과 마찬가지로 지방세 포함 27.5% 였다. 투자를 통해 10%의 수익을 얻었다면 이중 1/3정도는 세금이었던 것이다. 세금이 많아 보이지만 수익이 날 경우에는 세금을 내더라도 은행에 예적금을 드는 것보다는 낫다. 2020년부터는 세율이 좀 더 낮아져 15.4%만 납부하도록 개정되었다. 즉 은행에서 이자를 받을 때 내는 세금과 동일하게 처리되는 것이다.

P2P 투자의 종류

기존 P2P 플랫폼은 주로 스타트업 업체들 위주였으나 최근에는 대형업체인 토스, 카카오 등도 P2P 비즈니스를 시작하면서 참여업체들의 수와 투자 대상의 종류가 매우 다양해진 상황이다. P2P대출 상품은 주식/펀드만큼이나 종류가 많다고 할 수 있다. 이렇게 많은 종류도 대출자를 기준으로 크게 세 종류로 나눠볼 수 있다.

첫 번째는 사업자대출이다. 일시적으로 자금이 필요한 개인사업자 또는 법인을 대상으로 사업자금을 대출해 주는 형식이다. 신용대출과 담보대출상품이 대표적인데, 신용대출은 과거의 매출실적을 기준으로 신용도를 평가하여 대출해 주는 것이고, 담보대출은 재고자산 또는 매출채권을 담보로 대출해 주는 상품이다.

두 번째는 개인대출이다. 사업자가 아닌 개인에게 대출해 주는 것인데, 개인은 학생이 될 수도 있고 직장인이 될 수도 있다. 위험성이 높은 편에 속한다. 제대로 된 담보 없이 대출해 주는 것과 마찬가지이기 때문이다.

세 번째는 부동산담보대출이다. 프로젝트 파이낸싱PF Project

Financing 투자라고도 하며 주택, 상가 구분하지 않고 부동산개발 또는 부동산 투자에 돈을 대출해주는 상품이다. 수익률 측면에서 가장 높다는 장점이 있다.

P2P 투자 시 유의사항

P2P 투자는 높은 수익을 얻을 수 있다는 장점이 있지만 그만큼 위험성도 있다. P2P 투자 업체는 투자자의 위험을 제거하기 위해 여러 가지 평가 기준을 동원하여 대출자의 신용과 프로젝트의 사업성 등을 따져보지만 그런데도 가끔 연체가 발생하고 투자자들은 원금손실이라는 손실을 보기도 한다.

은행상품은 예금자보호법이 있어 일정금액까지 보호받을 수 있지만 P2P는 그렇지 않다. 주식/펀드 투자와 마찬가지로 투자의 모든 책임은 투자자에게 있다. P2P업체는 중간에서 연결만 시켜주는 역할이기 때문에 투자자는 손해에 대해 책임을 P2P업체에게 물을 수 없다. 법에서도 P2P업체가 손실을 보전해주는 것을 막고 있다. 온라인투자연계금융법(온투법) 시행령 제정안을 보면 투자자의 손실분을 회사가 보전하는 일이 금지돼 있다.

드문 일이긴 하지만 실제 전액손실 사례가 발생하기도 했는데, 2020년 3월 업계 1위인 테라펀딩에서 30억 원 규모의 원금전액손실이 난 사례가 있다. 세종시 정부 세종 2청사 인근 근린생활시설 신축사업에 투자하는 건축자금 대출상품에서 전액손실이 발생한 것이다. 해당 업체는 다세대 신축 리파이낸싱(재대출) 상품과 경기도 파주 내 연립주택 신축 부동산PF 대출상품에서 각각 모집금액 5억 5,000만 원과 3억 5,000만 원 전액손실을 낸 바 있다.

금융당국에 따르면 2019년 말 11.4%이던 P2P대출 연체율은 2020년 2월 말 14.9%, 3월에는 15.8%까지 오른 상태다. 부동산 대출 상품만 취급하는 16개사의 평균 연체율이 20.9%에 달하는 상태라 한다. 이를 종합해 보면 투자자가 손실을 입을 확률은 10% 정도 된다. 연 10%의 기대수익과 10%의 손실 확률이 공존하는 것이다.

P2P 투자를 할 때는 검증되지 않은 개인/회사에 돈을 빌려준다는 것 자체가 위험 요소라는 걸 인식해야 한다. 은행에 돈을 넣으면 은행이 적어도 예금한 만큼은 책임져주고, 주식/펀드의 경우 원금손실의 위험이 있어도 적어도 '제도권'에 속하는 투자이니 손실이 났을 때 수긍이 되는 측면이 있다. 하지만 P2P는 잘 알지 못하는 업체나 사람에게 웹페이지의 설명 하나만 믿고 투자해야 하기 때문에 위험성이 제도권 투자보다 크다고 할 수 있다.

투자 지표

- 투자 적정 금액 : 10만 원~20만 원
- 투자 난이도 : 하(소액으로 투자가 가능하지만 검증이 안 되었다는 위험이 있음)
- 적합한 성향 : 중립적 투자 성향(소액으로 경험 삼아 투자해보고자 하는 보수적 투자자에게 적당함)

06
스니커테크
: 상품의 선구안을 길러라

핵심 요약

　샤넬 가방을 사서 더 비싼 값에 파는 샤테크, 운동화를 사서 비싸게 파는 스니커테크는 명품 문화, 매니아 문화와 재테크가 결합된 형태라 할 수 있다. 명품 가방이나 운동화를 사 두었다가 나중에 값이 오르면 처분하여 수익을 얻는 방법이기 때문이다. 언뜻 생각하면 남이 쓰던 중고품이 원래보다 더 비싼 값에 거래된다는 것을 이해하기 힘들지만, '한정판'이기에, '단종 모델'이기에 희소성이 더해져 가치가 상승하는 것이다. 희귀한 미술품이나 골동품이 고가에 거래되는 것과 같은 이치다. 인터넷과 어플의 발달은 희귀한 물품을 가진 판매자와 수요자를 실시간으로 연결해 줌으로써 거래의 투명성과 신뢰성을 높이고 있다. 옛날 중고명품들이 오프라인 매장에서 부족한 정보를 바탕으로 거래가 이루어졌던 것에 비해 이제 가상공간에서 실시간으로 거래가 가능하다. 만약 기회가 된다면 얼마든지 시도해 볼 만한 가치가 있다. 다만 아쉬운 것은 한정판의 경우 쉽게 매입할 수 없다는 것이다. 앞으로 희귀품 리셀링은 통한 재테크는 그 영역이 끝없이 확대될 것으로 보인다.

스니커테크 투자 방법

2010년대 초, 국내에 샤테크라는 말이 회자되기 시작했다. '샤테크 Chatech'란 패션 브랜드 샤넬과 재테크의 합성어로 샤넬백으로 재테크를 한다는 뜻이다. 즉, 샤넬 가방을 사두었다가 가격이 오르면 되팔아 차익을 얻는 재테크 방법이다. 보통 사람의 관점에서는 남이 쓰던 가방을 더 비싼 값에 파는 사람이나 그걸 사는 사람이나 이해하기 힘들 수도 있지만 샤넬백은 시간이 흐를수록 오히려 가격이 계속 오르는 속성이 있기 때문에 샤넬 가방과 샤테크의 인기는 계속되고 있다.

오픈런Open run이라는 말이 있다. 매장이 문을 열자마자 달려가는 것을 뜻하는데, 어린이날 혹은 크리스마스 시즌의 장난감매장이나 미국의 블랙프라이데이 때 가전매장에서 종종 볼 수 있다. 이러한 오픈런을 백화점 명품관에서 볼 수 있는 날이 있었는데 바로 샤넬이 가격 인상을 예고한 2020년 5월 14일이었다. 코로나19가 종식되지 않고 집단감염의 위험이 아직 남아있던 시기임에도 불구하고 오픈런이 일어났다. 샤넬이 가격을 인상하기 전 마지막 날이었기에 백화점에서도 오픈런을 볼 수 있었던 것이다.

샤넬의 가격 인상 내용을 보면, 샤넬 클래식 스몰의 경우 632만 원에서 769만 원으로 22% 인상, 미디움은 715만 원에서 849만 원으로 19% 인상, 쁘띠삭은 372만 원에서 469만 원으로 26% 인상, 라지는 792만 원에서 923만 원으로 17% 인상됐다. 이외에도 보이 샤넬, 가브리엘 백팩도 각각 가격이 5~12% 상승 폭을 보였다. 〈한국경제신문〉 2020년 5월 15일자를 보면 오픈런 4일 후 '오픈런 때 792만 원 주고 산 샤넬백 880만 원에 팝니다'라는 제목의 게시물이 명품 커뮤니티 게시판에 올라왔다고 소개했다. 게시물에 올라온 샤넬백은 매장에서는 가격이 인상되어 판매가 923만 원인 상품이었다. 우리나라만 이런 것은 아니다. 샤넬백이 판매되는 전 세계가 비슷한 상황이다. 명품에 관심 있고 안목이 있다면 샤넬 제품을 사는 것은 즐거우면서도 수익도 짭짤한 재테크 방법이 된다.

샤넬을 이용한 샤테크에 더해 최근 스니커테크도 유행하고 있다. 스니커테크는 '스니커즈+재테크'의 합성어로 운동화를 통해 재테크하는 것을 가리킨다. 방법도 샤테크와 매우 유사하다. 인기 있는 브랜드의 한정판 운동화를 산 뒤 되팔이하면resell 된다. 운동화가 비싸 봐야 얼마나 하겠느냐는 생각이 들지도 모르는데, '한정판' 운동화는 그 가격의 상승 폭이 상당하다. 'JW앤더슨X컨버스'의 '런스타하이크' 스니커즈는 판매를 시작 8시간 만에 1,000족이 모두 완판되었는데, 판매 당시 10만 원대였던 제품은 일주일 만에 각종 리셀 사이트에서 3배 이상 오른 가격으로 재판매되었다. 수익률 기준으로 보면 1주일 만에 200%의 상승률이니 엄청난 수익이다.

나이키와 아디다스 역시 스니커테크에 많이 활용된다. 특히 나이키 에어 조던 시리즈와 아디다스의 이지부스트 시리즈가 대표적이다. 나이키는 한정판 마케팅으로 에어 조던 시리즈를 출시해왔다. '조던 6 트래비스 스콧'이라는 제품은 추첨을 통해 656명에게만 팔았는데, 출시가는 30만 9,000원이었고 2020년 6월 리셀 가격은 대략 190만 원에 달한다. 순수하게 비율만 놓고보면, 시세가 출시가의 6배에 달하는 것이다. 아디다스의 경우 칸예 웨스트와 협업한 신발 이지부스트가 인기 있는 스니커테크 아이템이다. '아디다스 이지부스트 350 V2 Black Red' 출시가격은 28만 9,000원이었는데, 2020년 6월 현재 최소 100만 원에서 거래되고 있으니 값이 3배나 뛴 셈이다.

신발 브랜드에서 다른 브랜드와 협업하여 제품을 출시하는 경우가 있는데, 이런 경우 가격은 더욱 상승한다. 사카이와 협업한 '나이키 LD 와플 블루 멀티'는 17만 9,000원에 출시되어 2020년 현재 70만 원을 호가한다. 심지어 운동화가 경매에도 나오는 경우도 있다. 뉴욕 소더비 경매에서 나이키 운동화 하나가 5억 원에 팔리기도 한 것이다. 그 나이키 운동화는 1972년 뮌헨올림픽에 참가한 육상선수를 위해 12켤레만 만든 '문슈moon shoe'라는 운동화다.

스니커테크를 위한 앱도 따로 있다. 크림KREAM이라는 앱이 대표적이다. 스니커즈 등 한정판 상품들을 중개하는 앱이다. 게다가 샤테크와 스니커테크에는 별도로 세금이 붙지 않는다. 앞으로 시장이 더 커지고 본격화되면 제도적으로 세금을 내도록 하는 방안이 나오겠지만 아직까지는 양도소득세나 지방세가 붙지 않는다는 점도 장점이다.

스니커테크 유의사항

샤테크와 스니커테크에 있어 주의할 사항이 있으니 바로 가품에 속지 않는 것이다. 원해서 가품을 사는 사람은 없겠지만 가품에 속는 경우도 종종 있다. 가품은 상품 가치가 거의 없기 때문에 구입 당시 정품을 확인할 수 있는 보증서 등을 잘 챙겨야 한다. 정식 매장에서 구매하는 경우가 아니라면, 최소한의 안전장치로 더치트(thecheat.co.kr)에 접속해서 판매자가 이전에 범행을 저지른 전력이 있는지 상대방 전화번호 또는 계좌번호를 조회하도록 하고 가급적 계좌이체를 해서 거래 이력을 남겨 두는 것이 좋다. 해당 상품에 대해 잘 아는 사람의 도움을 받는 것도 좋은 방법이다.

투자 지표

- 투자 적정 금액 : 샤넬 가방 1,000만 원, 스니커즈 30만 원
- 투자 난이도 : 하(매입 후 상품 가치가 하락할 위험이 거의 없음)
- 적합한 성향 : 중립적 투자 성향(매입에만 성공하면 상품 가치가 하락하는 일은 거의 없다)

부록

재테크 공부
추천도서

01
재테크를
성공으로 이끄는 책

재테크는 기본적으로 경제에 대한 지식을 필요로 한다. 물론 경제에 대한 지식없이도 주식이나 부동산 투자 등에서 좋은 결과를 얻을 수 있다. 다만, 재테크를 하게 되면 필연적으로 경제공부를 하고 싶어지게 된다. 금리, 환율, 세금 등의 재테크 관련 변수들이 결국에는 경제에 대한 지식이 있어야 더 잘 이해할 수 있기 때문이다. 여기에 성공적인 재테크를 위한 경제공부에 도움이 되는 책들을 정리해 보았다.

또 다른 10년이 온다 (한상춘/한국경제신문)

한국경제와 세계 경제의 흐름을 잘 정리한 책이다. 최근의 경제 관련 수치와 지수들을 근거로 향후 경제가 어떤 모습을 보일지, 국제관계에 따른 역학관계는 어떻게 변할지가 잘 정리되어 있다. 나름 경제학에 대해 잘 안다고 생각했었던 나였지만, 이 책을 한 번에 이해하기는 쉽지 않았다. 그만큼 깊이가 있고 생각하고 공부하면서 읽어야 하는 책이다. 이 책에서 저자가 제시하는 각종 이론과 근거 자료들을 어렵지 않게 이해할 수 있다면 경제 분야에 있어서는 더 이상 공부할 것이 없다고 자부해도 좋다. 이 책을 한 줄 한 줄 읽어나가다 보면 처음 보는 생소한 용어도 있을 것이고 기존에 내가 알고 있던 지식과는 다른 관점에서 쓴 내용도 있을 것이다. 모르는 내용이 나오면 다시 한 번 공부한다는 생각으로 되풀이해 읽어볼 필요가 있고, 나와 다른 관점에 대해서는 왜 그런지 이유를 생각해 볼 필요가 있다. 이 책을 다 읽고 나면 미시경제와 거시경제에 대한 기본 개념이 생기고 국제경제가 어떻게 얽혀 있는지에 대해서도 알게 될 것이다. 재테크라는 것이 기본적으로 경제의 흐름과 맞물려 있기 때문에 경제의 흐름을 알고 싶은 독자라면 이 책을 추천한다. 기억할 것은 이 책은 어디에 투자하라는 가이드가 아니라는 사실이다. 단, 이 책을 읽고 나면 어디에 투자해야 할지 힌트가 생길 것이다.

경제 상식사전 (김민구/길벗출판사)

경제 관련 뉴스에 나오는 경제용어들이 잘 정리되어 있다. 경제 뉴스를 이해할 수 있는 핵심 개념들을 파악하고자 할 때 유용한 책이다. 경제 입문자를 위한 책이라 쉽게 풀어서 설명되어 있다. 경제학을 따로 전공하지 않았거나 경제 공부를 정식으로 하지 않은 독자들이라 해도 저자의 설명을 따라가다 보면 어렵지 않게 경제학의 기본적인 내용들을 알 수 있도록 구성되어 있다. 처음에는 경제 뉴스에 나오는 핵심 키워드로 시작해서 마지막 부분에는 각국 경제의 개별 이슈와 공통 이슈까지 다루고 있다. 앞에 소개했던 한상춘 저자《또 다른 10년이 온다》라는 책이 경제 흐름에 대해 전문적이고 깊이 있는 통찰 위주의 내용이라면《경제 상식사전》은 초보자를 위한 아주 쉬운 경제해설이라 할 수 있다. 만약《또 다른 10년이 온다》라는 책을 읽기 시작했는데 너무 어렵게 느껴진다면《경제 상식사전》을 먼저 읽어 경제에 대한 개념을 잡은 후 접근하는 것이 좋다.

선대인의 대한민국 경제학 (선대인/다산북스)

대한민국 경제와 관련된 기초적인 개념을 알기 쉽게 해설해주는 책이다. 우리나라의 경제흐름과 향후 방향성이 사회 이슈와 잘 연결되어 정리되어 있기 때문에 대한민국 경제의 기초적인 모습을 파악하는 데 도움이 된다. 책이 비교적 크고 두꺼운 편임에도 편집이 잘 되어 있고, 원고의 가독성이 좋아 빠르게 읽을 수 있다. 경제학은 가치판단이 들어가느냐 그렇지 않느냐에 따라 크게 규범경제학과 실증경제학으로 구분된다. 규범경제학은 '이러한 경제현상은 옳다/그르다'는 가치판단이 들어간 경제학이고, 실증경제학은 가치판단 없이 '이러한 현상은 이러한 원인 때문이다'라는 식으로 설명하는 경제학이다. 선대인 저자는 규범경제학의 관점에서 우리나라 부동산 시장의 상승이 옳지 않고 거품임을 주장하는 대표적인 진보경제학자라 할 수 있다. 그런 이유로 이 책 역시 부동산 시장의 상승에 대해 부정적인 견해를 피력하고 있다. 과거 선대인 저자는 부동산 시장의 폭락을 예견했는데 이 예견이 들어맞지 않아 비판을 받기도 했다. 하지만 선대인 저자뿐 아니라 다른 저자들의 경제 예측 또한 틀리기도 하고 맞기도 하기 때문에 그런 부분을 중심으로 읽기보다는 투자에 대한 균형감을 잡는다는 생각으로 책을 읽는 것이 좋다.

넛지 (리처드 탈러 외/리더스북)

넛지Nudge는 '옆구리를 슬쩍 찌르다'라는 뜻으로, 부드러운 자극을 통해 사람들의 행동을 긍정적인 방향으로 변화시키는 것을 가리킨다. 이 책은 행동경제학 관련 서적이다. 인간의 선택은 경제학에서 이야기하는 합리적 동기에 더해 비합리적인 동기에 의해서도 얼마든지 가능하다는 사실을 행동경제학의 관점에서 잘 해설해주고 있다. 전통적인 경제학으로는 이해되지 않는 인간의 경제적 선택을 새로운 관점에서 설명하는 것이다. 예를 들어 당신이 어떤 물건을 더 많이 팔고자 한다면 질문 하나만으로도 그것이 가능해질 수 있다. "향후 6개월 안에 새 차를 구매할 의사가 있습니까?"라는 질문을 던지는 것만으로 구매율이 35%나 올라갔다는 실험 결과가 있기 때문이다. 이 책에는 이렇듯 사소해 보이는 것들이 사람들의 행동에 막대한 영향을 끼칠 수 있다는 사례들이 계속해서 등장한다. 이 책이 주장하고자 하는 핵심은 인간은 우리가 생각하는 것만큼 합리적이지 않다는 것이다. 행동경제학은 비교적 최근에 등장한 경제학의 분파이지만 노벨경제학상까지 받을 정도로 영향력이 큰 분파로 성장했다. 행동경제학을 배우게 되면 인간의 경제적 행동에 대해 더 깊이 있게 알 수 있다. 책에는 재미있는 실험내용들도 많이 등장하기 때문에 읽는 재미와 공부하는 재미를 동시에 얻을 수 있다.

경제기사 궁금증 300문 300답 (곽해선/혜다)

경제신문과 경제기사를 더욱 잘 이해할 수 있도록 가이드해주는 책이다. 이 책을 꼼꼼하게 읽으면 웬만한 경제 뉴스는 어렵지 않게 이해할 수 있다. 1장 '경제는 어떻게 움직이나'부터 8장 '경제지표'에 이르기까지 각 챕터가 경제 개념에 대한 설명과 함께 실제 신문기사에서 어떻게 활용되는지 확인할 수 있어 경제기사 이해와 공부에 큰 도움이 된다. 이 책을 읽으면서 경제를 공부하고 경제 뉴스를 계속 접하다보면 경제기사들도 일정한 범주에서 움직이고 있음을 알 수 있다. 대표적인 경제지표로 물가, 인플레이션, 금리, 환율 등을 들 수 있는데 경제에 대한 학습이 되어 있다면 그러한 경제지표들이 어떻게 변화하고, 그 변화가 실물경제에 어떤 영향을 주는지 알 수 있게 된다. 이 책은 매번 새롭게 책이 개정되어 나오기 때문에 최신의 경제기사까지 접하면서 경제를 포괄적으로 이해할 수 있는 점도 장점이다.

파이어족이 온다 (스콧 리킨스/지식노마드)

새로운 삶의 트렌드인 '파이어FIRE'를 실제로 실천하고 있는 저자의 이야기다. 파이어란 'Financial Independence Retire Early'의 약자로 '경제적 독립을 이뤄 조기에 은퇴한다'는 뜻을 가지고 있다. 저자는 경제적 자유를 얻는 데 34년 이상이 걸린다는 것을 계산하고 지출을 통제하여 11년 안에 경제적 자유를 얻을 수 있는 생활을 실천하고 있다. 파이어족으로 산다는 것은 눈앞의 소비 유혹을 이겨내고 자신이 정한 삶의 가치를 중심으로 삶을 바꾸는 과정이다. 재테크에 있어 재무설계와 유사한 점이 있고, 소비의 가치를 판단하는 데 많은 도움을 받을 수 있는 책이다. 이 책의 핵심은 투자를 통해 수익을 얻지 못하면 그에 대한 대안으로 지출을 줄여야 한다는 것이다. 이를 긍정적인 관점에서 보면 행복한 삶에 대한 새로운 접근방법이라 볼 수 있고, 부정적인 관점에서 보면 재테크에 실패한 사람들이 자기만족하는 삶을 그럴듯하게 포장한 것이라 볼 수도 있다. 하지만 분명한 것은 돈을 많이 벌려고 하면 할수록 현재의 삶을 희생해야 한다는 사실이다. 내 삶의 가치를 더 큰 부를 위한 투자생활의 연속에 둘 것인가, 아니면 부에 대한 욕망과 지출을 줄이고 현재를 더 행복하게 만드는 것에 둘 것인가. 내 삶의 방향을 정하고자 할 때 이 책을 읽어보면 도움을 받을 수 있을 것이다.

수축사회 (홍성국/메디치미디어)

사회 흐름에 대한 혜안을 얻을 수 있는 책이다. 저자는 현 사회의 수많은 현상들을 꿰뚫어보고 '수축사회'라는 한 단어로 요약한다. 이 책은 2018년에 출간되었음에도 현재 대한민국은 물론이고 전 세계적인 상황을 잘 설명하고 있다. 좋은 노래가 인기순위에서 역주행하듯 이 책은 오히려 최근에 그 혜안과 가치를 인정받고 있다. 이 책에서 말하는 수축사회란 인구는 감소하는데 생산성은 증대하여 공급과잉이 상시화되고, 역사상 최고 수준의 부채와 양극화로 더 이상 성장이 어려운 사회를 뜻한다. 이러한 수축사회에는 몇 가지 중요한 특징이 있다. ①수축사회의 유일한 이데올로기는 오직 '생존'이 되어 이기주의가 팽배한다. ② 정보통신의 발달로 사람끼리의 경쟁뿐 아니라 사람과 모바일, 사람과 로봇 사이의 투쟁이 현실화된다. ③ 사람들이 눈앞의 이익만 바라보고 제로섬 게임에 집중한다. ④경제와 인구가 한 곳으로 몰리는 집중화 현상이 일어난다 ⑤ 경쟁이 치열해져 사람들의 정신건강이 위협받는다. 이러한 현상은 비단 한국에서만 벌어지는 현상이 아니다. 수축사회의 현상은 미국, 중국, 유럽 등 다양한 나라에서 나타나고 있으며 강화되고 있다. 수축사회는 국지적이고 단기적인 현상이 아니라 지속적이고 장기적인 현상이라는 의미다. 과학에 있어 뛰어난 통찰력으로 법칙을 발견하면 '우아하다'는 형용사를 붙인다고 한다. 아인슈타인의 상대성이론이 그러했고, 맥스웰의 방정식이 그러했다. 경제분야에 있어 '우아하다'는 표현을 붙일 만한 책이라면 《수축사회》가 아닐까 싶다. 이 책은 과거를 토대로 앞으로 벌어질 사회경제적 문제들에 대해 우아하면서도 통찰력 있게 접근하고 있다.

돈의 속성 (김승호/스노우폭스북스)

돈에 대한 저자의 여러 가지 생각을 정리한 책이다. 저자는 미국에서 사업으로 성공하여 부를 축적한 CEO이기도 한데, 대중을 상대로 강연했던 내용을 기본으로 하고 있다. 대중강연답게 흥미롭고 극적인 내용들이 많다. 돈의 기본적인 속성과 투자자들의 심리를 잘 풀어낸 내용들이 설득력을 가진다. 사업을 할 때의 주의사항은 물론이고 재테크를 할 때 위험관리를 어떻게 해야 하는지 등을 폭넓게 알려주고 있다. 예를 들어 나는 다음과 같은 문구에 눈이 갔다. "비정규적인 수입은 한 번에 몰려온 돈이라, 실제 가치보다 커 보이는 착각을 일으킨다. 그래서 자신이 많은 돈을 벌게 된 줄 알고 사치하고 함부로 사용하게 돼 결국 모으지 못하게 된다. 흔한 생각으론 돈이 또 언제 들어올지 모르니 저축을 해가며 살 것 같아도 실제로 그렇게 조정하는 사람은 별로 없다." 이러한 문구들은 직접 경험하고 느끼지 않으면 할 수 없는 이야기로 보인다. 저자가 사업을 하고 투자도 하면서 겪었던 경험들이 그대로 잘 녹아 있기에 강력한 설득력을 가진다. 또 저자가 돈을 벌기만 한 것이 아니라 잃어도 보았기에 내용이 더 큰 흡입력을 지닌 듯하다. 재테크에 있어 기본적인 마인드세팅을 하고자 할 때 많은 도움을 얻을 수 있을 것이다.

경제학 원론 (이준구/문우사)

재테크를 잘한다는 것은 그냥 돈을 잘 굴린다는 의미가 아니다. 돈을 시의적절하게 투자하려면 현재 벌어지고 있는 경제 현상에 대한 이해와 판단이 필요하다. 경제 현상을 제대로 이해하려면 경제에 대한 기본적인 개념에 대한 이해가 필요하고, 이에 대한 공부로 경제학 원론 만한 것이 없다. 경제학 원론은 미시경제와 거시경제를 통해 경제의 가장 기본적인 원리를 이해할 수 있도록 해준다. 물론 재테크에 필요한 경제 지식과 정보는 이해를 돕는 여러 가지 쉬운 대중서를 통해 얻을 수도 있다. 그런데도 경제학 원론이 필요한 것은 경제 지식의 기초를 튼튼히 다지기에 가장 좋은 방법이기 때문이다. 시중에 수많은 경제학 원론이 있지만 필자는 특히 이준구 교수의《경제학 원론》을 추천한다. 이준구 교수는 우리나라 경제학자 가운데 최고로 손꼽히는 경제학자이며 경제원칙에 대한 설명과 해설이 풍부해서 혼자 공부하기에 큰 어려움이 없기 때문이다. 그래고리 맨큐의《맨큐의 경제학》역시 경제학입문에 많은 도움이 된다. 이준구 교수의《경제학원론》과《맨큐의 경제학》을 학습하면 경제 현상을 이해하는데 기본적인 지식은 다 얻을 수 있다. 경제에 관한 공부를 하는 데《경제학 원론》까지 읽을 필요 있겠느냐는 생각을 할 수도 있다. 그런데도 이 책은 기본적인 경제 원리를 잘 해설해주고 있다. 경제 입문서들이 아무리 친절하게 설명해줘도 근본적인 원리를 알지 못하면 쉽게 이해하기 어렵다. 이 책은 경제에 대한 기초지식을 쌓게해주기 때문에 이 책을 읽은 다음 경제해설서를 읽어보면 더 깊이 있는 이해를 할 수 있게 된다.

멀티팩터 (김영준/스마트북스)

성공의 비결에 대해 냉정하게 분석한 책이다. 이 책은 성공한 기업가들의 단순화된 성공 스토리의 이면에 감춰진 다양한 성공 요인에 대해 이야기한다. 특히 최근 젊은 창업 중 대표적 성공 사례로 꼽히는 공차, 마켓컬리, 안다르, 무신사 등 우리에게 친숙한 기업들을 직접 취재하여 그들이 성공할 수 있었던 진짜 이유에 대해 분석하고 있어 더욱 흥미진진하다. 저자는 현실 세상에서 성공하기 위해서는 노력과 열정만으로는 성공하기 힘들고, 그와 함께 많은 자본, 우월한 배경, 타고난 재능, 인적 네트워크 그리고 때로는 운도 따라줘야 한다고 말한다. 이 책은 정말로 성공을 목표로 한다면 노력과 열정에 대한 과대평가부터 멈추고 성공에 영향을 미치는 다양한 요소들 중 자신에게 주어진 것들을 어떻게 극대화시키고 연결할 것인지에 집중하라고 조언한다. 저자의 성공에 대한 지극히 현실적이고 냉정한 접근은 불확실한 세상에서 우리를 성공으로 이끌어 주는 새로운 통찰을 제시해주고 있다.

02
펀드투자를
성공으로 이끄는 책

펀드 상품을 선택할 때 도움이 될만한 서적들 위주로 선정했다. '이 펀드는 좋고 이 펀드는 좋지 않다'라는 류의 책은 경제 상황의 변화에 따라 어제는 맞았지만 오늘은 틀린 내용이 될 수 있기 때문이다. 그리고 펀드 상품에 대한 책은 다양하지 못해서 다른 분야에 비해 적게 선정하였다. 다만, 지금은 절판되었지만《펀드투자 무작정 따라하기》,《펀드투자가 미래의 부를 결정한다》와 같은 책은 좋은 책이니 중고책으로라도 구해볼 수 있으면 좋을 것이다.

펀드투자 핵심 노하우 (마경환·이관순/이레미디어)

좋은 펀드를 고르는 법부터 펀드 가입 후 사후관리까지 펀드투자의 전체 프로세스를 알기 쉽게 설명하고 있다. 그에 더해 펀드투자에 있어 꼭 필요한 여러 지표들이 잘 정리되어 있는 책이다. 특히 해외편드에 대해 환혜징하는 구조와 가이드라인을 싣고 있어 해외펀드 투자자들에게 많은 도움이 된다. 이 책의 저자는 대부분의 투자자들이 다른 사람의 말만 듣고 덜컥 펀드투자에 뛰어드는 현실이 안타깝다고 말한다. 그러면서 '벤치마크'라는 개념을 예로 들며, 펀드가입설명서에 깨알같이 작은 글씨로 쓰여 있는 펀드의 기준 수익률인 벤치마크 하나만 꼼꼼히 읽어도 성공 투자에 한 걸음 가까워 질 수 있다고 강조한다. 벤치마크는 해당 펀드의 과거 수익률, 변동성, 투자하려는 시장의 성격 등을 미리 확인해 볼 수 있는 중요한 정보다. 마치 영화의 예고편과 같다. 이렇듯 이 책은 올바른 펀드 선택 요령에서부터 펀드 스타일별 투자전략, 나에게 바람직한 PB를 선택하는 방법에 이르기까지 실제 현역에 근무하는 전문가들이기에 가능한 실전 꿀팁을 전하고 있다. 이 책을 통해 펀드투자의 성공적 노하우를 배울 수 있을 것이다.

초보자도 성공하는 펀드재테크 100% 활용법 (김동범/중앙경제평론사)

펀드와 변액연금의 활용법에 대해 설명한 책이다. 기존의 펀드 관련 도서들은 펀드에 집중했던 것에 비해 이 책은 변액연금의 속성과 편입된 펀드까지 설명을 추가했다는 특징이 있다. 대부분의 경우 변액연금을 통한 펀드투자는 관심을 기울이지 않게 된다는 점을 감안하면 이 책은 그간 잘 다루어지지 않던 영역까지 설명함으로써 좀 더 깊이 있는 투자를 가능하게 한다. 저자는 펀드의 수익률을 올리는 데 변수로 작용하는 각 펀드의 장점과 단점을 면밀히 검토한 뒤 자신의 투자 성향에 맞는 상품을 골라야 한다고 조언한다. 상품의 취약점이 무엇인지 냉정하게 분석한 다음 장점을 살피면 시너지를 창출할 수 있다고 강조하며, 그를 위해 어떤 것들을 알아야 하는지 자세히 설명하고 있다. 펀드를 가입하기 전에 확인해야 할 사항부터 투자를 유지하며 확인해야 할 사항까지 비교적 잘 정리되어 있다.

좋은 펀드 나쁜 펀드 (신관수/이레미디어)

수많은 펀드 중에서 나에게 맞는 펀드를 고르는 방법과 실제 투자한 상품의 관리 방법까지 체계적으로 소개하는 책이다. 이제는 투자의 시대라는 바탕에서, 저축은 오히려 손실이라 말하며 자산의 가치를 지키기 위해서는 적극적인 투자가 필요함을 역설한다. 이 책은 1장부터 4장까지에 걸쳐 저비용, 고효율 펀드를 고르는 방법과 자신의 투자 성향에 맞는 좋은 펀드를 찾는 방법들을 구체적으로 소개하고 있다. 특히 마지막 5장에서는 실패 없는 펀드투자 전략에 대해 설명하며 장기투자의 필요성과 전술적 자산 배분의 관점에서 공격적인 펀드투자 전략에 대해 알려준다. 여기에 더해 부록으로 저자의 투자 제안과 알아두면 유용한 금융정보서비스에 대해서도 추가적으로 알려준다.

1일 1짠 돈 습관 (다음 짠돌이 카페 슈퍼짠 12인/한국경제신문)

이 책은 다음 짠돌이 카페에서 재테크에 성공한 사람들의 이야기를 담은 책이다. 직접 펀드를 선택하는 요령에 대한 내용은 들어있지 않지만, 펀드투자에 있어 참고할만한 내용들을 많이 담고 있다. 생활고에 시달리면서도 절약과 투자를 통해 안정적인 생활권에 진입한 사례나, 무일푼에서 자산을 형성한 생생한 재테크 성공 사례를 접해볼 수 있다. 이 책은 재테크를 하기에는 자신의 소득이 부족하다 생각하는 사람들이 읽으면 도움이 되리라 생각한다. 각기 다른 상황에서 재테크에 성공한 12명의 이야기가 투자의 대가나 투자 전문가가 아닌 평범한 이 웃들의 이야기이기에 지금 내 상황에 직접적으로 투영되는 느낌을 받 을 수 있을 것이다. 그만큼 현실적인 조언과 구체적인 투자 스킬을 배 울 수 있다. 부자의 꿈이 결코 멀리 있지 않다는 것을 실감할 수 있는 책이다.

03
주식 투자를
성공으로 이끄는 책

주식 투자는 타이밍이 워낙 강조되기 때문에 개별 종목에 대한 전망보다는 주식 투자의 원칙을 풀어놓은 책이 대부분이다. 주식 분야에서는 주식 투자의 기본 스킬을 정리한 책과 ETF, 리츠 등을 정리한 책들을 참고하면 좋다.

주식 투자 무작정 따라하기 (윤재수/길벗출판사)

100만 부의 판매고를 기록한 주식 투자의 바이블과 같은 책이다. 꾸준히 개정판이 출간되어 최신 시장분석 자료와 기업 데이터를 확인할 수 있다. 주식 투자에 집중하면서 동시에 경제 상황을 읽어내는 법까지 함께 설명되어 있는 주식 투자의 종합선물세트 같은 책이다. '무작정 따라하기' 시리즈답게 처음에는 주식이란 무엇인가에 대한 기초적인 설명부터 시작하여 마지막은 주가지수옵션거래에 대한 전문적인 설명까지 한 권에 모두 요약되어 있다. 방대한 내용을 한 권에 다 담았기 때문에 혹시 필요한 내용이 부실하지 않을까 염려할 수도 있는데 그런 걱정은 하지 않아도 된다. 말 그대로 무작정 따라 할 수 있도록 꼼꼼하게 구성되어 있다. 처음에는 주식의 기본개념으로 시작하여 마무리는 배당투자와 선물옵션투자까지 점점 난이도 높은 내용으로 진행되기 때문에 읽다 보면 어느 순간 주식 투자에 대한 자신감을 갖게 해준다. 이 책은 한 번 읽고 덮어버리는 책이 아닌 주식 투자를 할 때 계속 옆에 두고 참고해가면서 읽으면 도움이 되는 책이다.

주식 투자 ETF로 시작하라 (sjstrader79 · 이성규/이레미디어)

ETF에 대한 투자 트렌드와 운용전략이 잘 정리되어 있다. 투자 시뮬레이션까지 해 볼 수 있어 ETF투자를 할 때 많은 도움을 받을 수 있다. 이 책은 ETF의 기본개념부터 시작하지 않고 독자들이 이미 ETF에 대해 기본적인 지식을 가지고 있다는 가정하에 설명이 시작된다. 다만 초반에 ETF에 투자하기 전에 알아야 할 것들을 따로 정리하여 놓았기 때문에 기초 지식이 부족하다 생각하는 독자도 큰 어려움 없이 내용을 따라갈 수 있으리라 생각한다. 책에서는 ETF투자 기법에 대해 매수 후 보유전략, 적립식 투자전략 등 총 7개의 전략으로 나누어 소개한다. 여기서 한 걸음 더 나아가 고급 투자전략을 통해 시장을 이기는 방법도 함께 알려준다. 이 책은 일명 '선수'들을 위한 교과서라 할 수 있다. 기본적인 ETF 투자 방법을 소개하는 것이 아니라 ETF를 통해 운용할 수 있는 여러 가지 전략들과 고급 기술들에 관해 설명하고 있기 때문이다. 여기에 더해 마지막 부분에는 단기투자에 적합한 전략까지 소개함으로써 초보자가 아닌 중급 이상의 투자자들에게 필요한 내용까지 담고 있다. 개인적으로는 투자는 길게 이어나가면서 수익을 얻어야 한다 생각하지만, 이 책의 내용과 같이 ETF를 통해 단기적인 투자를 해보는 것도 좋은 경험이 될 수 있을 것 같다. 이 책은 주식이나 펀드 등의 투자를 정석대로 하면서 가끔 다른 방식도 경험해보고 싶은 독자들을 위한 가이드이다.

2020리츠가 온다 (이광수 · 윤정한/매일경제신문사)

부동산 리츠에 대해 잘 정리되어 있다. 특히 리츠에 관해서는 출간된 책이 많지 않은데, 이 책은 리츠에 관한 자세한 내용과 함께 출시된 리츠 상품들을 분석한 내용까지 있어 리츠 투자에 접근하고자 할 때 참고할 내용이 많다. 리츠는 아직 생소한 분야라 할 수 있는데 이 책은 고맙게도 현재 거래소에서 투자 가능한 리츠들을 총정리하여 분석해 놓았다. 여기에 더해 우량 리츠 고르는 법과 미국, 일본, 싱가포르, 호주 등 해외 리츠까지 함께 소개함으로써 리츠에 대한 안목을 넓히는 데 많은 도움이 된다. 이 책은 리츠라는 개별 상품에 대해 자세한 설명을 제공함으로써 리츠 투자에 대한 전반적인 지식은 물론, 각 상품에 대한 세부적인 정보까지 얻을 수 있도록 안내해주는 리츠 가이드 및 입문서라 할 수 있다. 신문 기사와 경제 뉴스를 통해서는 리츠의 수익률이 코스피 상승분보다 얼만큼 더 높은 수익률을 기록하고 있다는 정도의 제한적인 정보만 얻을 수 있다는 점을 고려하면 이 책은 리츠 투자를 하고자 할 때 필히 읽어봐야 하는 책이라 생각한다.

엄마, 주식 사주세요 (존리/한국경제신문사)

2020년 코로나19로 '동학개미운동'이 일어날 때 최고의 주식 관련

책으로 인정받았다. 자녀에 올인하여 노후준비에 소홀한 부모들을 걱정하며 사고의 전환과 부자가 되기 위한 주식 투자의 올바른 방향성을 제시하고 있다. 저자 존리는 자녀를 월급쟁이가 아닌 자본가로 키우라고 강조하며, 사교육비의 일부만이라도 떼어서 자녀에게 주식을 사줄 것을 권한다. 주식 가격에 정치, 경제, 문화 등의 제반 환경이 모두 반영되어 있기 때문에, 주식 투자를 하게 하면 세상에 대한 넓은 통찰을 얻을 수 있다는 것이다. 이 책은 주식 투자의 구체적인 스킬을 알려주기보다는 왜 주식 투자를 해야 하는지에 대한 설명을 통해 자녀와 부모 모두에게 부자가 되기 위해 필요한 마인드를 심어준다. 저자는 주식에 대한 이야기를 하면서 동시에 부의 축적과 사용 방법까지 안내해주고 있다. 가장 중요한 핵심은 주식을 도박이 아닌 투자로 접근할 수 있도록 조언해주는 내용이다. 이 책은 주식 투자에 관한 책이면서 동시에 내 아이의 경제교육을 위한 자녀교육서이기도 하다. 주식 입문자로서 주식 투자의 기본 마인드와 자녀에게 부자 DNA를 심어주고 싶은 독자라면 꼭 읽어보기 바란다.

미국 주식 스타터팩 (정두현/비제이퍼블릭)

말 그대로 미국 주식 투자를 스타트 하기 위한 패키지라 할 수 있다. 미국의 핵심 IT기업 리뷰와 함께 주요 ETF들을 주가지수, 배당주, 섹터별로 나눠 설명해놓았다. 추가로 저자가 판단하는 미국 주식시장의 숨겨진 보석들도 소개하고 있어 투자에 좋은 참고가 될 수 있다. 미국 주식의 개별 종목과 함께 ETF도 섹터별로 나누어 설명하고 있어 이 책은 미국 주식 종합 가이드라 할만하다. 저자는 본인이 직접 현장에서 강의하며 체득한 노하우를 바탕으로, 복잡한 종목 분석 능력이 없는 주식 초보자도 쉽게 미국 주식에 입문할 수 있도록 책을 구성하였다. 특히 보통의 주식 가이드 서적들이 투자 원칙과 방법은 자세히 설명하지만 개별 종목에 대해서는 언급을 피하는 것이 일반적인데, 이 책은 그러한 몸사림 없이 과감하게 투자할만한 종목들을 나열하고 있는 점이 특징이다. 책 말미에 미국 주식 투자에 참고할만한 사이트를 소개하고 있어 정보를 얻는 데 도움이 된다. 미국 주식과 ETF에 관심을 가지고 있는 독자라면 흥미롭게 읽을 수 있을 것이다.

재무제표 모르면 주식 투자 절대로 하지마라 (사경인/베가북스)

재무제표에 대해 강의하는 회계사도 많고, 주식 투자에 대해 강의하는 전문가도 많다. 하지만 주식을 강의하는 회계사는 많지 않은데, 이 책의 저자는 회계사이면서 동시에 유명한 주식 투자 강사이기도 하다. 재무제표를 기반으로 기업의 가치를 찾는 방법에 대해 설명한 이 책은 한마디로 주식 투자에 있어 재무제표가 얼마나 중요한지를 강조하고 있는 책이다. 이 책이 일반적인 주식 투자 책과 다른 점은, 보통의 경우 ROE 등의 투자지표를 보면서 적정 기업 가치가 얼마인지를 역산하는 방법을 제시하는데, 이 책은 ROE를 분석하는 것에서 더 나아가 예측하는 방법까지 알려주고 있다. 또한, 회계사로서 기업의 회계장부를 보는 날카로운 분석과 주식전문가로서 기업의 주가가 어떻게 형성되는지 두 가치 측면을 골고루 살펴볼 수 있는 책이라는 점이 이 책이 다른 주식 책과 차별되는 점이다. 기업의 재무제표는 주식 중에서 가치주와 배당주에 있어 특히 위력을 발휘할 수 있다는 점은 앞서 본문을 통해 이미 알고 있으리라 생각한다. 이 책 역시 가치주와 배당주에 있어 중요한 지표들을 분석하고 활용하는 방법들에 대해 자세히 설명해주고 있다. 여기에 더해 재무제표를 보면서 회사의 의도가 어떤 것인지 파악할 수 있는 안목을 길러주는 책이기 때문에 가치주와 배당주에 집중 투자를 계획하고 있는 독자라면 반드시 도움이 될만한 책이다.

포스트 코로나 주식 투자 (김현빈/베가북스)

이 책은 코로나19로 인해 세계 경제가 재편될 때 어느 종목에 우선 관심을 가져야 할지 길잡이 역할을 한다. 언택트시대의 흐름을 짚어내고 탈 중국화, 신재생에너지 등 향후 지속적으로 이슈가될 사항들에 대해 미리 분석하고 예측한다. 저자들은 코로나 이후의 세계 경제 흐름에 대해 설명함과 동시에 ETF에 대해 자세한 설명을 곁들이고 있다. 이 책은 일반적인 포스트 코로나19 예측서와는 달리 '잔존가치 모델'을 통해 글로벌 개별 투자 상품들과 ETF 상품들에 대해 분석하고 있다. 투자에 있어 개별종목을 추천하는 것은 맞추면 당연하고 틀리면 비난을 받아야 함에도 불구하고 과감하게 유망투자처를 밝힌 용기 있는 책이라는 점이 눈에 띄었다. 앞서 보았던《미국 주식 스타터팩》이 더 적중률이 좋을지, 이 책이 더 좋을지 한번 비교해보면서 주식 투자를 이어나가는 것도 흥미로운 과정이 될 것으로 판단된다.

주식 투자의 심리학 (김진영/지식과 감성#)

이 책은 독특한 면이 있다. 주식 투자를 다루면서도 어떤 종목을 골라야 한다는 내용은 거의 없기 때문이다. 대신 행동경제학을 기반으로 주식 투자에 임하는 투자자들이 어떤 심리를 가지고 있는지 그에 따라 어떤 행동을 보이는지에 집중한다. 주식 자체가 아닌 주식 투자를 하는 사람들의 투자행태를 관찰하는 책이라 할 수 있다. 이 책은 행동경제학에서 제시하는 주식 투자자들의 잘못된 행동 형태인 '편향'에 대해 이야기한다. 그런 다음 이러한 편향들을 극복하고 성공적인 주식 투자를 하기 위해 필요한 기본원칙들을 제시하고 있다. 이 책은 주식 투자에 행동경제학을 가미한 학술적인 책이다. 다시 말해 수익을 보기 위해 지금 당장 어떤 종목을 선택해야 하는지, 주가 그래프가 어떤 모양일 때 거래해야 하는지를 알고자 하는 투자자들에게는 원하는 내용이 아닐 수 있다. 그럼에도 이 책이 가치 있는 이유는 일반적인 사람들이 투자에 있어 어떤 실수를 하는지를 살펴봄으로써 이를 반면교사 삼아 나의 실수를 줄일 수 있도록 안내해주기 때문이다. 앞서 재테크 기초 분야에서 소개했던 《넛지》를 읽어보았다면 이 책을 읽으면서 다시금 인간 행동의 불합리성과 극복 방안을 발견할 수 있을 것이다. 다시 한번 강조하지만 이 책에서는 투자할만한 종목을 찾을 수 없다. 다만 피해야 할 투자의 실수들이 잘 정리되어 있다.

미국 배당주 투자 지도 (서승용/진서원)

책의 제목에 대단히 충실한 책이다. 제목 그대로 미국 배당주들을 정리한 책이면서 동시에 어떤 종목에 투자해야 하는지 가이드 역할을 충실히 하고 있다. 처음 도입 부분에서는 미국 배당주 주식의 매력과 체크 포인트를 간단히 살펴보고 바로 이어 고정 배당주, 배당 성장주, 고 배당주를 각각 소개한다. 긍정적으로 보면 유망 기업 소개이지만 부정적으로 보면 일종의 종목추천으로 볼 수도 있다. 여기에 더해 배당주 투자에 대해 알아두면 좋을 간단한 팁들에 대해서도 설명한다. MAGA(마이크로소프트, 애플, 구글, 아마존)로 대표되는 미국 주식에만 집중하지 않고 우리에게 친숙하지 않은 기업들까지 유망 배당주로 소개하고 있는 점이 흥미롭다. 만약 기존의 MAGA에 집중된 주식에 추가하여 다변화를 꾀하고자 한다면 관심 있게 읽어볼 만 하다. 배당주와 관련된 다른 서적들은 배당주의 장점과 투자기법에 대해서는 장황하게 설명 하면서 종목 소개는 조심스럽게 하는 편인데, 이 책은 용감할 정도로 투자 유망 기업을 공개하고 투자할 것을 권유하고 있다. 우리나라 주식 투자자들이 해외주식에 직접투자하기 시작한 기간이 길지 않기에 한동안 이런 식의 서적들이 인기를 끌 것으로 예상된다. 개인적으로는 이렇게 용감한 저자가 부러울 따름이다. 저자의 예측과 추천이 어느 정도 적중하는지 관심 있게 지켜보도록 하자.

주식시장의 천재투자자들 (존 리즈·잭 포핸드/슬로디미디어)

우리는 특정 분야에서 대가로 인정받는 사람들이 어떻게 그 자리에 올랐는지 궁금할 때가 많다. 이 책은 우리보다 금융이 발달한 미국에서 주식으로 거장이 된 Top 10의 이야기를 다루고 있다. 그들의 투자에 대한 철학, 투자 방법들을 통해 주식 투자자들이 어떠한 것들을 알아야 하는지 설명하는 책이다. 워런 버핏과 벤저민 그레이엄 등 가치주 투자의 대가부터 시작해서, 성장주의 대가인 피터 린치 등 우리에게 익숙한 이름들도 많이 보인다. 다만 이 책은 주식 투자로 성공한 대가들의 무용담이 아니다. 그들의 종목 선택 방법, 매매 타이밍, 경제지표 해독까지 단계별로 알려주고 있다. 내가 투자한 주식이 오를 때도 있고 내릴 때도 있을 것이다. 이 책은 그처럼 변동이 심한 주식시장에서 어떻게 하면 '이기는 투자'를 할 수 있는지에 대해 투자 천재들의 이기는 방법에 대해 배울 수 있는 책이다.

04
부동산 투자를
성공으로 이끄는 책

부동산 분야는 토지부터 시작해서 아파트, 상가, 꼬마빌딩까지 여러 가지 아이템들이 세분화되어 다양하게 출간되고 있다. 모든 책이 독자들에게 도움이 될 수 있겠지만, 여기에 소개하는 책은 부동산 투자에 대한 기본개념을 잡아 주거나 개별 아이템 투자에 도움이 될만한 책으로 엄선하였다.

앞으로 10년 대한민국 부동산 (김장섭/트러스트북스)

경제학과 인문학을 응용한 향후 부동산시장에 대한 예상이 잘 정리된 책이다. 단순히 어느 지역이 개발 호재가 있어 앞으로 좋다거나, 사두면 오를 것이라는 접근이 아니라 자본주의 속성과 기존 사례를 근거로 앞으로의 모습을 제시하고 있다. 부동산시장에 대한 전체적인 안목을 얻기에 좋은 책이다. 저자는 향후 대한민국 부동산의 흐름을 최악의 시나리오와 최상의 시나리오를 구분하여 의견을 제시한다. 최악의 시나리오는 인구노령화와 지방의 일자리 소멸 등 한국경제가 가지고 있는 구조적 문제점들이 부동산에 어떤 영향을 미칠지를 예상하고 있으며, 최상의 시나리오는 외국인의 투자수요 증가를 가정하여 예상하고 있다. 이 책의 장점은 각각의 변수에 의해 부동산시장이 어떻게 흘러갈 것인가를 시나리오를 세워 예측했다는 데 있다. 개발 호재를 통해 단편적으로 접근하는 기존의 책들과는 달리 이 책은 토지, 노동, 자본의 속성에서 부동산 가격형성의 원리를 제시하는 점이 좋았다. 특히 부동산에 대한 저자의 통찰력이 매우 뛰어나 배울 점이 많았던 책이었다. 우리나라 부동산시장의 전반적인 흐름에 대해 알고 싶다면 이 책을 꼭 읽어보길 바란다.

한 권으로 끝내는 돈 되는 재건축 재개발 (이정열/잇콘)

현직 공인중개사이자 투자 강사로 유명한 저자가 알려주는 재건축, 재개발 투자 가이드북이다. 사례에 등장하는 지역이 부산 중심이지만 기본원리는 지역과 관계없이 유사하게 적용되기 때문에 참고할 내용이 많다. 이 책은 재개발, 재건축에 있어 가장 핵심이 되는 사항들을 체계적으로 풀어낸 책이다. 재개발, 재건축은 고려해야 할 요소들이 대단히 많고 복잡하여 명쾌하게 정리하기가 쉽지 않다. 그래서 이 책처럼 핵심 사항을 중심으로 풀어 쓴 책이 오히려 도움이 되는 것 같다. 물론 시장이 교과서처럼 움직이는 것은 아니지만 기본원리와 투자에 있어 고려해야 할 사항들이 친절하게 설명되어 있어 충분히 읽어볼 가치가 있는 책이다. 재개발, 재건축에 있어 도움을 얻을 수 있도록 잘 구성되어 있어서 투자목적뿐 아니라 학습목적으로도 좋은 책이다.

정준환의 부동산 레시피 (정준환/매일경제신문사)

부동산 실무에 경험이 많은 저자가 초보자를 위해 쉽게 풀어 쓴 부동산 투자 가이드북이다. 투자 아이템별 접근 방법과 주의사항에 대해 이론과 실무경험을 적절히 섞어 이해하기 쉽다. 잘 다루어지지 않는 빌라 건축 사례도 다루고 있어 관련 정보를 얻고자 하는 경우 유용하다. 이 책은 부동산 입문자를 위한 기본 투자 방법 안내와 함께 고수를 위한 내 건물 짓기까지 부동산 투자 수준에 따라 골라서 투자할 수 있도록 구성되어 있다는 점이 특징이다. 개인적으로 이 책의 저자와는 기회가 되어 몇 번 같이 일해본 적이 있는데 책이 구성된 바와 같이 투자자들의 지식과 자금 상황에 따라 가장 적당한 매물을 소개해준다. 자칭 전문가들이 자신을 믿고 상담해 오는 사람들에게 악성 매물을 소개해준다거나 자신의 이익만을 위해 투자자의 목적과 전혀 맞지 않는 매물들을 소개해주는 일이 다반사임을 생각하면 이 책의 저자는 정직하게 고객의 목적에 맞는 매물을 중개해줌으로써 고객의 신뢰를 계속 얻는 스타일이다. 좋은 부동산 매물을 찾는다면 이 책의 저자를 수소문하여 상담을 받아보는 것도 좋을 것이다. 책의 내용과 저자의 업무 스타일을 잘 알기에 이 책과 이 책의 저자를 자신 있게 추천할 수 있다.

수도권 알짜 부동산 답사기 (김학렬/지혜로)

탄탄한 부동산 관련 이론을 바탕으로 각 현장을 답사하여 정리한 책이다. 기본적인 부동산 전망에 더해 지역적 특성까지 함께 확인할 수 있어 부동산 투자에 참고할 만한 것이 많다. 저자는 '빠숑'이라는 필명으로 인터넷 부동산 카페에서 모르는 사람이 없을 정도로 유명하다. 각 지역에 대한 날카로운 분석과 해설을 통해 부동산 초보자부터 부동산 고수까지 모두 수긍하고 동의하는 의견을 내기 때문이다. 우리나라 부동산 투자자들에게 상당한 신뢰를 얻고 있는 만큼 꼼꼼한 분석을 실시했다. 이 책은 저자의 분석이 세밀하게 정리된 답사기라 할 수 있다. 단순히 어디 어디를 다녀왔다는 식의 답사기가 아니라 해당 지역의 투자 분위기, 인근 아파트의 분석 내용이 들어있어 직접 현장에 가보지 않아도 지역 부동산 전문가의 설명을 듣고 있는 느낌이 나도록 구성되어 있다. 철저하게 현장 위주로 이야기를 풀어나가면서 동시에 주장의 근거를 수치로 제시함으로써 객관성을 잃지 않고 있다. 이미 수많은 매체를 통해 부동산 분석 능력을 인정받은 저자의 이 책은 부동산 정책의 변화와 무관하게 현장의 이야기를 제대로 전하고 있다. 부동산 투자를 염두에 두고 있다면 빠숑 김학렬의 저서들은 필히 읽어봐야 한다.

부동산 상식사전 (백영록/길벗출판사)

부동산 입문을 위한 기초 지식이 잘 정리되어 있다. 부동산 투자가 아닌 부동산 기초 공부를 하고 싶을 때 선택할만한 책이기도 하다. 토지, 상가, 경매까지 기초적인 내용을 두루두루 설명해 놓아 부동산 투자의 개요를 이해할 때 도움이 된다. 이 책의 장점은 부동산 투자에 대한 대부분의 경우에 대비할 수 있도록 해준다는 점이다. 독자를 세입자나 집주인이라 가정하고 각 위치에서 확인해야 할 사항을 꼼꼼하게 체크하고 알려준다. 그 외 상가투자, 토지투자 등에 있어서도 기본적인 사항들을 짚어준다. 굳이 실제로 투자를 실행하지 않더라도 미리 부동산 공부를 위해 알아두어야 하는 사항들이 체계적으로 잘 정리되어 있다. 이 책은 재테크 서적 중에서 보기 드물게 40만 권 이상의 판매고를 올리며 계속 최신 상황이 업데이트 되고 있는 중이다. 책을 읽으면서 자신에게 맞는 부동산 아이템을 발견하게 되면 이후 해당 아이템에 대한 세부적인 안내서를 찾아 읽을 수도 있다. 부동산에 대한 전반적인 내용을 다루고 있기 때문에 나에게 맞는 투자는 어떤 것인지, 향후 어떤 부동산 아이템에 투자해야 하는지 등을 개괄적으로 알아보는 목적으로도 읽어볼 만하다. 부동산 입문서를 대표한다 해도 전혀 손색이 없다.

부동산 경매 처음 공부 (설춘환/이레미디어)

부동산 경매 입문서로서 아주 좋다. 저자는 이론과 실무를 함께 겸비한 자타 공인 경매 전문가로서 이 책은 경매를 처음 접하는 사람을 위한 설명 위주로 구성되어 있다. 경매에서 가장 중요한 것은 물건 분석이다. 경매에 나온 물건이 과연 입찰할 만한 가치가 있는지 문제는 없는지를 종합적으로 봐야 한다. 저자는 아파트, 상가, 오피스텔은 물론이고 토지까지 다양한 경매사례를 통해 문제가 있는지 없는지 판단하는 기준을 제시한다. 실무적인 경매 절차는 물론이고 경매에 중요한 주택임대차보호법과 상가건물임대차보호법까지 소개하고 있다. 또 권리분석 파트를 따로 두어 유치권, 대지권 등 권리분석에 있어 필수적인 사항까지 모아서 설명해준다. 입찰과 명도절차 방법도 빼놓지 않고 설명하고 있다. 보통의 경매 관련 서적은 물건의 권리분석과 일반적인 경매절차까지만 설명하는 것에 비해 이 책의 저자는 부록으로 교통호재와 도시기본계획을 근거로 추천지역을 제시하고 있다. 책의 제목이 가리키듯 이 책은 부동산 경매에 대해 관심을 가지고 있는 입문자에게 훌륭한 교재 역할을 해줄 것으로 믿는다.

전종철 교수의 지목변경 (전종철/라의눈)

토지투자에 있어 진혀 새로운 접근 방법을 제시하는 책이다. 토지투자는 아파트와 달리 환금성이 매우 떨어지기 때문에 전문가들이 제시하는 방법대로 해도 수익을 얻는 시점이 언제가 될지 알기 어렵다. 그 때문에 관련 서적 내용도 결국 자신들에게 와서 비싼 돈을 지불하고 컨설팅을 받으라는 쪽으로 유도하는 경우가 대부분이다. 하지만 이 책은 토지의 가치 자체를 상승시키는 접근 방법을 택하고 있다. 토지를 산 후에 가만히 보유만 한 상태에서 높은 값을 받고 되파는 방법이 아니라, 지목변경을 통해 토지의 경제적 가치 자체를 높이는 방법이다. 농지에서 주택을 건축할 수 있게 토지의 지목이 변한다면 그 가치가 올라가게 된다. 저자는 바로 이 가치상승의 방법을 제시하고 있다. 산지를 전용하고 농지를 전용하는 각종 노하우들이 정리되어 있어 토지투자를 통해 수익을 얻고자 하는 경우 참고할 만한 책이다. 이 책은 출간일이 2006년이다. 그런데도 꾸준히 팔리는 이유는 아직 토지투자에 있어 이 정도로 잘 설명해 놓은 책이 없기 때문일 것이다. 토지투자 가이드북으로 훌륭한 책이다.

한 달 만에 월세 받는 셰어하우스 재테크 (이경준/길벗)

셰어하우스는 아직 낯선 개념이다. 간단히 풀어보자면 하숙집을 고급스럽게 만든 것이라 생각하면 정확한 것은 아니지만 이해하기 쉽다. 각 건물의 형태에 따라 1인실이냐, 2인 1실이냐, 4인 1실이냐의 차이는 있지만 부엌, 거실을 공유하고 나머지는 사적인 공간으로 사용한다는 것이 셰어하우스의 가장 큰 특징이다. 셰어하우스 관련해서는 아직 출간된 책이 많지 않다. 게다가 셰어하우스인지 쉐어하우스인지도 정해지지 않아 각 서적마다 표기가 다르기도 하다. 그만큼 아직 미개척 영역이라 볼 수 있다. 이 책의 저자는 본인이 직접 셰어하우스를 운영하는 사람으로서 자신의 노하우를 정리하여 책으로 출간한 것이다. 기본적으로 입지와 인테리어는 어떻게 하면 좋을지에 대한 내용과 함께 입주자 관리까지 실제 운영해본 노하우를 전수해주고 있다. 매매를 통한 부동산 시세차익이 아니더라도 부동산을 활용하여 사업수익을 창출할 수 있는 셰어하우스도 향후 유망한 사업이 될 것으로 보인다. 1인 가구의 증가와 전세나 매매가격의 상승은 셰어하우스 입주수요를 증가시킬 것으로 보이기 때문에 셰어하우스는 수익성 좋은 부동산 활용 방법이 될 수 있다. 이 책을 통해 셰어하우스의 전반적인 과정에 대해 좋은 정보를 얻을 수 있으리라 생각한다.

대한민국 상가 투자지도 (김종율/한국경제신문)

우리나라 상가 분석에 있어 독보적인 전문가인 김종율 저자의 책이다. 상가투자는 어설프게 하면 세입자 문제에 공실 등 여러 가지 골치 아픈 일들이 많다. 저자는 현장형 전문가라 할 수 있는데, 편의점 프랜차이즈 점포개발본부에서 실무와 이론을 닦아 탄탄한 기본기를 가지고 있다. 부동산 중에서도 특히 상가에 대해 많은 지식을 가지고 있는 저자라 할 수 있다. 이 책은 초반부는 상권분석에 관한 내용을 중심으로 다루고 있으며, 중반부부터는 '역세권 매출 지도'라는 이름으로 서울 및 경기도의 상가에 대해 분석과 실제 투자방법까지를 설명하고 있다. 부동산에서 주택은 정부의 강력한 규제로 인해 혼돈의 시기를 겪고 있고, 상가는 인터넷 쇼핑과 각종 어플의 발달로 옥석을 가리기 힘들어진 상황이다. 상가투자를 결심했다면 필수로 읽어봐야 할 좋은 책이라 생각한다.

부의 재편 (선대인/토네이도)

여러 매체를 통해 명성을 얻은 선대인 소장의 책이다. 코로나 이후 세계 경제 흐름 예측을 통해 부동산뿐 아니라 말 그대로 '부의 재편'이 어떻게 이루어질지 분석하는 책이다. 저자는 꾸준히 대한민국 부동산의 거품을 경계해 왔으며 주택시장은 폭탄 돌리기가 끝나면 대폭락할 것이라는 예측을 내놓고 있다. 부동산 투자자 입장에서는 반갑지 않을 수도 있지만 한편으로는 부동산 하락의 리스크가 어떠한 것인지 확인해 볼 수 있는 좋은 기회가 될 수 있으리라 생각한다. 책의 1부는, '변곡점에 선 시대, 미래를 선점하라'는 주제로 앞으로 부가 어떤 방향으로 재편될 것인지, 코로나19 이후 경제 트렌드는 어떻게 변할 것인지에 대한 큰 그림을 그리고 있다. 2부는, 그러한 상황속에서 각 금융투자 상품들에 어떻게 접근해야 하는지 주식 투자 방법 위주로 설명해주고 있다. 부동산 관련해서는 '거대한 머니무브가 부동산에서 금융으로'라는 챕터를 통해 부동산에 투자된 부의 흐름이 금융으로 옮겨가고 있다는 내용에 대해 이야기하고 있다. 부동산 투자에 실패하지 않기 위해서는 긍정적인 내용의 책뿐만 아니라 이처럼 부정적인 내용을 담고 있는 책도 섭렵해야 한다. 투자목적으로 부동산에 접근했을 때 어떠한 리스크가 있는지 파악해놓는 것도 나쁘지 않을 것이다.

어떤 상황에서도
재산이 불어나는 맞춤형 투자법

돈이 돈을 벌게 하는
23가지 방법

초판 1쇄 발행 2020년 12월 14일
초판 2쇄 발행 2021년 1월 20일

지은이 우용표
펴낸이 이부연
책임편집 양필성
디자인 김윤남·제이알컴

펴낸곳 (주)스몰빅미디어
출판등록 제300-2015-157호(2015년 10월 19일)
주소 서울시 종로구 내수동 새문안로3길 30, 대우빌딩 916호
전화번호 02-722-2260
인쇄·제본 갑우문화사
용지 신광지류유통

ISBN 979-11-8716-583-5   13320

한국어출판권 ⓒ (주)스몰빅미디어, 2020

   이 도서의 국립중앙도서관 출판예정도서목록(CIP)은 서지정보유통지원시스템 홈페이지(http://
   seoji.nl.go.kr)와 국가자료종합목록 구축시스템(http://kolis-net.nl.go.kr)에서 이용하실 수 있습
   니다. (CIP제어번호 : CIP2020046981)

마흔 이후, 어떻게 살 것인가!

인생의 후반전에 뛰어든 이들을 위한 뜨거운 응원!

뉴욕타임스
베스트셀러!

월스트리트저널
2016년
올해의 책!

아마존
1위!
(중년 분야)

★ ★ ★ ★ ★

삶의 가치를 되찾기 위한 1,000일간의 감동적인 탐색!

"마흔 이후 삶에 대한 최고의 책!"
_ 조지 베일런트(하버드 의대 교수)

"지금, 이 책을 통해 인생을 재발견하는 최초의 시간을 만나자"
_ 윤태호(〈미생〉 저자)

★ ★ ★ ★ ★

마흔 이후, 어떻게 살 것인가
인생의 재발견

바버라 브래들리 해거티 지음 │ 박상은 옮김 │ 18,000원

말이 통하기보다
마음이 통하는 사람이 돼라!

센스 있는 말로 마음의 문을 여는 16가지 방법

★★★★★
**2017년
NPR
최고의 책**

★★★★★
**TED
1,500만
조회수**

★★★★★
**20년차
베테랑
인터뷰어**

★★★★★

의사소통이 단절된 시대에 가장 중요한 책이다.
저자 헤들리의 조언은 나의 부부관계, 친구관계, 가족관계가
훨씬 발전될 수 있도록 도와주었다.
— 제시카 레히《뉴욕타임즈》 베스트셀러 작가)

★★★★★

흥분하지 않고 우아하게 리드하는
말센스

셀레스트 헤들리 지음 | 김성환 옮김 | 14,500원